张燕飞——主编

新时代检察工作的四川实践

人民法院出版社

图书在版编目（CIP）数据

新时代检察工作的四川实践 / 张燕飞主编. -- 北京：人民法院出版社, 2024. 12. -- ISBN 978-7-5109-4387-4

Ⅰ. D926.32-53

中国国家版本馆CIP数据核字第202456LY35号

新时代检察工作的四川实践

张燕飞　主编

责任编辑	尹立霞　李　瑞
执行编辑	高　晖
封面设计	尹苗苗
出版发行	人民法院出版社
地　　址	北京市东城区东交民巷 27 号（100745）
电　　话	（010）67550673（执行编辑）　67550558（发行部查询）
	65223677（读者服务部）
客　服 QQ	2092078039
网　　址	http://www.courtbook.com.cn
E – mail	courtpress@sohu.com
印　　刷	三河市国英印务有限公司
经　　销	新华书店
开　　本	787 毫米 ×1092 毫米　1/16
字　　数	338 千字
印　　张	18.5
版　　次	2024 年 12 月第 1 版　2024 年 12 月第 1 次印刷
书　　号	ISBN 978-7-5109-4387-4
定　　价	80.00 元

版权所有　　侵权必究

新时代检察工作的四川实践
编委会

主　　　任　张燕飞

副　主　任　蒋　敏　刘晓勇

编委会成员　李　斌　杨秀川　符尔加

　　　　　　胡　星　程　宇　陈　迪

序　言

当前,党的检察事业欣逢最好发展时期,未来五年是全面推进检察工作现代化的关键时期。检察工作比以往任何时候都更需要理论上的支撑,以引领检察人准确识变、科学应变、主动求变。新时代新征程,加强检察理论研究是推进政法工作和检察工作现代化、打造高素质检察队伍、落实"高质效办好每一个案件"、努力让人民群众在每一个司法案件中感受到公平正义的必然要求。高质量的检察理论研究为检察监督办案提供有力指导、为检察队伍专业化提供重要支撑、为推进检察工作现代化提供科学路径,使命光荣、大有可为。

党的二十大擘画了以中国式现代化推进中华民族伟大复兴的宏伟蓝图。中国式现代化是全国各地区的共同目标任务,把中国式现代化与本地实际相结合,引领地方现代化建设,是各级地方奋力推进中国式现代化的重要举措。地方各级检察机关应当立足检察职能,打造检察工作现代化地方样板,自觉将检察工作现代化实践融入地方推进中国式现代化建设进程中。2023年,四川省检察机关以政治建设为统领,以做强业务为龙头,以深化改革为动力,以建设检察铁军为支撑,一体提振三级院检察履职精气神,着力打造检察工作现代化四川经验,为写好中国式现代化四川新篇章贡献了检察力量。

2023年,四川省检察院组织全省检察机关围绕"打造检察工作现代化四川经验"主题,开展了学术征文活动,共收到论文300余篇。通过专家匿名评审、原创性检测等严格程序,评选出优秀论文54篇,其中一等奖3篇、二等奖10篇、三等奖15篇、优秀奖26篇。根据各地组织参加征文活动论文的数量及质量,评选出组织有力、成绩突出的成都市人民检察院、德阳市人民检察院、乐山市人民检察院、广安市人民检察院4家单位为优秀组织单位。获奖论文反映出四川省检察干警坚持以习近平新时代中国特色社会主义思想为指导，全面贯彻习近平法治思想，对打造检察工作现代化四川经验进行了深入、理性、务实、智慧的思考。我们将本次征文获得一、二、三等奖的论文汇编成册，以充分肯定参与检察理论研究的作者勇于探索和务实创新精神，激励更多检察干警投入检察理论研究，让学理论、重研究、促实践在检察机关蔚然成风。

理论是实践的先导，实践是理论的源泉。希望通过本专辑的出版，进一步推动四川省检察机关紧紧围绕"以检察工作现代化服务中国式现代化"这个中心任务，加强对四川检察实践的总结提炼，努力提出具有四川鲜明特点的检察观点、检察理论、检察举措，以高质量检察理论研究成果为打造检察工作现代化四川经验、更好服务中国式现代化提供智力支持。

编委会

2024 年 12 月

目 录

上篇 "四大检察"全面协调充分发展与法律监督机制现代化

审查起诉阶段公安机关移送案件撤回机制研究
……………………………………江 晶 黄 锴 杨 琳（3）
监察案件提前介入实证考察及规范运行研究……………李鹏飞（15）
"新"直接侦查权的两种权力属性及其权力运行完善路径……佘 浩（32）
刑事庭审检控陈述的虚化问题及其应对举措……………李崇涛（42）
贪污贿赂类自洗钱行为定罪问题研究……德阳市人民检察院课题组（50）
检视与重构：洗钱罪的司法适用问题与对策建议
……………………………………罗 洁 曹炜姗 向润华（61）
民事检察视角下劳动者权益保护问题研究………………何 艳（71）
民事检察和解制度的逻辑及实现
…………………………黄 蕾 王 浩 郭晓旭 王玉函（79）

行政诉权保障与滥诉规制的实证分析
　　——以L氏家族系列行政检察监督案展开评析
　　································· 吴华斌　周士龙（ 90 ）

《行政复议法》修订后检察参与行政争议实质性化解的需求和发展
　　··· 胡海伦（ 99 ）

新时代行政检察的现实图景与规范探索
　　——以指导性案例为视角 ············· 易　甸　李晋蓉（110）

行政案件集中管辖的检察监督机制构建
　　——以市县两级检察院为视角 ····· 黄安军　范　军　杨纯斌（118）

检察机关在环境资源刑事附带民事公益诉讼中的问题及其进路
　　——以一则"检察机关服务保障碳达峰碳中和"典型案例为视角
　　··· 李俊霖（130）

我国反垄断民事检察公益诉讼制度的构建：理据与进路
　　·· 刘　鹏　吴　凡（137）

预防性环境公益诉讼的探索实践与完善路径
　　——以S省D市为研究样本 ········· 德阳市人民检察院课题组（147）

检察公益诉讼助推食品安全保护研究············ 雅安市检察院课题组（156）

食药领域检察公益诉讼惩罚性赔偿金确定问题研究············ 魏小玥（169）

知识产权检察公益诉讼的实证研究与路径探析
　　——以三起典型案例为研究样本 ············· 夏国伟　官多奎（181）

下篇　检察改革与法律监督能力现代化

嬗变与融合：数字检察模型化监督路径之优化················ 朱建华（193）

省级检察院检察官助理到下级院初任入额的现状、堵点及其路径完善
………………………… 四川省人民检察院政治部课题组（202）
检察监督视域下行刑反向衔接机制完善研究……… 史戈茵 潘雅裙（211）
需求与回应：新时代"枫桥经验"在息诉罢访工作中的检察实践
………………………… 南充市嘉陵区人民检察院课题组（226）
基层检察机关助推轻罪治理路径探析
——以S省D市为样本分析 ……… 肖亚南 刘兆芬 刘 欣（236）
智慧检务建设中的技检融合障碍及应对………… 古 剑 罗维鹏（248）
厘清与重构：检察官惩戒制度的完善路径………… 张宏博 武天义（266）
"以人民为中心"理念下的检察建议实践展开与完善
………………………………… 曾 杰 李 珂 余新语（276）

| 上篇 |

"四大检察"全面协调充分发展与法律监督机制现代化

审查起诉阶段公安机关移送案件撤回机制研究

江晶 黄锴 杨琳[*]

一般而言，刑事诉讼是按照既定程序由前诉讼阶段向后诉讼阶段推进的过程，各阶段程序主导者根据已有材料和法律规定，或将案件推送至下一阶段或终结刑事诉讼程序。[①] 审查起诉阶段的案件撤回是指公安机关将案件移送检察机关审查起诉后，出于某些原因将案件撤回。因此，案件撤回在理论上又被称为程序倒流，可将审查起诉阶段细分为审查起诉期间和退回补充侦查期间两种情形。前者并无明文规定，后者规定可见于《公安机关办理刑事案件程序规定》（以下简称《程序规定》）和《人民检察院刑事诉讼规则》（以下简称《刑事诉讼规则》）。出于司法实践需要，目前，检察机关在全国检察机关统一业务应用系统中保留了"同意移送单位撤回"的操作模块，实践中一般由公安机关与检察机关会商，采取前者申请、后者同意的方式撤回案件。

一、案件撤回机制的立法演变

（一）审查起诉期间的案件撤回

1. 第一阶段——直接退回公安机关处理

1999年《刑事诉讼规则》第262条规定了公安机关移送审查起诉案件的两种处理方式：一是犯罪嫌疑人没有违法犯罪行为的，应当书面说明理由并将案卷退回公安机关处理；二是犯罪事实并非犯罪嫌疑人所为的，应当书面说明理由将案卷退回公安机关并建议公安机关重新侦查。此外，经审查如需将案件退回，应当撤销原逮捕决定，通知公安机关立即释放。该条规定是

---

[*] 江晶，成都市新都区人民检察院党组书记、检察长；黄锴，成都市新都区人民检察院四级检察官助理；杨琳，成都市新都区人民检察院四级书记员。

[①] 汪海燕：《论刑事程序倒流》，载《法学研究》2008年第5期。

当时检察机关直接将案件退回公安机关的法律依据。

2. 第二阶段——应当作出不起诉决定

2012《刑事诉讼规则》（试行）第 401 条①删除了 1999 年《刑事诉讼规则》中关于直接退回的规定，明确上述没有犯罪事实的情况应依法作出不起诉决定。2019 年《刑事诉讼规则》（以下简称现行《刑事诉讼规则》）第 365 条②沿用了 2012《刑事诉讼规则》（试行）中关于处理无犯罪事实案件的处理思路，明确应当作出不起诉决定。应当注意的是，2012 年《刑事诉讼规则》（试行）和现行《刑事诉讼规则》不仅将案件直接退回的处理方式变更为作出不起诉决定，同时还规定重新侦查情形亦应当先作出不起诉决定后再将案卷材料退回公安机关。③2018 年《刑事诉讼法》修正时吸收了该思路，其第 177 条第 1 款规定人民检察院在上述情形下应当作出不起诉决定。

从历版《刑事诉讼规则》修改内容来看，关于审查起诉期间不满足起诉条件案件的处理思路经历了一次重大变革，该种思路转变一方面是基于节约司法资源考虑的，另一方面则认为直接退回的处理方式会造成部门之间推诿扯皮，不利于人权保障。④

（二）退回补充侦查期间的案件撤回

1987 年《程序规定》第 105 条第 2 款规定："经过补充侦查，发现不应移送起诉的，撤回《起诉意见书》；如果发现新的同案犯或者新的罪行，可根据情况重新制作《起诉意见书》或者制作《补充起诉意见书》。"1998 年修改将该条规定删除，此后各版《程序规定》均无撤回《起诉意见书》的相关内容。

2012 年《程序规定》第 285 条规定："对人民检察院退回补充侦查的案

---

① 2012 年《刑事诉讼规则》第 401 条规定："人民检察院对于公安机关移送审查起诉的案件，发现犯罪嫌疑人没有犯罪事实，或者符合刑事诉讼法第十五条规定的情形之一的，经检察长或者检察委员会决定，应当作出不起诉决定。对于犯罪事实并非犯罪嫌疑人所为，需要重新侦查的，应当在作出不起诉决定后书面说明理由，将案卷材料退回公安机关并建议公安机关重新侦查。"

② 现行《刑事诉讼规则》第 365 条规定："人民检察院对于监察机关或者公安机关移送起诉的案件，发现犯罪嫌疑人没有犯罪事实，或者符合刑事诉讼法第十六条规定的情形之一的，经检察长批准，应当作出不起诉决定。对于犯罪事实并非犯罪嫌疑人所为，需要重新调查或者侦查的，应当在作出不起诉决定后书面说明理由，将案卷材料退回监察机关或者公安机关并建议重新调查或者侦查。"

③ 孙谦：《〈人民检察院刑事诉讼规则（试行）〉理解与适用》，中国检察出版社 2012 年版，第 296 页。

④ 童建明、万春：《〈人民检察院刑事诉讼规则〉条文释义》，中国检察出版社 2020 年版，第 385 页。

件……发现原认定的犯罪事实有重大变化，不应当追究刑事责任的，应当重新提出处理意见，并将处理结果通知退查的人民检察院。"2020 年修订的《程序规定》将该条修改为"发现原认定的犯罪事实有重大变化，不应当追究刑事责任的，应当撤销案件或者对犯罪嫌疑人终止侦查，并将有关情况通知退查的人民检察院"。该处修改将模糊的"处理意见"细化为"撤销案件"和"终止侦查"两种形式，分别对应全案撤销和共同犯罪中部分嫌疑人撤销。从两版《程序规定》来看，退回补充侦查期间公安机关拥有径自撤销案件或终止侦查的权力，无须人民检察院批准或决定。

但同时，现行《刑事诉讼规则》第 347 条要求公安机关就退查未重报案件向检察机关说明理由，如存在违法撤案情形，检察机关应当提出纠正意见。这说明，退查案件原则上均应重报，特殊情况下，公安机关虽然拥有径自撤销案件或终止侦查的权力，但仍受检察机关监督和制约。

二、案件撤回机制的实证考察

（一）撤回案件的数量

2020 年 1 月至 2022 年 12 月，A 市 B 区人民检察院共受理审查起诉案件 3249 件，其中以移送单位撤回方式办结的案件共有 79 件，占比 2.43%。在 79 件撤回案件中，有 13 件案件经过退查，占比 16.46%，其中 4 件案件仅经一次退查，9 件案件经二次退查，退查后重报率均为 100%（详见表 1）。

表 1　撤回案件退查情况表

	未退查案件	仅一次退查案件	二次退查案件
案件数量（件）	66	4	9
数量占比（%）	83.54	5.07	11.39
重报数量（件）	0	4	9
重报比例（%）	0	100	100

A 市 B 区人民检察院近三年间撤回的 79 件案件中有 66 件未经退查，占比达 83.54%，撤回案件以直接撤回为主，且经过退查的撤回案件全部重报，

说明撤回发生在重报审查起诉期间,这反映出实践中办案人员更倾向于在审查起诉期间撤回而非在退回补充侦查期间撤回。退查程序本质上是为暂未达到起诉标准的案件提供进一步查清事实、补强证据的程序机会,是慎重作出起诉或不起诉决定的应有之义。未经退查直接撤回说明案件已无退查必要或侦查机关已经开展了大量工作,退查期间无查证属实之可能,反映出该类案件移送时本身质量不高。此外,绝大多数案件的退查理由均为事实不清、证据不足,根据《刑事诉讼法》第175条第4款和现行《刑事诉讼规则》第367条第2款之规定,部分符合存疑不起诉条件的案件能否以移送单位撤回的方式结案,在程序适用的严谨性问题上值得进一步探讨。

(二)撤回案件的类型

根据图1所示,79件撤回案件中有5件案件为危害公共安全类犯罪,占比6%,均为危险驾驶罪;5件案件为破坏社会主义市场经济秩序类犯罪,占比6%,主要为非法吸收公众存款罪、非法经营罪等;8件案件为侵犯公民人身权利、民主权利类犯罪,占比10%,主要为侵犯公民个人信息罪、故意伤害罪等;22件案件为侵犯财产类犯罪,占比28%,主要为盗窃罪、诈骗罪等;31件案件为妨害社会管理秩序类犯罪,占比40%,主要为掩饰、隐瞒犯罪所得、犯罪所得收益罪,帮助信息网络犯罪活动罪,非法持有毒品罪,开设赌场罪等;8件案件为贪污贿赂类犯罪,占比10%,均为受贿罪。撤回案件个罪具体数量详见图2。

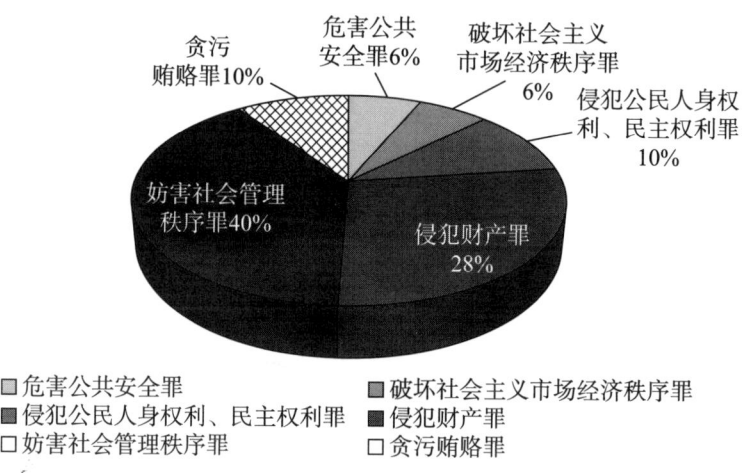

图 1　撤回案件类型分布图

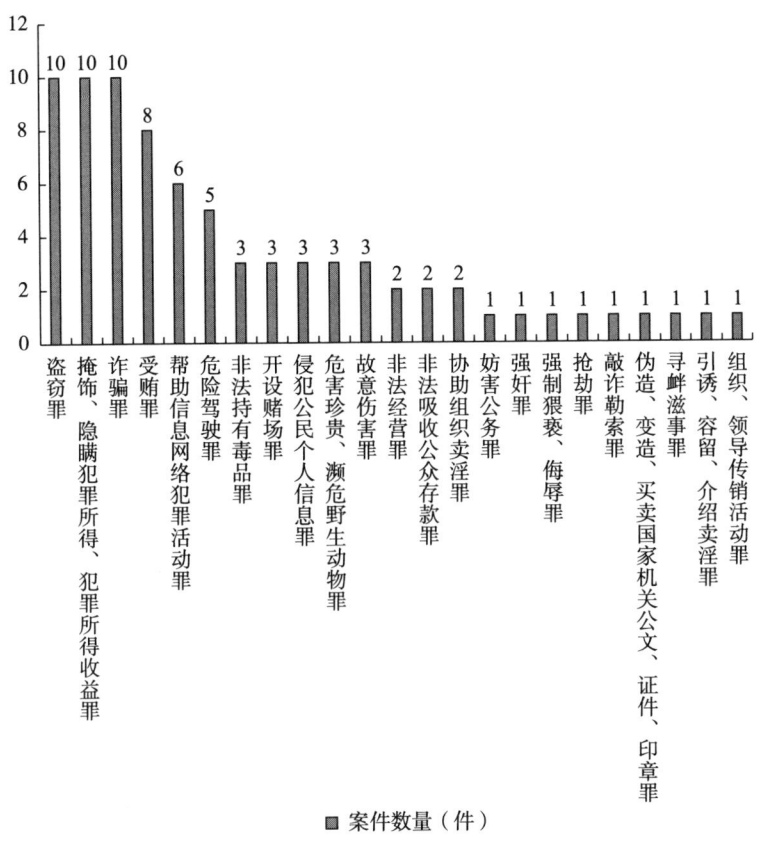

图 2 撤回案件案由数量图

从撤回案件的罪名分布情况来看，案件涉及刑法分则 6 个章节和基层检察院几乎全部常见罪名，撤回个罪数量呈现出两个较为明显的趋势：一方面，撤回案件数与案件受理案件数呈正相关，在某一类型犯罪或某一具体犯罪中受理案件的数量越多，则撤回案件数越多；另一方面，撤回案件数与个案案情的复杂程度相关，案情越复杂则撤回概率越高。

（三）撤回案件的常见原因

实践中，撤回案件的原因大致有以下几种：（1）事实不清、证据不足。如案件仅存在口供，无其他证据形成证据链条，不能排除嫌疑人不构成犯罪的合理怀疑，或现有证据无法证明嫌疑人具有犯罪的主观故意。此种情况下，一般会经公安机关申请或会商，由公安机关撤回案件自行处理；（2）案件须经补充侦查。2 次退查的时间上限为 2 个月，该段时间不足以公安机关完成补充侦查工作,因此,采取撤回案件的方式处理;(3)定性出现分歧。如检察机关认为根据现有证据犯罪嫌疑人不构成犯罪或构成犯罪但依法不应当追究刑事责任,即没有犯罪事实或《刑事诉讼法》第16条规定的不应当追究刑事责任的情形,但公安机关在移送审查起诉时认为嫌疑人构成犯罪,此时定性出现分歧;(4)犯罪嫌疑人不在案或无受审能力。案件移送审查起诉后检察机关发现犯罪嫌疑人脱管或有重大疾病无受审能力,采取由公安机关撤回的方式权宜处理;(5)管辖问题。案件移送审查起诉后,发现其他司法机关已经立案侦查的或应当由监察机关管辖的,通过撤回案件的方式由公安机关移送其他机关处理。

概言之,实践中撤回案件的原因可分为两大类:一是案件实体问题存在认识分歧。侦查机关与检察机关就案件事实认定、法律适用等实体问题认识存在差异,部分案件符合不起诉条件,但基于配合公安机关工作的考虑,同意撤回案件;二是案件程序流转不畅。部分案件由于遇到特殊情况,无法在满足法律规定的前提下使刑事程序向前流转,亦无法当然终止,因而采取撤回案件的方式权宜处理。有学者将我国刑事程序倒流的情况分为"程序性补救型""实体性补救型"和"规避错误型"三类,并从程序倒流的功能和目的思考,认为单纯为规避错误结果的程序倒流具有非法性。[①] 从司法实践来看,实体问题认识分歧的撤回案件大多属于"实体性补救型"和"规避错误型"两类,程序流转不畅的撤回案件一般是出于避免程序性错误或推动程序继续流转的目的而撤回。

三、案件撤回机制的主要问题

（一）案件系属不明确

学界对审查起诉期间和退回补充侦查期间的案件系属问题研究较少,相比较而言,撤回起诉的案件系属问题较为明确:一是撤回起诉使已提起的公诉被撤销。案件一经撤回并经法院允准即发生案件诉讼系属和法律关系消灭的效力,案件从此终结;二是法院退回补充侦查。此时案件仍系属于法院,诉讼法律关系并未消灭,原先提起的公诉仍然有效。[②] 同理,案件一经移送

[①] 汪海燕:《论刑事程序倒流》,载《法学研究》2008年第5期。
[②] 张建伟:《论公诉之撤回及其效力》,载《国家检察官学院学报》2012年第4期。

审查起诉即系属于检察机关，理论上只有检察机关自行结案或同意公安机关撤回案件方能使诉讼关系消灭，而退查期间诉讼法律关系并未消灭，案件系属并未变更，但《程序规定》和《刑事诉讼规则》又赋予了公安机关在退补期间径自撤案的权力，使该阶段案件系属较为混乱。

（二）程序流转不严谨

对于审查起诉期间的案件撤回存在两方面问题：一是缺乏明确法律依据。上文论及，审查起诉期间案件撤回的规定仅见于1999年《刑事诉讼规则》，之后各版《刑事诉讼法》《刑事诉讼规则》和《程序规定》均无相关规定，以公安机关申请检察机关同意的方式撤回案件于法无据；二是侦查结论矛盾。在公安机关将案件移送审查起诉时其侦查结论为"移送审查起诉"，而案件撤回后重新提出的处理意见一般为"撤销案件"，此时第一次"移送审查起诉"的侦查结论未经检察机关审查后作出起诉或不起诉的处理意见，其依然具有法律效力。退回补充侦查并非严格意义上的程序终结方式，因此，两次侦查结论存在矛盾之处。

从刑事诉讼程序流转的规律来看，案件进入后诉讼阶段就不应轻易退回前阶段，程序倒流的设计是为特殊情况下的转圜、补救之用。实践中，基于各方面原因，检察机关往往会同意公安机关以退回补充侦查的方式撤案。本质上，退回补充侦查的程序设计是为避免前期侦查工作归于无效，导致司法资源浪费，退查决定本身也应包含检察机关经审查后的初步判断：一是根据现有证据无法直接作出起诉或不起诉的决定；二是案件在一定程度上存在事实不清、证据不足的情况，须进一步查明；三是根据司法规律，退查所需证据大概率能够查实、事实能够进一步明确。因此，"以退补之名，行撤案之实"的做法违背了制度本意，也有悖于刑事程序流转之规律。

（三）文书制作不规范

实践中，审查起诉期间公安机关撤回案件主要表现为主动撤回，公安机关口头或书面申请，检察机关经审查后制作《同意移送机关撤回通知书》。如×××检同撤〔2023〕××号《同意移送机关撤回通知书》中载明："在我院审查起诉期间，你局认为该案不应当追究刑事责任，重新提出处理意见。经审查，同意你局将该案撤回自行处理的意见。"

文书制作问题可概括为以下几方面：一是申请撤回案件的文书形式不一致。表现为"函""情况说明""申请"等各种形式或仅为口头申请，出具文书的公安机关层级也不尽相同，较为混乱；二是相应文书未入卷。部分撤回案件公安机关未提供书面申请书或申请书未入卷，导致该诉讼环节缺乏印证材料；三是缺乏后续处理文书。公安机关决定撤销案件、终止侦查或重新移送审查起诉均应存在对应文书，部分案件缺少公安机关后续处理结果的对应文书。

（四）检察监督不严格

审查起诉期间的案件撤回缺少明确法律依据，是实践中创设的结案方式。在尊重司法实践的前提下，检察机关要适用审查起诉期间的案件撤回应当慎之又慎，不可随意扩大撤回案件范围。《刑事诉讼法》第177条第1款规定："犯罪嫌疑人没有犯罪事实，或者有本法第十六条规定的情形之一的，人民检察院应当作出不起诉决定。"如案件符合不起诉条件，应当依法作出不起诉决定而非由公安机关撤回，此外，作出同意案件撤回的决定较为随意，相较于对不起诉决定的严格限制，[①]同意公安机关撤回案件仅需检察官与公安机关承办人商榷后达成一致意见即可，缺少有力的内部监督机制。

退回补充侦查期间的案件撤回可依据《程序规定》和《刑事诉讼规则》，但《刑事诉讼法》未予确认，二者效力层级较低且相关规定模糊。《程序规定》中明确的撤案条件为"发现原认定的犯罪事实有重大变化，不应当追究刑事责任的"，后续处理方式为"将有关情况通知退查的人民检察院"。从现行《刑事诉讼规则》第347条可以看出，退查案件原则上均应重报，部分案件原认定事实发生重大变化，不应追究刑事责任的应当向检察机关说明理由。实践中，存在公安机关撤回案件后既不继续侦查又不撤销案件或终止侦查的情况，导致案件长期未结，诉讼程序无法终结。

（五）权利保障不充分

相较于直接作出不起诉决定，撤回案件因缺乏明确法律依据因而使当事人诉讼权利无法得到有效保障。第一，依据《民事诉讼法》第153条第

---

① 《刑事诉讼规则》第370条规定："人民检察院对于犯罪情节轻微，依照刑法规定不需要判处刑罚或者免除刑罚的，经检察长批准，可以作出不起诉决定。"

5 项规定:"本案必须以另一案的审理结果为依据,而另一案尚未审结的中止诉讼"。《全国法院民商事审判工作会议纪要》第 130 条重申了"刑先民后"的审理规则,该条规定:"民商事案件必须以相关刑事案件审理结果为依据,而刑事案件尚未审结的,应当根据《民事诉讼法》第 150 条第 5 项的规定裁定中止诉讼。"如需要以刑事案件是否构成犯罪来确定民事案件责任分配的情形下,因刑事程序尚未终结,当事人无法启动民事诉讼解决纠纷;第二,被害人及其近亲属诉权无法得到保障。如案件撤销,根据《程序规定》(2012 年修订)第 185 条第 1 款:"公安机关作出撤销案件决定后,应当在三日以内告知原犯罪嫌疑人、被害人或者其近亲属、法定代理人以及案件移送机关。"对于不起诉案件的被害人可依据《刑事诉讼法》第 180 条规定,向上一级人民检察院申诉,如人民检察院维持不起诉决定的,被害人可以向人民法院起诉。在撤回案件的情境下,被害人缺少申诉及自诉的权利救济渠道;第三,犯罪嫌疑人人身权利被长期限制。撤回后长期挂案的案件中,犯罪嫌疑人强制措施一般为取保候审、监视居住,非羁押状态下强制措施并不会当然解除,如公安机关不及时撤销案件或解除强制措施,则犯罪嫌疑人人身权利会长期受限。

四、案件撤回机制的完善路径

(一)明确案件系属,限缩撤回适用范围

根据案件系属理论,只有拥有案件系属权的机关方能对案件作出终局性的实体和程序决定。在审查起诉阶段案件系属权归于检察机关,检察机关对案件作出的实体结论应当是该阶段唯一有效的结论,检察机关作出的程序性结论也应当是决定刑事诉讼程序在该阶段继续前进或后退的唯一有效结论,不合理的程序倒流导致其过度适用和功能错位,应当予以规范。①

因此,在结合司法实践规律和现行规范性文件的基础上,明确案件系属问题、改造撤回机制可从三方面出发:一是废止审查起诉期间的案件撤回。实践中,办案人员倾向于在审查起诉期间撤回案件,概因于退回补充侦查期间程序烦琐,但案件未经退回补充侦查,检察机关未作出实体性结

---

① 王宇坤:《刑事程序倒流失范的成因分析与规范路径》,载《大连海事大学学报(社会科学版)》2020 年第 5 期。

论，允许公安机关撤回案件于法无据，容易造成程序流转混乱、随意撤案等问题，逐步摒弃实践中该类做法有助于进一步规范办案流程。在正当程序导向的要求下，应废止审查起诉期间的案件撤回。[①] 对于实践中确有撤案需求，现行《刑事诉讼法》规定的结案方式较为单一的问题，可依据《程序规定》和《刑事诉讼规则》中有关规定，将案件退回公安机关补充侦查，符合条件的案件在退回补充侦查期间依法撤销；二是严格限制退查期间的案件撤回。应当明确，在审查起诉期间检察机关是程序的主导者，作出退回补充侦查决定的主要依据是基于案件事实和法律规定。对于符合不起诉条件的案件，应当在审查起诉阶段直接作出不起诉决定。在退补期间，如案件事实确实出现重大变化，符合撤案或终结侦查条件的，可以依据相关规定处理。同时，应当进一步将"重大变化"限定为退查期间出现的事实新变化，并将案件补充侦查情况重报检察机关，由检察机关依法处理；三是逐步改造退查期间的案件撤回。目前，退查期间公安机关拥有径自撤案或终止侦查的权力，这从事实上冲击了审查起诉阶段检察机关案件系属权，也容易造成撤案监督滞后的问题。从改造的角度讲，可将"应通知"的事后监督变更为"经同意"的事前审批，如在退查期间案件事实出现重大变化，由公安机关向检察机关申请，经同意后方可撤销案件或终止侦查。

（二）规范撤回程序，强化撤回审核监督

考虑到公安机关撤回案件的实践需要和改造周期，在现阶段如无法全面禁止案件撤回，可进一步规范撤回程序，检察机关加强审核，发挥法律监督职能。具体而言：（1）同意撤回决定提级审批。实践中，《同意移送机关撤回通知书》的审批权限仅为检察官，少部分案件存在分管副检察长审批的情况。可将同意撤回决定的审批权限上调至副检察长，同时，严格依照《程序规定》中县级以上公安机关负责人批准的规定，申请撤回案件径自处理须由公安机关县级以上负责人决定，进一步规范撤回程序；（2）规范适用退查程序。退查是在保留办案权的前提下，要求公安机关对实体问题不清的案件开展补充侦查，而撤回则是放弃办案权由公安机关自行处理。从案情来看，存疑不起诉的案件与部分撤回案件存在类似之处，但存疑不起诉须经过补充侦查，而以事实不清、证据不足的理由撤回的案件，大多数未经退查程序，在

[①] 胡雨晴：《公安机关"撤回处理"的实践反思》，载《中国检察官》2022年第18期。

程序上不够严谨。因此，可参考存疑不起诉的制度构造，要求以事实不清、证据不足为理由撤回的案件必须经过补充侦查；（3）规范制作法律文书。一方面，严格遵守文书入卷的工作规范，将撤回申请、同意撤回决定及后续处理情况等相关文书及时上传至业务系统文书卷宗区，纸质版留存内卷，保留该诉讼环节印证材料。另一方面，可尝试重构撤回起诉意见书制度，如公安机关撤回案件须同步撤回起诉意见书，在退查时亦应退回起诉意见书，重报时重新提交，以适应事实认定或法律适用的变化；（4）加大重点案件纠违力度。现行《刑事诉讼规则》仅规定退查案件超期未重报应当说明理由，公安机关违反法律规定撤销案件的应当纠正。可进一步补充对公安机关撤回案件自行处理后长期挂案的侦查监督，依据申请撤回案件时的理由进行后续监督审查，发现违法行为及时纠正。

（三）加强权利保障，畅通权利救济渠道

撤回案件一般难以再次启动刑事程序，较为容易侵害当事人的知情权、申诉权、救济权等。[①] 从改造案件撤回机制、保障当事人诉讼权利的角度分析，一是应加强当事人知情权保障。在公安机关申请撤回案件、检察机关作出同意撤回的决定后应当及时告知犯罪嫌疑人、被害人及其近亲属等，将公安机关申请撤回案件的理由、检察机关同意决定的依据、案件事实情况及法律依据告知当事人，明确案件将重新退回至公安机关以及相对应的权利救济途径；二是构建撤后申诉制度。检察机关可对公安机关开展侦查监督，如应当立案而不立案、不应当立案而立案或违法撤销案件，但如公安机关撤回案件后不及时撤销案件，当事人则无法通过正当渠道保障自身权利。同时，由于撤回案件决定由检察机关同意，由作出决定的检察机关再次审查也无过多实际意义。因此，可以尝试构建由本级检察机关审查撤销案件情况、上一级检察机关审查同意撤回决定的申诉制度，如原同意决定确不符合法律规定，应当依法撤销，公安机关不及时撤销案件的依法启动侦查监督程序；三是重点关注撤回案件中犯罪嫌疑人强制措施状态。依据《刑事诉讼法》第79条、现行《刑事诉讼规则》第105条以及《关于取保候审若干问题的规定》第24条之规定，在无变更强制措施、检察机关作出不起诉决定、审判机关作出生效无罪判决等法定情形下，取保候审等强

[①] 杜丹：《论加强规范公安机关撤回案件检察监督》，载《广西政法管理干部学院学报》2021年第6期。

制措施并不能当然解除。因此,为保障犯罪嫌疑人合法权益,在案件撤回后检察机关应当重点关注其强制措施状态,对于强制措施期限届满的,应当由决定机关依法作出解除或变更强制措施决定,对于撤回案件后公安机关撤销案件或终止侦查的,应当由决定机关依法及时作出解除强制措施决定并办理解除手续。

监察案件提前介入实证考察及规范运行研究

李鹏飞*

随着监检衔接有关机制的陆续出台和提前介入工作的逐步推进，实践为监察案件提前介入提供了大量研究样本，与提前介入相关的制度内涵、理论逻辑、介入原则、实务操作、发展路径等问题成为当前研究的重点和焦点，且存在较大的认识分歧。本文以 S 省 L 市监察体制改革以来检察机关提前介入监察机关办理的职务犯罪案件为研究样本，剖析提前介入制度存在的问题，厘清制约提前介入顺畅运行的障碍，进一步探索提前介入机制完善路径。

一、监察案件提前介入的内涵与逻辑

提前介入监察调查程序，是指检察机关针对监察委员会立案调查的职务犯罪案件，应监察委员会的商请，派员提前介入调查，对案件定性、证据收集、事实认定、法律适用、案件管辖等提出意见和建议，以保证案件顺利进入起诉阶段。[①] 检察机关提前介入职务犯罪案件并不是一项全新的工作机制，在监察体制改革将职务犯罪侦查权从检察机关转移之前，检察机关承担职务犯罪侦查和起诉两项职能，纪检监察机关负责查处党纪政纪问题，二机关各司其职，相互协作，共同推进反腐败斗争。检察机关提前介入职务犯罪案件分为对纪检监察机关查办的职务犯罪相关案件及对检察机关自侦案件的提前介入。[②] 具体而言，检察机关提前介入纪检监察机关查办的职务犯罪案件主

---

* 李鹏飞，四川省人民检察院检察委员会专职委员，一级高级检察官，全国检察业务专家。
① 陈国庆主编：《职务犯罪监察调查与审查起诉衔接工作指引》，中国检察出版社 2019 年版，第 51 页。
② 蔡健、张书林、黄敏等：《检察机关提前介入职务犯罪案件问题研究》，载《汉江师范学院学报》2019 年第 4 期。

要是自侦部门以侦查主体角色介入，任务是协同纪检监察机关对违法违纪与职务犯罪竞合案件进行初查，①而对于检察机关自行侦办的职务犯罪案件，公诉部门则以批捕、起诉主体角色介入，引导自侦部门完善证据体系，围绕事实认定、法律适用等提出相关建议，介入的主体角色有所差异，但涉及职务犯罪案件，主要是指后者。监察体制改革启动后，职务犯罪查办的职权配置发生根本性转变，职务犯罪办理模式由"侦查—公诉"变为"调查—公诉"，一字之差反映的不仅是权属机关的变更，更直接导致查办职务犯罪的职权性质、程序以及审前阶段构造发生历史性变革。在职务犯罪查办职权变更背景下，检察机关过去提前介入自侦案件的经验能否直接套用到监察机关办理的职务犯罪案件呢？这值得深思。目前，检察机关提前介入侦查机制已被拓展至监察调查程序，具体规则在运行中不断完善，但理论界对于该机制正当性、介入角色定位、前景等问题仍是众说纷纭，有待进一步探究。本文认为，回应这些问题必须以监察机关地位和监察权性质为着力点，对监察调查权和刑事侦查权的性质及关系作出准确分析，明确支撑检察机关提前介入监察案件的理论逻辑，才能对这一工作机制作出正确解读。

（一）监察机关地位及监察权性质

我国《宪法》第123条规定："中华人民共和国各级监察委员会是国家的监察机关"。《监察法》第3条、第4条第1款规定："各级监察委员会是行使国家监察职能的专责机关；监察委员会依照法律规定独立行使监察权，不受行政机关、社会团体和个人的干涉。"上述条文明确界定了监察委员会的性质，同时规定"监察机关办理职务违法和职务犯罪案件，应当与审判机关、检察机关、执法部门互相配合、互相制约"，即监察机关与审判机关、监察机关、执法部门之间的关系为"互相配合、互相制约"。作为一种新型的国家机关，尽管改革初期学界对监察机关的性质和定位众说纷纭、各执己见，但伴随《宪法》修改和《监察法》出台，监察机关是政治机关的属性以及监察权独立运行的地位已经得到彰显，"监察委是实现党和国家自我监督的政治机关，其性质和地位不同于行政机关、司法机关。"②"在机构性质定位

---

① 详见1988年《最高人民检察院、中央纪律检查委员会关于党的纪律检查委员会与国家检察机关建立联系制度的通知》（已失效）第5项；2015年《关于在查办党员和国家工作人员涉嫌违纪违法犯罪案件中加强协作配合的意见》第11项。

② 闫鸣：《监察委员会是政治机关》，载《中国纪检监察报》2018年3月8日。

上，监察委员会与司法机关是二元的。"① 就监察委员会的职责权限而言，《监察法》第 11 条规定了监督、调查、处置三种职责，其中调查的对象是所有涉嫌职务违法和职务犯罪的公职人员，在案件处理上，纪委监委合署办公，通过执纪执法一体衔接，已形成违纪、违法、犯罪等多元处置方式。对涉嫌职务违法犯罪的被调查人，监察机关依据《监察法》及相关纪律法规作出处理决定，结果不受任何机关、团体、个人干涉，对于处置方式和结果，监察机关享有自由裁量权和绝对决定权。实践中，调查权由监察机关依照《监察法》独立行使，调查启动由监察机关自主决定，调查结论和处置结果由监察机关独立作出，其运行程序具有高度政治性、自主性、封闭性特征，这是由监察机关独立的地位和性质所决定的。

关于监察机关调查职务犯罪职权性质，观点尚未统一，经梳理，主要存在两种观点：一种观点认为监察调查与刑事侦查并无二致，调查权就是侦查权。例如，"针对职务犯罪的特殊调查，相当于原来的职务犯罪的刑事侦查。"② "监察委员会行使的职务犯罪调查权无论从监察对象、调查措施与调查程序上均等同于侦查权，是中国特色国家刑事侦查权的组成部分。"③ "监察机关调查获取的证据材料可以成为检察机关指控犯罪的证据，那么监察机关的调查就与公安机关的侦查不仅没有实质性的区别，反而具有相同的法律效力。"④ 另一种观点则认为监察调查与刑事侦查具有异质性，但前者具有后者的类似属性。例如，"监察委员会行使的是调查权，不是侦查权，但是，该调查权在运用于对职务犯罪案件的处理时，实际上起到了侦查权的功能。"⑤ "从监察机关对职务犯罪调查活动的性质上看，其与刑事侦查有着同样的内涵和实质。"⑥ 第一种观点秉持的理由是监察调查与刑事侦查在内容和效力上存在同质性，第二种观点则侧重从权力的性质和属性予以区分。观点的交织碰撞说明了职务犯罪监察调查与刑事侦查具有密切关系，因涉及监察调查程序与审查起诉程序的衔接，有必要对监察调查的特殊性进行明确，才能

---

① 李勇：《〈监察法〉与〈刑事诉讼法〉衔接问题研究——"程序二元、证据一体"理论模型之提出》，载《证据科学》2018 年第 5 期。
② 陈光中：《关于我国监察体制改革的几点看法》，载《环球法律评论》2017 年第 2 期。
③ 魏昌东：《中国特色国家监察权的法治化建构策略——基于对监察"二法一例"法治化建构的系统性观察》，载《政法论坛》2021 年第 6 期。
④ 韩旭：《监察委员会调查收集的证据材料在刑事诉讼中使用问题》，载《湖南科技大学学报（社会科学版）》2018 年第 3 期。
⑤ 董茂云：《监察委员会独立性地位的三个认识维度》，载《东方法学》2020 年第 3 期。
⑥ 王洪宇：《监察体制下监检关系研究》，载《浙江工商大学学报》2019 年第 2 期。

准确把握监检衔接的基本原则。

监察机关行使的是调查权,不同于侦查权。[①]职务犯罪监察调查与刑事侦查既关联密切,也存在明显差异,具有不同于刑事侦查的特殊性:一是监察调查程序与刑事诉讼程序处于二元独立格局,前者受《监察法》调整,不受《刑事诉讼法》约束,由此产生案件管辖、强制措施、证据运用等法法衔接需要解决的诸多问题;刑事侦查与审查起诉同受《刑事诉讼法》调整的追诉程序,在程序衔接上具有天然粘连性;二是监察调查对象包括职务违纪、违法和犯罪线索,且可以同时执行违纪违法调查,而刑事侦查对象仅针对犯罪线索,案件处理结果不同;三是监察调查程序运行具有闭合性,调查处置对刑事追诉程序不具有依附性。立案调查启动、调查措施审批、处置结果运用均由监察机关按照内部规定自主完成;刑事侦查受《刑事诉讼法》"分工配合制约"原则调整,例如立案、逮捕措施等程序的审批流转上要受到一定的制约;四是监察调查强调集中统一、权威高效,办案更注重权威性、实效性,对被调查人的权利救济略显欠缺,刑事侦查须遵循《刑事诉讼法》惩罚犯罪与保障人权基本原则,充分保障被追诉人诉讼权利。

基于监察机关以及监察权的特殊性,检察机关"提前介入调查"应当有别于"提前介入侦查",不能将检察机关提前介入侦查的理论逻辑和经验规则直接运用到提前介入调查中,后者具有独特的研究价值。

(二)提前介入调查的理论逻辑

检察机关提前介入职务犯罪调查,首先要明确的是支撑该工作机制的理论逻辑,以便有效解释提前介入调查的正当性问题。关于提前介入调查的理论逻辑,自该项机制生成,历经实践完善,研究者们对该问题纷纷进行了探索,但并未达成共识。一种观点认为检察机关提前介入职务犯罪调查存在法理障碍,如"这一探索不符合法理,在实践中容易导致诸多弊端,只能是权宜之计;应当寻求替代方案,重构现有的监检衔接机制"。[②]另一种观点则认为职务犯罪案件中提前介入具有深厚的理论基础,并援引职能分立与政务连

[①] 中共中央纪律检查委员会编:《〈中华人民共和国监察法〉释义》,中国方正出版社2018年版,第63页。

[②] 封利强:《检察机关提前介入监察调查之检讨——兼论完善监检衔接机制的另一种思路》,载《浙江社会科学》2020年第9期。

带理论、"成本—收益分析"权衡理论和从调查权目的等角度进行阐释。①

目前，第二种观点占大多数，但学界对检察机关提前介入职务犯罪调查的理论逻辑也尚存争议，归纳起来，主要有"公诉准备说""法律监督说""综合说""监察独立说"四种认识。"公诉准备说"认为监察机关提前介入引导调查取证，对案件事实和证据开展审查，是以满足公诉需求开展的审前活动，例如，"对是否需要采取强制措施进行审查"可以视为公诉准备的表现。②"法律监督说"主张检察机关介入职务犯罪调查活动是履行自身法律监督职能的应有之义和重要体现。"职务犯罪调查与刑事侦查是监察机关对职务犯罪的调查活动，从本质上与侦查机关对其他犯罪类型的侦查相同，属于追诉犯罪的起始阶段，检察机关作为法律监督机关，理应具有对犯罪调查机关权力运行合法性、规范性的法律监督权。"③"综合说"是对公诉准备说和法律监督说的融合，该说认为检察机关提前介入能够实现制约监督和引导取证的实践目的和双重价值。而"监察独立说"主张基于监察机关的独立地位，检察机关的提前介入主要是为了配合协助监察机关，提升反腐败工作中办理职务犯罪案件的质量和效率，破除"两法衔接"中的程序障碍。④按照该说，检察机关介入的目的和任务只有配合，即为了确保监察机关的独立地位，检察机关提前介入仅是提供意见和建议，对其他监察办案行为不作任何评价。

从根本上来说，提前介入调查的理论逻辑根植于监察权与检察权二者关系本身，关乎监察机关的政治属性和监察权的价值目的，需结合监察权的运行逻辑进行特别分析。本文认为，上述四种观点均不能准确概括提前介入调查蕴藏的理论逻辑。

首先，检察机关提前介入职务犯罪调查源于推动监检关系顺畅衔接的背景。不同于侦检关系中的提前介入侦查，在涉职务犯罪案件办理中，监检办案互相配合、互相制约，既是政治要求，也是法定职责。检察机关提前介入履行的主要是配合职责，助推监察执法与刑事司法有效衔接，包括从事实认

---

① 朴宗根、乔良：《监察调查提前介入：正当性、问题及体系完善》，载《广西社会科学》2021年第4期。
② 蔡健、张书林、黄敏等：《检察机关提前介入职务犯罪案件问题研究》，载《汉江师范学院学报》2019年第4期。
③ 周新：《论检察机关提前介入职务犯罪案件调查活动》，载《法学》2021年第9期。
④ 董坤：《检察提前介入监察：历史流变中的法理探寻与机制构建》，载《政治与法律》2021年第9期。

定、证据完善、法律适用、追赃挽损等实体层面提出介入意见,也针对确定管辖、案件移送、强制措施转换等程序问题推动监检衔接更为顺畅。尽管通过提前介入能够促进职务犯罪案件证据体系完善,有效把好案件移送起诉端口,减少"带病"移诉现象,但其并非驱动检察机关提前介入的直接动因,而是伴随有效的提前介入促使办案质效提高的必然结果。检察机关提前介入的启动是基于监察机关的邀请,是为了协助配合监察机关更为妥当、准确处理案件,这一点可以从检察机关提前介入不具有主动性可以得出。

其次,监察办案不属于检察机关法律监督的范畴。从提前介入侦查产生渊源及检警关系历史流变来看,检察机关提前介入侦查的目的,从最初提高办案质效、强化控诉职能等服务公诉的需要,发展到同时对侦查活动合法性开展监督,支撑双重目的背后的理论逻辑可以归纳为"公诉准备说"和"法律监督说"。国家监察体制改革后,尽管检察机关的法律监督职能有所弱化、监督范畴有所限缩,但检察机关是国家法律监督机关的宪法定位并没有改变,反而得到明确和肯定。从法律监督职能的内容和体现上看,检察机关履行法律监督职能主要是诉讼监督职能,这是因为我国检察机关是司法机关,由其司法属性决定的。正如有学者认为,"检察机关主要通过司法手段,并在司法活动中履行法律监督职责,其职务行为带有鲜明的法定性、程序性和法律适用性等司法特征。"[①]"国家的法律监督机关"这一中国特色体现在职能上,主要是诉讼监督职能。[②]而监察机关属于政治机关,监察权是一种不同于司法权、行政权的新型权力,监察程序独立运行且不属于刑事诉讼程序,因此,监察机关不属于诉讼监督的对象。

最后,《宪法》《刑事诉讼法》《监察法》并未赋予检察机关对监察办案进行法律监督的权力,而是强调"互相配合、互相制约"。"制约关系是一种权力主体之间双向牵制关系,而监督关系是一种监督权对被监督主体的一种单向监察、督促关系。"[③]"监督模式是一种单向关系,主体间的行为逻辑呈现出命令—服从特征,而'配合'和'制约'体现了一种双向互动的关系特征。"[④]制约模式下的权力结构是双向的,而监督模式则表现为监督与被监督的单向关系模式。实践中,监察程序运行的自主性、独立性相当明显,职务

---

① 万春:《人民检察院的性质和定位》,载《检察日报》2018年12月3日。
② 朱孝清、张智辉主编:《检察学》,中国检察出版社2010年版,第184页。
③ 谭世贵:《论对国家监察权的制约与监督》,载《政法论丛》2017年第5期。
④ 陈国权、周鲁耀:《制约与监督:两种不同的权力逻辑》,载《浙江大学学报(人文社会科学版)》2013年第6期。

犯罪调查启动、过程、结果、处置等均在内部完成，对审查起诉和审判活动不具有依附性，并未给检察机关监督调查留下空间，检察权对监察权无法形成监督关系，反而监察权作为对所有公职人员全覆盖的监督权力，有权对检察权的运行进行监督。

综上，从提前介入调查的产生背景以及相关规范依据来看，宜将该工作机制的理论逻辑界定为"配合制约说"。一方面，检察机关受邀介入职务犯罪调查，通过提出介入意见，配合监察机关提高职务犯罪案件办案质效，但同时通过非法证据排除、退回补充调查、不起诉等对监察权进行制约，根据目前提前介入调查阶段情况来看，检察对监察的制约并不明显，配合色彩更为浓厚。

二、监察案件提前介入的实证考察情况

（一）启动方式、时间、案件范围、工作方式等形式要素情况

1. 介入的启动方式均为以商请介入，无主动介入情况

L市仅有E1区、Q区、M1区三个基层检察院均为书面商请，其余基层检察院既有口头商请又有书面商请的情况。L市本级检察院提前介入监察案件均为书面商请，包括提前介入L市监察委调查案件、参与提前介入S省监察委调查案件及国家监察委调查案件。提前介入的主体均为检察机关，无律师或者辩护人介入的情况。

2. 提前介入案件范围并非以重大、疑难、复杂案件为唯一标准

Z区、S区、J2区、E2区四个基层检察院存在通过与监察机关沟通案情后再确定是否介入的情况，其余基层检察院均是只要监察机关商请提前介入，不考虑案件范围，全部介入，提前介入率100%。L市本级检察院亦是100%提前介入，不存在监察机关商请而检察机关未介入的情况。在监察案件提前介入工作中，案件是否重大、疑难、复杂，判断的主体是监察机关，判断的时间是在商请提前介入案件之前，实践中检察机关收到商请文书后，一般只能采取以下两种方式，一是经商请全部提前介入，二是与监察机关进一步沟通协商判断再决定是否提前介入。考虑到监察案件的政治、敏感性以及实践操作的便宜性，采取第一种方式的居多。

3. 提前介入案件的时间均在案件进入审理阶段

L 市有近一半基层检察院提前介入监察案件时,存在提前介入时间距离调查终结移送审查起诉的时间不足 15 日的情况。L 市本级检察院提前介入监察案件的时间较为充足,提前介入时间不足 15 日的情况较少发生,绝大多数案件在移送审理的同时,监察机关同步书面商请检察机关提前介入,根据案情来判断介入时间,并未僵化遵循 15 日的标准。L 市检察机关提前介入监察案件的时间均在案件进入审理环节之后,没有尚在调查阶段即提前介入的情况。但不排除监察案件调查过程中,在隐去涉案人员信息等情况下,监察机关与检察机关仅就相关法律适用问题等进行交流探讨。

4. 提前介入的组织形式既有检察官单独介入,也有检察官办案组介入

L 市仅有 J3 区、E1 区、J1 区三个基层检察院是全部采用检察官个人介入的形式,其余基层检察院既有检察官个人介入,又有检察官办案组介入。L 市本级检察院提前介入市监委调查案件,除个别案件外,大体上均采取检察官办案组介入的形式,参与提前介入 S 省监察委调查案件及国家监察委调查案件,全部采取检察官办案组介入形式。

5. 提前介入工作方式整体上较为一致,没有突破规定

L 市仅有 Z 区、J2 区、J3 区三个基层检察院的个别检察官采取过列席审理会议的方式,仅有 J2 区、E2 区两个基层检察院个别检察官采取过观看调查同步录音录像的方式,大多数基层检察院、大多数检察官均采取听取案情介绍、查阅案卷材料的方式开展提前介入工作。L 市本级检察院提前介入市监委调查案件,基本采取听取案情介绍、查阅案卷材料的方式,参与提前介入 S 省监察委调查案件或国家监察委调查案件,在提前介入方式上也无明显不同。

(二)提前介入内容、介入意见反馈等实质要素情况

1. 提前介入的具体内容整体基本一致

基层检察院提前介入的主要内容包括证据收集、事实认定、法律适用和强制措施衔接等,同时,也有近一半的基层检察院在留置措施变更等方面提出介入意见。L 市本级检察院在提前介入以及参与提前介入 S 省监察委调查案件或国家监察委调查案件时,除关注以上内容,在涉案财物处理、瑕疵证据补正等方面也会出具介入意见。

2. 对提前介入意见，监察机关在移送审查起诉前一般会通过书面或者口头形式进行反馈

L市Z区、S区、J3区存在监察机关对个别案件不予回复或者选择性回复的问题，其余基层监察机关通过书面或者口头形式对提前介入意见进行反馈。L市本级检察院提前介入L市监察委调查案件或参与提前介入S省监察委以及国家监察委调查案件，监察机关主要通过商请检察机关召开案情分析座谈会的形式对提前介入意见进行逐条反馈。

（三）提前介入案件移送审查起诉的后续处理情况

1. 审查起诉环节原则不变更检察官或检察官办案组

超过半数的基层检察院受理审查起诉的监察案件由参加提前介入的检察官或检察官办案组继续办理，部分基层检察院的个别监察案件存在受理审查起诉后更换原提前介入检察官或检察官办案组继续办理的情况，但此种情况不具有普遍性。L市本级检察院提前介入或参与提前介入S省监察委以及国家监察委调查案件，案件移送审查起诉后全部由原提前介入检察官或者检察官办案组继续办理。

2. 审查起诉意见与提前介入意见无差别的情况不突出

略占多数的基层检察院检察官表示，其对监察案件提出的提前介入意见在审查起诉环节基本得到了持续认可。略占少数的基层检察院检察官和L市本级检察院检察官表示，其对监察案件的审查起诉意见与提前介入意见具有一定的差异，但均不存在较大分歧、明显差异。

3. 绝大多数检察官认为提前介入对案件办理作用大

极少数检察官认为提前介入工作对审查起诉案件作用一般，极个别检察官认为提前介入工作对审查起诉案件并无实质作用。受访的L市本级检察院检察官均认为提前介入工作对审查起诉案件作用大，尤其是在补充完善关键证据、依法认定核心事实等方面发挥重要作用。

（四）提前介入工作的意义及前景展望等情况

1. 提前介入工作意义在L市范围存在明显地域差异

提前介入工作在实践运行中倾向于互相配合、单向配合、法律监督还是互相制约，在L市不同基层单位具有明显差异，比如，S区、J1区、E1区、Q区、M2区的受访检察官均认为提前介入工作在实践中更倾向于互相配合，

而Z区、W区的受访检察官中绝大多数亦认为互相配合最为主要，部分受访检察官认为也存在单向配合的情况；J2区、M1区、E2区的绝大多数受访检察官认为互相配合的同时，也存在一定程度的法律监督、相互制约；J3区受访检察官认为存在互相配合、单向配合、法律监督的实践意义，而最为突出的是单向配合，不同基层地区存在明显的实践差异，但可以明显看出，配合作用大于制约作用。L市本级检察院受访检察官认为提前介入工作具有互相配合、互相制约的实践意义。

2.基层检察院对提前介入的前景持不同看法

Z区、W区、S区、J2区、E2区的受访检察官认为检察机关应视情况决定是否介入，个别受访检察官同时认可有必要进一步提高介入率，并应当赋予检察机关主动介入权；Q区的受访检察官认为应该继续坚持根据监察机关的邀请介入；J1区、J3区、M2区受访检察官主要认为有必要进一步提高介入率；E1区、J3区、M1区、M2区的部分受访检察官认可应当赋予检察机关主动介入权。L市本级检察院提前介入或参与提前介入案件基本全部为重大、疑难、复杂案件，具有应监察机关商请全部介入的现实必要，在是否赋予检察机关主动介入权的问题上，L市本级检察院受访检察官均持保守态度。

三、监察案件提前介入的困境

（一）提前介入"重配合、轻制约"，且"单向配合"较为明显

实践中体现在：在介入启动上，检察机关以被动受邀为主，无主动介入情况，是否介入，监察机关具有绝对的主导权，没有监察机关的商请，检察机关无权介入监察机关办理的职务犯罪案件，更不可能像某些学者提出的对其进行所谓的"法律监督"，且介入目的是配合监察调查顺利推进；在介入方式上，主要是检察机关派员参与阅卷，听取案情介绍为工作内容，而调阅同步录音录像、列席审理会议等涉及监察调查内部程序运转的方式则较为少见。虽然相关规范性文件要求监察机关在检察机关作出退回补充调查、发现遗漏线索、商请补证等环节给予帮助，但更多强调检察机关在案件处理诸多问题上要征求监察机关的意见，且监察机关给予检察机关的配合在实践中运行得并不顺畅。总体来看，提前介入呈现的是一种单向配合倾向。

（二）介入层面上，检察机关"重实体、轻程序"

介入调查方式以实体阅卷为主，对程序制约较少，提前介入意见的内容主要围绕事实认定、法律适用、证据体系完善等方面，较少依据《刑事诉讼法》对监察调查取证的合法性进行审查或者提出相关意见。审查起诉阶段，检察机关有权对证据合法性进行审查，但在同步录音录像不随案移送以及调取须经协商并取得监察机关同意等情况，增加了检察机关核实证据合法性的难度。

（三）介入内容上，检察机关"重定罪、轻量刑"

《人民检察院提前介入监察委员会办理职务犯罪案件工作规定》中并没有明确提出关于量刑情节证据的审查，如"是否存在自首和立功""是否存在漏罪和漏犯"等问题。实践中，检察机关并不注重在提前介入时审查量刑情节的证据，部分案件在审查起诉或审判阶段才向监察机关要求补充相关的情况说明，让量刑情节的证据审查滞后，乃至抱着"出具说明就认定，不出具就不认定"的心态，给审查起诉、认罪认罚工作带来一定障碍，提前介入的全面性、实质化程度有待提高。

（四）介入成效上，检察机关"重办案、轻配套"

虽然提前介入职务犯罪调查的产生背景主要源于配合监察机关办案需要，但作为衔接二机关的重要桥梁，该机制在运行中也逐渐承载了检察机关赋予的重要价值。在检察内设机构改革落地落实背景下，新设的职务犯罪检察部门遵循规范化、专业化要求，着力构建完善职务犯罪检察工作体系，积极为国家反腐败战略贡献检察力量。职务犯罪检察部门除了办理监察机关、刑事执行检察部门移送的职务犯罪案件之外，还承担职务犯罪追赃挽损、反洗钱、认罪认罚、惩治微腐败等配套推进的专项工作。然而，实践中，检察机关在提前介入时仍主要以办案为主，很少透过案件本身来谋划配套工作推进的可行性。一方面，只能书面阅卷，无法接触被调查人，只能从案卷材料来判断可行性；二是配套的专项工作并不是监察机关邀请提前介入关注的范畴，难以取得监察机关的支持与配合。

（五）提前介入意见的刚性有待加强，制度价值有限

大多数职务犯罪案件，提前介入是在职务犯罪案件进入监察机关审理阶

段才得以实施，检察机关仅对证据收集、事实认定、案件管辖发表意见，监察机关对介入意见的重视程度和采纳与否具有决定权，反馈机制也存在不规范情况，引导调查的制度价值受到一定限制。如 L 市某区人民检察院办理的王某某受贿、私分国有资产案，该案提前介入工作效果不佳，监检双方在事实认定、证据采信、案件定性等方面存在诸多分歧，一审宣判后王某某上诉，市院对在案证据重新归纳总结，并协调监察机关补充相关证据材料，二审法院才全面支持检方庭审意见，作出驳回被告人上诉，维持一审判决的裁定。

（六）提前介入对案件后续处理效果具有两面性

一方面，提前介入引导职务犯罪调查，尽可能把案件问题和监检分歧解决在案件移送起诉之前，从而推动案件高效办理。另一方面，提前介入引导调查呈现出的更多是一种单向配合，虽然《法法衔接意见》等文件均要求"不得以提前介入意见代替审查起诉意见"，但实践中受监察机关案件办理政治逻辑影响，形成的介入意见不免会产生先入为主的印象，且审查起诉阶段也不愿轻易改变调查阶段的介入意见。

四、监察案件提前介入的完善路径

对于提前介入调查制度在运行过程中产生的一系列深层次问题，本文认为，应当先明确检察机关提前介入职务犯罪调查的基本原则，再进一步研究相关完善路径。

（一）提前介入的基本原则

1. 明确介入角色

在提前介入活动中，监察机关和检察机关应当明确自身的角色定位。提前介入，既不属于职务犯罪调查活动的一部分，也不是调查程序的必经环节，其实质是一项外部衔接工作机制，监察权独立运行并未受到影响。检察机关受邀提前介入职务犯罪调查，任务是提供介入意见，其角色仅是协助者，并非调查程序的参与者，更不是监察程序的主导者。检察机关的角色仍应当定位于《宪法》《刑事诉讼法》规定的法律监督机关和公诉机关。

2. 尊重监察主导

检察机关提前介入职务犯罪调查，应当尊重监察机关的主导权，不干涉监察权的行使。检察机关应从以下几方面尊重监察机关的调查主导权：首先，恪守提前介入谦抑性，一般案件非受监察机关书面邀请不主动介入，敏感度、关注度高案件非经与监察机关沟通不主动、过度介入，避免影响监察权的独立行使；其次，恪守介入范围有限性，提前介入应当围绕监察机关邀请介入的范围进行，按照规定的方式开展介入活动，不能主动充当调查主体，不能直接参与调查活动，不能采用调查措施进行提前介入；最后，恪守介入意见参考性，明确提前介入的任务主要是为监察机关提供意见和建议，介入意见采纳不具有强制性，是否采纳由监察机关自主决定，检察机关不得干涉。

3. 监检配合有度

"互相配合、互相制约"是《宪法》对监察机关和检察机关之间关系作出的明确界定，也是检察机关提前介入监察的法理依据。"互相配合"在前，说明检察机关提前介入的首要任务是配合监察机关办理职务犯罪案件，在案件管辖、证据体系、法律适用、强制措施转换等问题上给予支持，消除监检衔接障碍，实现案件高效处置。同时，检察机关提前介入应当把好配合限度，保持自身独立性，坚持以公诉的标准依法提出意见和建议，秉持惩罚犯罪与保障人权并重，将客观公正义务落到实处。

4. 互相制约到位

目前，监察权对检察权的制约主要是通过对行使检察权的个人进行监督以及要求检察机关在职务犯罪案件某些问题的处理上征求监察机关的意见。[①] 而检察对监察的制约更多体现为事后制约，即职务犯罪案件调查终结进入刑事诉讼程序，通过排除非法证据、退回补充调查、作出不起诉决定等对监察权形成制约，而关于"事前制约"的规定尚不明确。目前，退回补充调查、作出不起诉决定等制约手段经过长期的监检衔接运行已较为顺畅，但启动非法证据排除的案例则较为少见。

---

① 例如，《关于加强和完善监察执法与刑事司法衔接机制的意见（试行）》第38条规定："人民检察院经审查对职务犯罪案件的事实认定、案件定性、量刑情节等有重大不同意见的，在作出决定前应当与监察机关沟通。"

（二）提前介入的完善路径

1. 明确提前介入案件的范围

在司法资源有限的情况下，检察机关不可能对监察机关办理的所有案件都进行提前介入，应进一步明确案件范围，进一步明晰对重大疑难复杂案件的认定，防止提前介入的扩大化。对于重大案件而言，可以借鉴提前介入侦查的案件范围标准，重大案件必须是在当地有重大影响的案件，包括人民群众或者媒体关注的热点、重点案件。也可以结合案件罪名和犯罪金额来确定，因为职务犯罪案件往往牵扯到金钱利益等，确定一个具体的数值作为标准，比如像刑事实体法中许多罪名设置了入罪标准金额。应当严格限定提前介入案件范围，对于不符合疑难复杂重大案件标准的，监察机关应当不予商请提前介入，防止"遇案必商请，商请必介入"。

2. 适当放宽提前介入时间节点

（1）时间允许前移到案件调查阶段。设置好提前介入的时间点是做好检察机关提前介入工作的关键问题所在。提前介入的案件往往是存在性质认定分歧，证据采信以及法律适用存在的问题，鉴于监察案件的高度封闭性和秘密性特点，如若在尚未查证之前就商请介入，不仅会打乱监察机关调查的思路，不能保证监察机关的独立性和主导性。但介入时机过晚，不仅不会使提前介入发挥实效，在最有效的时间节点不能解决案件性质分歧的问题，不能准确及时提出介入意见而导致证据发生损坏或消失。

本文认为，在严格把握检察机关"配合制约"的定位下，可以适当对提前介入阶段进行放宽，原则上职务犯罪案件进入审理阶段后由监察机关书面商请，对于特殊案情需要，如案件性质认定有较大分歧时，可以允许经监察机关决定书面商请检察机关在案件调查阶段提前介入。[①] 但需注意，检察机关介入的只是职务犯罪案件，在放宽提前介入时间上也要严格把握案件范围，避免介入到违法犯罪办案程序。

（2）保障提前介入的时间。提前介入规定将检察机关介入时间要求为调查终结移送审查起诉15日以前，然而实践中，一是如前文问卷调查所述，存在一半基层检察院提前介入监察案件距离调查终结移送审查起诉时间不足15日的情况，二是监察机关一般会集中在节假日之前商请提前介入，如

---

① 蔡健、张书林、黄敏等：《检察机关提前介入职务犯罪案件问题研究》，载《汉江师范学院学报》2019年第4期。

遇上长假，则提前介入的时间就更短。建议保障检察机关提前介入工作时间为 15 个工作日，如遇特别重大、疑难复杂案件可适当延长 3-5 日，给足时间。[1] 检察机关在提请介入的时候一定要审查时间是否充足，因为这也关乎预留给检察机关足够的介入时间，至少要保障到目前规定的 15 日期限，若时间不足，检察机关可以决定不予提前介入。

3. 允许提前介入的检察官协助审查起诉

实际办案中，有观点认为检察官应该履行回避制度，提前介入的检察官不应该参与后期的审查起诉工作，因为这样会有先入为主的认识，会将审查起诉阶段和监察调查审理阶段工作进行混淆，导致监察机关和检察机关职能界限不明。但也有观点持反对意见，认为提前介入的检察官对于案件有清楚的了解，若同一检察官参与后续案件起诉，有利于审查起诉效率和办案质量的提高，防止资源浪费。

本文认为无需过分强调回避原则，提前介入的检察人员不参与后续审查起诉工作，会大大降低提前介入积极性，影响提前介入效果；但是若完全由同一检察官提前介入，也很容易检察官在提前介入阶段就进行审查起诉的准备，这样一来就混淆了审查起诉和监察调查的职能界限，也就容易产生先入为主的判断，增加冤假错案的风险。[2] 如此一来，结合提前介入的定位和立场，借鉴实务中的探索，建议实行协助办案机制。当进入审查起诉环节后，可由检察机关案管部门随机分配案件，由提前介入之外的检察官作为主办承办人负责审查起诉，而提前介入的检察官可以协助办案。

4. 提前介入工作方式的完善

（1）监察机关意见反馈规则的确认。监察机关书面反馈意见能对于检察机关提出的意见做一个回应，有利于解决案件真正落实，也有利于提高后续检察机关提前介入的积极性。在具体反馈方式的原则上应当要求是"书面"形式，"书面"形式的纸质文件还可以放入提前介入的案卷文书中，以防后续审查起诉时诉讼材料在产生案件证据分歧时能提前把握，同时也是对提前介入工作效果的一个反馈。

另外，还可以采取口头沟通（沟通内容可简单记录）或者召开会议等方式进行沟通分析。如若在监检机关之间建立起联席会议制度，在提前介入过程中存在的问题就能及时得到沟通衔接和反馈，就能尽早达成共识，

---

[1] 董茂云：《监察委员会独立性地位的三个认识维度》，载《东方法学》2020 年第 3 期。
[2] 董茂云：《监察委员会独立性地位的三个认识维度》，载《东方法学》2020 年第 3 期。

减少分歧，避免司法资源的浪费。再者，是否能考虑允许调查人员出庭说明情况，监察人员出庭说明情况，既丰富了检察机关举证的手段，又增强了检察机关举证的能力，还能推动监察人员取证规范性，促使监察机关主动以公诉的标准调查收集证据，是提前介入与后续审查起诉衔接的一种可行性手段。

（2）将影像设备配套完善。提前介入过程中检察机关是有权可以对证据的合法性有所怀疑，可以向监察机关提请查看一系列的录音录像，所以录音录像问题是保证提前介入是否发挥效果的重要措施之一，会影响提前介入在证据制度衔接上是否顺畅。虽然录音录像问题在《监察法》中规定要求是全程录音录像，并且留存备查，但是实践中查看同步录音录像程序仍然存在一定的障碍。

可从以下几方面来完善：第一，可以将录音录像范围扩大到监察立案之后，这样在案件性质有分歧时，商请检察机关提前介入后，不管是对于案件证据的审查，还是作为案件性质产生分歧提出建议的一个凭证，都能确保合法性。第二，录音录像实行录审分离，由专人进行录制，即使用调查组以外的专门人员录制讯问过程，既强化了自我监督手段，又保障了取证的合法性和真实性，还能够避免出现选择性录制或者候补性录制。后续对检察机关的提前介入保障了全程具备影像资料以及审查提出意见提供了有力保障。第三，探索设立录音录像资料附卷随案移送至审查起诉阶段。在侦查调查活动中的录音录像资料是附卷移送到审查起诉环节的，事实上职务犯罪调查也具有侦查活动的实质效果，未尝不可采取相同的规定，将录音录像资料附卷移送至审查起诉阶段，允许律师和检察官进行查看。如果案件涉密，可以考虑要求律师签署保密保证书。①

五、结语

通过对监察体制改革以来L市监察案件提前介入运行状况进行实证研究，可以得出，提前介入职务犯罪调查与提前介入职务犯罪侦查具有异质性，根源在于监察权与侦查权运行逻辑本质上的差异，提前介入职务犯罪调查尽管存在一些不稳定、不规范问题，但对推动监检衔接、提高职务犯罪办理质效具有积极作用，应当继续推行。对于监察机关调查的职务犯罪案件，

---

① 黄思涵：《监察案件检察机关提前介入问题研究》，湘潭大学2020年硕士学位论文。

检察机关提前介入应当尊重监察主导地位，明确作为协助者介入角色，通过提前介入配合监察机关高效处置案件，同时坚持配合有度、制约到位原则，秉持检察办案独立性，坚持客观公正立场，对不符合刑事裁判证据标准的案件依法作出相应的处理。

"新"直接侦查权的两种权力属性及其权力运行完善路径

佘 浩[*]

2018年监察体制改革以前，检察机关可依职权直接启动立案侦查程序的案件包括贪污贿赂犯罪、国家工作人员渎职犯罪以及国家机关工作人员利用职权实施的侵犯公民人身权利和民主权力的犯罪，一般称其为直接侦查权。随着我国监察体制改革、《刑事诉讼法》修正以及《最高人民检察院关于人民检察院立案侦查司法工作人员相关职务犯罪案件若干问题的规定》的出台，检察机关直接侦查权的案件管辖范围被限定为"在对诉讼活动实行法律监督中发现的司法工作人员利用职权实施的非法拘禁、刑讯逼供、非法搜查"等14种侵犯公民权利、损害司法公正的犯罪，本文将其称之为"新"直接侦查权。

20世纪90年代，有学者认为检察机关应彻底放弃直接侦查权，[①]在监察体制改革的新时代背景下，也有学者主张检察机关"新"直接侦查权同样应当转隶监委。[②]但学界普遍对检察机关应当具备一定的直接侦查权持肯定态度，认为检察侦查权层面的问题从来都不是"是或否"而是"多或少"。[③]主张取消检察机关直接侦查权乃至根本取消检察机关的侦查权，将其改造成一个纯粹的起诉机关的观点是对现代检察制度创生、发展的原初目的和根本任务缺乏清醒的认识与准确的把握。[④]同时，在赞成检察机关保留或部分保留直接侦查权的观点中，对该项权力的属性认知也同样存在争议。特别是

---

[*] 佘浩，四川省人民检察院法律政策研究室二级检察官助理。
[①] 蔡定剑：《司法改革中检察职能的转变》，载《政治与法律》1999年第1期。
[②] 高一飞：《司法职务犯罪侦查权也应当转隶监委》，载《河南财经政法大学学报》2020年第1期。
[③] 秦前红：《检察侦查权的制度逻辑与时代走向》，载《政法论丛》2023年第4期。
[④] 万毅：《论侦查权配置的内在原理》，载《南京师大学报（社会科学版）》2006年第5期。

在 1996 年《刑事诉讼法》"人民检察院依法对刑事诉讼实现法律监督"的影响下，许多学者试图从检察机关"法律监督"这一角色定位出发，以法律监督权来覆盖检察机关直接侦查权的权力内涵，认为"侦查权从属于法律监督权，是实行法律监督权的重要手段，是为法律监督服务的"①。但这种观点无法解释"为什么公安机关对违法犯罪行为的发现、证明、检举即侦查、追诉就不是法律监督"②这个问题，同时也有意无意忽略了直接侦查权在整个刑事诉讼体系中独立的司法价值。这种理论上认识的偏差导致监察体制改革后，即使检察机关直接侦查权的管辖范围被严格限定在司法工作人员实施的14种侵犯公民权利、损害司法公正的犯罪，也仍未为"新"直接侦查权构建出牢固的逻辑基层。事实上，检察机关在整个刑事诉讼司法体系中，既是打击犯罪、维护当事人合法权益的司法机关，又是诉讼程序的监督机关，而"新"直接侦查权正是这两种角色的交汇点，其必然具有司法权和监督权的双重属性。因此，本文试图从司法权与监督权的双重属性角度出发，论述检察机关保留"新"直接侦查权的逻辑基础，分析当前该项权力运行过程中存在的问题，并提出进一步的完善建议。

一、两种权力属性是"新"直接侦查权的正当性基础

诉讼职权和监督职权是检察机关两项重要的职权，③并且这两项权力在行使过程中，绝大多数情况下都处在相互交叉的状态，或者说检察机关的履职办案行为本身既是履行诉讼职能和监督职能的结合，这也是检察机关近年来创新"在办案中监督、在监督中办案"理念的逻辑根源。对于"新"直接侦查权而言，其同样是检察机关诉讼职能和监督职能的结合，也决定了这项权力司法权属性与监督权属性的相伴相生。

（一）"新"直接侦查权的司法权属性

1. 检察机关具有司法机关的角色属性

在"侦查—公诉—审判"的刑事诉讼程序体系中，不论是公安机关的侦

---

① 王桂五：《中华人民共和国检察制度研究》，中国检察出版社 2008 年版，第 201 页。
② 陈卫东：《我国检察权的反思与重构——以公诉权为核心的分析》，载《法学研究》2002 年第 2 期。
③ 李奋飞：《检察机关的"新"自侦权研究》，载《中国刑事法杂志》2019 年第 1 期。

查权、检察机关的公诉权或者审判机关的审判权，均是行使司法权以服务社会公平正义价值的具体体现，这也决定了在刑事诉讼程序中，所有主体的权力行使均必须具备司法的属性，否则从逻辑上来说某一主体就不应当存在于刑事诉讼司法体系中。但是，这三个主体法定职责又各有侧重，公安机关侧重于证据收集、查明事实，检察机关侧重于将刑事诉讼程序由侦查向审判的推进，审判机关侧重于依据证据作出终局性的法律裁判。三者关系中，除人民法院独立行使审判权以外，侦查和公诉具备高度的关联性，诉侦关系并非权力上的"分立"，而只是权力上的"分工"，①对检察机关而言，其本身又兼具收集证据、认定事实的角色形象，因此，对其配置侦查权并不存在逻辑上的困难。从程序正当的角度考量，侦查权和公诉权也并非绝对的分开运用，在特定情况下混合运用也可能是更优的选择，②这也可以解释检察机关为何享有机动侦查权、补充侦查权的原因。正如学者所言：侦查权的实质就是刑事诉讼中最一般、最普通的诉讼程序上的权力，无论其行使机关为谁，它们的性质都是不应该也不可能会改变的。③

2. 检察机关行使"新"直接侦查权具有效率优势

侦查效率主要取决于从原告、证人、情报员及嫌疑人处获取情况的能力。④除了专门机关管辖外，对特定机关赋予一定的侦查权正是出于提高侦查效率的考虑。从《刑事诉讼法》的法条来看，检察机关"新"直接侦查权有如下几个特点：一是启动程序特定，即在履行对诉讼活动实行法律监督的过程中发现犯罪；二是犯罪主体特定，即司法机关工作人员；三是罪名特定，即非法拘禁、刑讯逼供等特定的14种侵犯公民权利、损害司法公正的犯罪。与普通职务犯罪相比，司法工作人员职务犯罪具有犯罪场域封闭、嫌疑人多深谙法律知识、作案手段更为隐蔽等特点，这不仅决定了侦查机关对线索的高度依赖性，也增加了合法与非法、违规与犯罪的鉴别区分难度。检察机关作为各类诉讼案件的监督者，其具有发现司法工作人员职务犯罪线索的优势，并且作为法律职业共同体的一员，其对犯罪手段研判等同样具备先

---

① 谢澍：《检察机关侦查权的监督性及其体系化进路》，载《中国刑事法杂志》2022年第3期。
② 傅达林、杨韧：《刑事侦查程序的正当目的》，载《观察与思考》2002年第5期。
③ 陈卫东：《我国检察权的反思与重构——以公诉权为核心的分析》，载《法学研究》2002年第2期。
④ ［美］查尔斯·E. 奥哈拉：《刑事侦察学基础》，谭璟彝等译，群众出版社1990年版，第63页。

天优势,有助于形成心证、增强内心确信,^①与移交监察机关相比也可以减少案件流转程序,缩短案件办理期限。

盖然之,检察机关承担"新"直接侦查权,在机构设置、职能连接、线索发现、证据搜集等方面有明显的便利。^②对检察机关"新"直接侦查权管辖范围严格限定在司法工作人员职务犯罪与相关犯罪本身特点具有高度的关联性,也是检察机关享有"新"直接侦查权的必要前提和基础。从《刑事诉讼法》的规定来看,军队保卫部门对军队内部发生的刑事案件进行侦查,监狱负责对罪犯在监狱内犯罪的案件进行侦查等同样体现了司法办案的效率逻辑。此外,《监察法》赋予监察机关对职务犯罪行使调查权,广义上也是法律对特定机关赋予特定案件侦查权的表现。

(二)"新"直接侦查权的监督权属性

我国现行《宪法》诞生于1982年,并创新性地赋予了检察机关"法律监督机关"的全新角色定位,检察机关从此在"检察权"之外,又新增了"法律监督权"这一全新的权力内涵,而作为检察机关重要职能之一的检察侦查权显然也受此影响颇深,^③也为解释检察机关各项具体权能提供了一条全新路径。因此,论述检察机关"新"直接侦查权的正当性基础,也必须从我国《宪法》法律中寻找"有力依托"。^④虽然《宪法》并未对"法律监督"给出明确的定义,学界对此也存在一定的争议,但就法律监督"本质是对公权力的监督"^⑤"是对检察机关行使权力所要达到的功能和目的的一种整体描述和定义"^⑥等方面,基本上达成了一致。2021年8月,《中共中央关于加强新时代检察机关法律监督工作的意见》也进一步明确了法律监督的根本目的是"保障国家法律的统一正确实施"。从保障法律统一正确实施和权力制约的角度,我们也可以在"监督权"的属性之下寻找到检察机关"新"直接侦查权的逻辑基础。

---

① 陈小炜:《监检关系视野下退回补充调查与自行补充侦查》,载《北方法学》2020年第6期。
② 林维:《从孙小果案涉案司法人员被查处谈检察机关职务犯罪侦查权的效能》,载《检察日报》2019年10月15日。
③ 王海军:《中国语境下的"检察权"概念考察》,载《中国法学》2022年第6期。
④ 秦前红:《全面深化改革背景下检察机关的宪法定位》,载《中国法律评论》2017年第5期。
⑤ 朱全宝:《法律监督机关的宪法内涵》,载《中国法学》2022年第1期。
⑥ 万毅:《法律监督的内涵》,载《人民检察》2008年第11期。

1. 司法工作人员职务犯罪与法律统一正确实施具有直接关联性

从犯罪所侵害的法益来看,"新"直接侦查权所覆盖的14种司法工作人员职务犯罪有共同的侵害法益,即法律的权威性和公正性,犯罪主体一般都肩负着执行或者实施法律的职责,他们利用职务之便实施犯罪,就是影响国家法律的正常实施。① "在对诉讼活动实行法律监督中发现的"这样的条件限定正说明了启动该类案件的立案侦查程序正是检察机关履行法律监督职责的必然结果,也说明了检察机关行使"新"直接侦查权的目的并不限于打击职务犯罪行为,而且在打击该类犯罪中蕴含了深刻的"保障国家法律的统一正确实施"的价值理性。

对比之下,监察体制改革之前,检察机关直接侦查权覆盖了国家机关工作人员利用职权实施的贪污受贿、渎职类犯罪以及国有公司、企业、事业单位人员的贪污贿赂犯罪。除司法工作人员职务犯罪以外的国家机关工作人员利用职权实施的贪污受贿、渎职类犯罪,其所侵害的法益是国家权力行使的廉洁性,虽然可能与法律的统一正确实施具有一定关联性,但这种关联是一种偶然、间接的关联,而非必然和直接的关联。而在市场经济背景下,国有公司、企业、事业单位更多意义上属于市场主体,其工作人员实施的贪污贿赂犯罪侵害的法益更多是国家经济活动管理秩序,与法律的正确统一实施并无直接关系。承担这两类案件的直接侦查职能,并不符合"人民检察院是国家的法律监督机关"的宪法定位,② 也是其全部转隶监委的重要原因。

2. "新"直接侦查权具有提升法律监督刚性的工具价值

与提出检察建议、提出纠正违法通知、排除非法证据、提起抗诉等"柔性监督手段"相比,直接侦查权能够在一定程度上提升检察机关法律监督刚性的价值已经为学界所认可,且为实践所证明。虽然监察体制改革后,大部分职务犯罪侦查权转隶至监委,但对三大诉讼的监督是检察机关履行法律监督职责的主要内容,部分职务犯罪侦查权的转隶并不会动摇检察机关的法律监督地位,也不会对检察机关法律监督职责履行造成实质性的影响。检察机关通过行使"新"直接侦查权的方式,实现"查案"与"查人"的统一,给予司法机关工作人员"如果不积极接受监督,可能面临检察机关刑事追诉"的结果预期,同样可以督促被监督者正视、配合检察机关的法律监督履职,

---

① 顾永忠:《公职人员职务犯罪追诉程序的重大变革、创新与完善——以〈监察法〉和〈刑事诉讼法〉的有关规定为背景》,载《法治研究》2019年第1期。

② 张智辉:《检察侦查权的回顾、反思与重构》,载《国家检察官学院学报》2018年第3期。

促进"纠正违误"的落实。①

司法权属性从刑事诉讼权力分工和诉讼效率的角度,监督权属性从检察机关的根本角色定位和监督效力角度,分别解释了检察机关"新"直接侦查权在各自权力架构下的正当性。但是,无论是司法权属性,还是监督权属性,各自都存在无法完全覆盖"新"直接侦查权权力属性的问题。严格来说,在侦办司法工作人员职务犯罪的过程中,我们无法准确判定检察机关的具体履职行为单纯是属于履行《刑事诉讼法》意义上的侦查行为,还是《宪法》意义上的监督行为。因为在行使"新"直接侦查权的过程中,侦查与监督职责并不是两个各自独立、可明确区分的履职行为和履职过程,而是一个行为、一个过程同时肩负着追究刑事责任与监督诉讼活动的责任,二者在逻辑上不存在谁包含谁的问题,也不是简单的平行、并列关系,也不存在必然的因果关系。②因此,无论是司法权还是监督权,都只是检察机关"新"直接侦查权属性的一部分,只有将二者融合,才能真正地还原"新"直接侦查权的逻辑基础。

二、"新"直接侦查权运行的调试优化

监察体制改革,检察机关直接侦查权管辖范围大幅缩减确实对检察机关行使职务犯罪侦查工作产生了一定影响,但正如本文所述,"新"直接侦查权是契合检察机关角色定位的一项必要且适当的权力。纵使目前还存在一定的问题,也应当立足"新"直接侦查权司法权属性与监督权属性,并通过对权力运行及其配套机制进行适当的调试优化,从而在履行好诉讼、监督职能与更有效的权力制约之间达到一种较为平衡的状态。

(一)构建体系化的权力监督体系

权力的无节制性是普遍存在的,由此权力的制衡性是必要的。③实践已然证明,任何单一的权力监督制约方式都不足以有效抑制权力扩张及滥用的

---

① 朱孝清:《深化依法治国实践背景下的检察运行——增强检察监督刚性》,载《中国检察官》2018年第15期。
② 夏万奋:《"监督权"抑或"公诉权"——我国检察权性质的辨析》,载《世纪桥》2007年第2期。
③ 苏惠渔、孙万怀:《刑法的意义与国家刑权力的调整——对人权两〈公约〉的刑法评释》,载《华东政法学院学报》2001年第2期。

冲动，只有构建体系化、全方位的权力监督制约体系，才能够实现对权力的有效监督。检察机关虽作为《宪法》法定的法律监督机关，其权力同样也需要受到监督。

1. 强化内部权力监督制约

鉴于侦查、审查逮捕、审查起诉集于一身可能带来的权力滥用或者怠于行使权力问题，有必要将侦查与审查逮捕、审查起诉进行一定程度上的内部"隔离"，以解决既是运动员又是裁判员的矛盾。为此，可以在检察机关现有职能划分的基础上，设立专门的职务犯罪侦查部门，专司司法工作人员职务犯罪侦查工作。这种模式的优势在于，既能够确保检察机关有独立且充足的办案力量专门履行司法工作人员职务犯罪侦查工作，又可以确保审查逮捕、审查起诉与"新"直接侦查权之间的有效内部制约。

2. 完善外部监督制约体系

内部监督虽然在一定程度可以解决权力的恣意，但同时也有难以克服的"同体监督的弊病"①。因此，防止"自侦中心主义"复活更应当在完善外部监督体系着力。

其一，引入监委对"新"直接侦查权的监督。按照《监察法》第3条之规定，监察机关属于对所有行使公权力的公职人员进行监察，调查职务违法和职务犯罪的专门机关。相较于监察机关，检察机关的"新"直接侦查权只是打击职务犯罪权体系中的辅助性角色，并且这项权力也可以看作是《监察法》第34条的补充性授权。②因此，不论是从权力分工，还是角色定位上，都可以引入监察权以实现对"新"直接侦查权的监督。可以在《刑事诉讼法》已然明确检察机关"新"直接侦查权的基础上，明确检察机关行使"新"直接侦查权时应当主动接受监察机关的监督并细化相关的监督规则，通过引入监委监督力量的方式来解答"谁来监督监督者"的终极疑问。

其二，进一步强化人民监督员的监督作用。司法公开、公民参与，是现代民主法治国家的基本特征之一。作为公民监督检察办案重要方式的人民监督员制度，与中国公民关注司法的能动意识不断提升的过程相辅相成。③为充分发挥人民监督员制度在司法工作人员职务犯罪侦办过程中的权力制约监

---

① 范思力：《检察机关法定侦查权转变原因分析》，载《时代法学》2020年第4期。
② 高景峰：《司法工作人员相关职务犯罪侦查模式建构与完善》，载《中国刑事法杂志》2021年第5期。
③ 陈卫东：《人民监督员制度的困境与出路》，载《政法论坛（中国政法大学学报）》2012年第4期。

督作用，程序上，除了在涉及国家秘密、影响案件办理等特殊情况下，确保每一起案件接受人民监督员监督；实体上，赋予人民监督员更多的监督刚性，人民监督员对于"新"直接侦查权行使及其产生结果均有权进行实质性监督，以防止此项机制陷入虚化。

（二）平衡"新"直接侦查权与监察调查权的权力竞合关系

"新"直接侦查权作为检察机关保障法律统一正确实施、打击犯罪、维护司法权威的重要手段，其理应在自身权责范围内发挥更大作用。虽然《刑事诉讼法》与《监察法》关于司法工作人员职务犯罪的管辖竞合问题，表面上看似乎通过"监察优先"这一原则得到了解决，但一味地遵循监察调查优先，是片面和僵化的，并不利于检察机关权力的行使，[1]其结果是检察机关"新"直接侦查权的价值遭到了不可避免的漠视和弃置。因此，在《刑事诉讼法》和《监察法》关于司法工作人员职务犯罪的基本管辖范围不变的情况下，通过设置更加合理的管辖竞合解决机制，是当前最为理想的选择。

1. 赋予检察机关特定情况下的最终决定权

对于检察机关行使"新"直接侦查权过程中又发现犯罪嫌疑人同时涉嫌监察机关管辖的其他职务犯罪的，应当依据《监察法实施条例》第52条之规定，与监察机关就案件是否移送提前进行沟通，但是要摈弃一味的监察优先原则，即检察机关认为应当继续侦办，而监察机关认为应当全案移送的，检察机关应当充分考虑监察机关的意见，但最终由检察机关决定是否移送案件。同时也要考虑到，如果检察机关认为应当移送，监察机关认为不应当移送的，则仍应当由检察机关继续侦办，以进一步实现双方权力的平衡。

2. 明确检察机关全案侦办的原则

针对前述检察机关最终决定继续侦办或者监察机关认为不应当移送的案件，为了节约侦查成本、提高侦查效率，应当明确案件合并管辖的原则，即检察机关立案侦查的司法工作人员职务犯罪嫌疑人同时还涉及贪污贿赂等其他应当由监委管辖的案件时，应当由检察机关侦查到底。[2]监察机关则负责配合检察机关开展侦查工作，并对检察机关行使"新"直接侦查权进行全流程的监督，这样既可以保障案件办理的整体质量、效率及效果，又能够发挥

---

[1] 郭华：《我国检察机关侦查权调整及其互涉案件程序的探讨》，载《法治研究》2019年第1期。

[2] 郑曦：《刑事诉讼中程序惯性的反思与规制》，载《中国法学》2021年第3期。

监察机关的监督作用，这也是完善对"新"直接侦查权监督体系的一种可供选择方式。

（三）提升司法工作人员职务犯罪侦办能力

当前，检察机关高质效行使"新"直接侦查权在"投入和产出"还面临着专业力量不足与案件量偏少之间的矛盾。如果不进行专业化建设，则现有侦查力量面对隐秘复杂的司法工作人员职务犯罪必将捉襟见肘；如果进行大规模的专业化建设，则案件量少必然会导致资源浪费。因此，不论是组建新的职务犯罪侦查部门，还是进行相应的人财物配置，都必须在二者之间寻求投入产出的平衡。

1. 对案件进行集中管辖

虽然司法工作人员职务犯罪由设区的市级人民检察院立案侦查，但因整体案件量偏少以及地区间案件数量的不平衡，如果在所有市级检察院均进行大量的侦查资源投入必然是"不经济"的选择。因此，可以考虑由省级检察院指定辖区内一个或数个设区的市级检察院对司法工作人员职务犯罪进行集中管辖，在这些集中管辖检察院内组建职务犯罪侦查部门，配置相应的人才、设备等专业资源，并开展专门培训，借此提高检察机关侦查人员的现场勘查能力、搜查能力、技术侦查能力等全面揭示犯罪的能力。同时，为了解决其他检察院发现并移交案件线索的激励问题，可以考虑在绩效政策中设置一定的考核加分项：除集中管辖检察院以外的各级检察院，特别是更易于发现案件线索的基层检察院，如果对移交的案件线索成功立案的，给予其一定的考核加分。

2. 借力公安专业侦查力量

"检察机关以良好的法律素养著称，警察以侦破技能为专长"。① 公安机关作为刑事诉讼体系中的侦查主要力量，其在侦查队伍规模、侦查经验以及侦查设备先进性和完整性上具有检察机关难以企及的优势。从诉讼理论上讲，检察机关与公安机关在诉讼中的基本职能是一致的。② 因此，可以参考公安机关邀请检察机关提前介入引导侦查的方式，在司法工作人员职务犯罪侦办过程中，如果检察机关缺乏相应的侦查技术手段或者暂时不具备某方面

---

① 韩红兴：《刑事司法中的检警关系和谐运行论》，载《中国人民公安大学学报（社会科学版）》2011年第1期。

② 宋英辉等：《刑事诉讼原理》，北京大学出版社2014年版，第181页。

的侦查经验时,可以邀请公安机关提供相应的专业、技术、经验支持。在提前介入引导侦查与邀请公安机关参与侦查的双向良性互动过程中,促进公安机关与检察机关在侦查、证据认定等方面同步提高。

3. 充分发挥检察一体化优势

"检察一体化"是以系统论思想为基础的办案机制,主要是指检察机关作为一个整体,统一行使国家检察权,确保上下级检察机关之间的上令下从、不同行政区划检察院之间的跨区域合作、"四大检察""十大业务"之间的协调配合。① 检察机关可以充分发挥"纵向一体化"与"横向一体化"的优势,利用好异地调用检察官制度,集中管辖检察院不仅可以调用下级院的检察官参与办案,也可以考虑建立常态化机制,调用省内其他市级检察院及其下级院检察官参与办案,以解决检察机关"人案矛盾"的困境,集中精英检察官的力量,实现团队化办案,有效处理重大复杂、专业性较强的疑难案件。② 同时,也可为各个地方培养职务犯罪侦查人才,打造人才储备、形成人才梯队,增强司法工作人员职务犯罪线索发现能力,有效解决案件线索发现难、成案难的问题。

四、结语

检察机关既是公民基本权利的守护者,又是《宪法》、法律的守护者。③ 检察机关行使"新"直接侦查权既是打击司法工作人员职务犯罪以维护司法公正、司法权威的重要手段,又能在程序中保障嫌疑人在审前程序中的权利,更是与检察机关法律监督机关的角色定位高度契合。因此,探讨这个主题的关键,已不再是检察机关应否享有"新"直接侦查权的问题,而是在明确检察机关应当享有该项权力的前提下,如何进行更加科学合理的机制设计,以充分发挥其程序价值、实体价值的问题。

---

① 检察日报社评:《用好一体化,凝聚法律监督更大合力》,载《检察日报》2022年2月14日。
② 韩旭:《"异地用检"规制论》,载《苏州大学学报(法学版)》2022年第2期。
③ 魏晓娜:《依法治国语境下检察机关的性质与职权》,载《中国法学》2018年第1期。

刑事庭审检控陈述的虚化问题及其应对举措*

李崇涛**

近年来，在"审判中心"改革、"庭审实质化"改革的背景下，最高人民检察院通过书面发文、宣传发声等方式，反复强调要努力加强检察机关派员出庭公诉工作、提升公诉人出庭履职能力。① 但实践中，公诉检察官群体不同程度地存在庭审检控陈述虚化问题，导致庭审辩论往往不够深入，"庭审实质化"难以体现。国内有检察官撰文提到了刑事庭审起诉书宣读过场化、法庭调查程式化、举证质证认证虚化、法庭辩论空泛化等问题，② 阐述了加强出庭履职的重要意义，归纳了出庭公诉需要采取的策略、技巧和方法，③ 但未能真正全面、深入探讨有关现象及其成因，所提对策多为公诉检察官如何提升个人出庭能力的"教程"。本文对此开展专题研究，以期推动公诉案件检控陈述及其管理工作的机制性转型。

---

* 本文系 2023 年度四川省人民检察院检察理论研究课题"公诉庭审中的检控陈述问题研究"（项目编号：CJ2023C03）的阶段性成果。

** 李崇涛，四川省绵阳市人民检察院党组副书记、副检察长。

① 参见《最高人民检察院关于加强公诉人建设的决定》（高检发〔2010〕15号）、《最高人民检察院关于加强出庭公诉工作的意见》（高检发诉字〔2015〕5号）、《人民检察院公诉人出庭举证质证工作指引》；刘子阳：《最高检公诉厅负责人解读加强出庭公诉意见 公诉人须提高当庭控罪能力》，载《法制日报》2015年7月9日；张相军、侯若英：《〈人民检察院公诉人出庭举证质证工作指引〉理解与适用》，载《人民检察》2018年第19期。

② 参见庞良文、王占寻：《论新形势下公诉人出庭工作的挑战及应对》，载《中国检察官》2017年第5期；赵敏：《以审判为中心背景下出庭公诉实质化问题研究》，载《中国检察官》2017年第11期。

③ 参见金轶、杜邈：《转变公诉理念应对庭审实质化》，载《检察日报》2014年1月20日；陈敬慧：《新型诉审关系下如何做好出庭公诉工作》，载《人民检察》2015年第12期；苗生明：《适应改革新要求加强出庭支持公诉工作》，载《检察日报》2015年8月7日；王蕾蕾：《出庭公诉"边缘问题"应该规范》，载《检察日报》2015年8月21日；范仲瑾：《适应诉讼制度改革强化出庭公诉能力》，载《检察日报》2015年12月11日；李勇：《审判中心主义背景下出庭公诉的对策研究》，载《中国刑事法杂志》2016年第5期。

一、检控陈述的虚化表现及其特点

（一）主要表现

一是对书面意见照本宣科、一念了之。有的检察官在案件起诉后并未专门制作"出庭三纲"（讯问提纲、举证质证提纲、辩论提纲），或者制作的"三纲"及公诉意见书仅是此前办案审查报告的"复制＋粘贴"版本。法庭讯问时，一些检察官象征性地抛出几个问题就草草收场，不去想办法为后续指控打好基础、做好揭示谎言的准备，对被告人的当庭辩解不予追问，对辩护人发问过程中呈现出的辩点也不向审判长申请补充发问以揭示被告人的谎言并扭转其营造的无罪、轻罪错觉。举证质证过程中，一些检察官只是念一念案件审查报告摘录的证据内容，不去说明证据之间的内在逻辑联系。参与法庭辩论时，不少检察官都是全程埋头念稿，不考虑书面意见"一、（一）、第一"的撰写方式用于口述会造成理解困难，不考虑书面文稿的措辞用句经过长时间宣读会显得冗长乏味，不考虑没有眼神、表情、语速、语气配合的意见发表过程缺乏渲染力、没有"可听性"，甚至不顾及庭审情况与庭前撰写《公诉意见书》《检察意见书》时的情况已经出现了较大差异。

二是直接不回应辩方的观点。最常见的是"选择性忽略"，即辩方提出多个辩点但出庭检察官仅回应部分辩点；少数情况下，出庭检察官会完全无视辩方意见而根本不作任何有针对性的、有实质意义的答辩。第一轮法庭辩论的时候，庭审往往呈现出"打保龄球"而非"打排球"的局面[①]——出庭检察官不接辩方话题、不管辩护逻辑，只是"自说自话"地从控方角度论证案件事实认定和法律适用问题；在质证或第二轮法庭辩论的时候，有的检察官会任由庭审"冷场"，甚至在辩方"穷追猛打"反复质问并且审判长也提示"公诉人/检察员有无意见发表"的情况下，仍然保持沉默。[②] 正如有检察官所言，此种情况下的公诉人"表现出一种相对消极甚至冷淡的态度"。[③]

[①] "打排球"需要把对方的球接回去；"打保龄球"则是任由对方的球滚到一边而另取一球掷出。

[②] 天津市某基层法院审理的一起贩卖毒品案，被告人及其辩护人就实体、程序问题提出了10项质疑，法官也要求公诉人作出回应，但公诉人的答辩仅仅是"坚持公诉意见"。参见管齐尧：《法律语言学视角下刑事庭审实质化探析——以刑事庭审笔录为分析样本》，载齐树洁、张勤主编：《东南司法评论（2018年卷·总第11卷）》，厦门大学出版社2018年版，第77页。

[③] 郭艳春、郑烁、王冷等：《庭审实质化下的公诉语言运用——以法庭辩论环节为基点》，载《中国检察官》2016年第6期。

三是只讲结论、不给出有说服力的理由。惯用表述例如，"辩护人提交的该份证据不具有关联性／该份证据不能证明××事实"（为什么不具有关联性，为什么不能证明××事实，往往没有分析）；"侦查机关的讯问过程／搜查工作符合法律规定"（符合什么法律的哪一条规定，往往没有介绍；辩方所称"不合法"及其引用的法条有何理解错误，往往缺乏论证）；"被告人的犯罪行为极其恶劣，虽然其有自首情节，但不足以对其减轻处罚"（"行为恶劣"体现在哪里，被告人的主观恶性、社会危险性怎么就达到了即便有自首情节也不能容忍对其减轻处罚的程度，往往没有渲染）。① 此种情况下，出庭检察官的"答辩"无非是再次抛出此前的已有结论，根本没有针对辩方意见给出有效的辩驳说理。

四是只说套话、不作实质性铺垫。如"本组／该份证据系公安机关依法收集，相互之间／与其他证据之间能够印证，应予采信"；"关于××事实，在案有××证据相互印证，足以证明"；"××事实得到了××证据的证明，能够排除合理怀疑，不存在辩护人说的矛盾"；"××情况不符合××规定，不属于依法应当排除的证据"；"被告人××在共同犯罪中地位更高、作用更大，应当认定其为主犯"；"综合全案来看，本案事实是清楚的，证据是确实、充分的"；"关于辩护人的××意见，公诉人／检察员刚才已经作出充分论证"。这些答辩多是没有实质意义的"套话"，其中有的是结论性"套话"，有的看似提到了具体情况并有所分析，但展示的逻辑其实还是缺乏有效说理的"套路"。相关内容如果是在详加分析了具体情况之后作为结语则无可厚非，但一些检察官往往是没有分析铺垫而直接以此结辩，甚至将其用成了避免冷场、张口就来的"万能答辩"，实际效果却是"说了等于没说"。有检察官将此种话术称为"公诉腔"——"出庭公诉人音量高、语态和身体紧绷，看起来很有气势，但这种气势或者姿态既不能产生令人心悦诚服的逻辑性，也缺少直达人心的感召力，反而容易产生拒人千里的疏离感"；"张口闭口'审判长''被告人'，煞有其事但空乏无力，口中念念有词但都

---

① 笔者曾旁听过成都市某区检察院所办案件的庭审，辩护人提出被告人构成自首，理由是被告人在民警到其办公室了解情况时，主动带民警到公安机关还未掌握的仓库查获了赃物，并供认了犯罪事实。出庭检察官在发表第二轮辩论意见时对此所作答辩仅仅是，"根据现场的情况，被告人不构成自首"。从该案的情况来看，公诉人本可以作出如下答辩："本案系被害人指名告发，民警找到被告人之前已经掌握了其犯罪线索；被告人被民警挡获后，已经不具备正常离开的现实可能性，也就不具备自动投案的条件。所以，即便其供述罪行、带领民警起获赃物，也不构成自首"。

是按既定套路来的固定台词"。①

(二)典型倾向

如果进一步观察庭审检控陈述虚化的常有表现,还会发现其间存在着几种饶有"特色"的倾向。相关情况在一定程度上反映了检控陈述虚化的主要庭审环节和突出领域,值得重点关注。

一是在出示、分析证据时,讲言词证据相对积极,谈实物证据相对消极。举证过程中,检察官出示言词证据往往比较详细、用时较多,有的时候还会大段念出原文;出示物证、书证则相对粗放、用时较少,甚至只介绍了证据名称及其来源,就直接"归纳"出"能够证明"的内容,而不阐述证明逻辑。法庭辩论过程中,出庭检察官常常会从言词证据中找到某句话来支持己方观点,但不善于用自己的语言介绍"不会说话"的物证、书证,不善于分析、论证其形成经过、取证情况和所示细节。

二是"举证"之后对"质证答辩"相对消极,"大辩论"之前对"小辩论"相对消极。实践中,优秀的辩护人一般是在举证环节就采取"釜底抽薪"的策略去质疑控方证据"三性",但出庭检察官往往是举证时大段念稿、质证答辩则极为简略,用结论、套话答辩甚至放弃答辩的情况屡见不鲜。特别是一些需要综合分析全案证据的意见,不少出庭检察官都倾向于"把话留到法庭辩论阶段再讲"。此种做法或许是出于指控策略而故意为之(如不在质证环节纠缠于细节),但在一定程度上也与出庭检察官"扬长避短"、选择有利战场有关。②

三是对可能影响定罪的问题最为积极,对其他问题则相对消极。具体又表现为:在指控单笔犯罪事实的情况下,如果犯罪构成要件事实及其所涉关键证据遭受质疑,一般会据理力争;如果是犯罪构成要件以外的事实遭受质疑,或者同一罪名下多笔犯罪事实中的部分事实遭受质疑,作出有力回应的积极性就相对偏弱。此外,相比一审公诉案件和二审抗诉案件而言,在被告人请求从轻改判的二审上诉案件中,一些检察官作检控陈述的表现就不太积极。

---

① 刘哲:《检察再出发》,清华大学出版社2018年版,第26~29页。
② 质证环节的辩论,在内容上多涉及对控方有较多限制的证据规则及其理论,在形式上更强调双方交替攻辩的针对性。相比之下,把战场"拖"到法庭辩论阶段,更有利于出庭检察官回避某些辩点、开展"自说自话"的指控。

四是回应实体法问题相对积极，回应程序法问题相对消极。在涉及犯罪构成要件的有罪无罪、此罪彼罪问题和是否属于加重处罚情形、是否构成共同犯罪、有无立功自首情节等量刑问题出现争议时，出庭检察官一般都能做到"有话可说"，从而或多或少地回应辩方观点，即便在涉及刑法理论时也是如此。但是，当辩护人运用证据规则、程序规则及其理论，对证明责任、证据可采性、非法证据排除规则的适用标准、证据裁判原则下的事实认定逻辑、刑事审判对象与范围、变更起诉的正当性等问题提出质疑时，出庭检察官往往就不太"接招"，答辩不充分甚至直接"避而不谈"的情况更为常见。

二、现阶段检察机关改善庭审检控陈述的可尝试举措

如果把目光投入更加宏大的视域会发现，庭审检控陈述虚化，其实是"审判中心"改革、"庭审实质化"改革背景下需要解决的一个子问题。从近年的情况看，正如有学者所言，"审判中心"是一次"未完成的改革"，[1]我国刑事司法要真正摆脱"案卷笔录中心主义"、纠偏过度绝对化的"实体真实主义"，还需要较长的周期。在一些"根子性"问题得到解决之前，"检控陈述实质化"和"庭审实质化"一样，都是任重而道远。现阶段检察系统不妨采取一些技术性举措，在刑检工作和队伍培养中更加突出庭审导向，尽可能向公诉检察官传导"注重出庭履职、改善检控陈述"的压力，主动减少影响庭审实质化的"公诉因素"。

（一）制作符合庭审检控需求的审查报告

在以审判为中心的诉讼模式下，庭前程序是为庭审程序作准备，所以检察院及其公诉检察官的审查起诉工作除了要筛除掉不应、不必起诉的事实外，对于拟起诉事实，应当提前做好出庭检控的准备。实践中，出庭准备情况看似体现于出庭"三纲"，但"三纲"的基础其实是办案审查报告。因此，公诉检察官的办案审查报告应当围绕当庭说理和辩论的需要而制作，要"更加注重厘清案件事实、提炼争议案情，便于与法庭讯问有效衔接""更加注重建构合理的证据体系，便于与庭审举证质证有效衔接""更加注重综合分

---

[1] 顾永忠：《一场未完成的讨论：关于"以审判为中心"的几个问题》，载《法治研究》2020年第1期。

析论证，便于与法庭辩论有效衔接"。①自身有责任心、上进心的公诉检察官对此要主动努力；检察系统则要进一步强化对审查起诉工作的日常管理，督促公诉检察官群体在证据采信、事实认定方面，开展运用证据规则、讲究论证逻辑的实质化分析论证而非只说"套话"。北京市人民检察院第三分院对此已有探索，该院制定了《重大公诉案件审查报告规范整改意见》《重大公诉案件审查报告规范写作指引》，着力提高审查报告撰写质量，带动了办案质效提高。②检察官出庭作检控陈述的情况、相关案件开庭审理的实质化水平，也就能够随之得到改善。

（二）消除庭审检控履职的管理盲区

检察系统应当想办法持续催生检察官出庭检控的"亮剑"精神，让他们认真做好检控陈述、积极履行检控证明责任。对此除了检察官个体的自我努力，更需要检察机关加强日常办案管理，改变出庭检控工作的"黑箱"现状，督促检察官群体在出庭时做到实质化检控。北京市西城区人民检察院定期到法院调取该院检察官当月出庭公诉的庭审录像，交给专门成立的司法办案监督工作委员会（由该院检委会专职委员和检察业务部门、检务督察部门的负责人组成）审查，发现问题的，会及时反馈相关检察官并向检察长汇报、在检委会上点评。③没有条件直接调取法院录像的地区，可以在"庭审公开网"抽样检查；如果考虑到"庭审公开网"上传的视频量有限，实践中可以采取部门负责人、分管院领导、上级院刑事检察部门不定期"突袭"旁听抽查的举措。只要各地检察机关的领导对出庭检控工作"真重视"，对此类做法"真坚持"，实践中其实不乏具体的管理措施，再辅之以相应奖惩机制，总能取得一定实际效果。

当然，为了避免"管得紧就做得好，一松劲就做得差"的尴尬局面，在依靠行政手段强力推动之外，还需要想办法激发公诉检察官群体的内生动力。北京市人民检察院依靠互联网思维和信息化手段，创设了一套集出庭信息采集发布、出庭观摩预约、出庭情况网上点评、出庭问题和经验汇总、出

---

① 陈鹿林、周耀凤：《完善公诉案件审查报告彰显庭审预案功能》，载《检察日报》2019年6月16日。
② 参见简洁、刘晶：《"小报告"引发的"蝴蝶效应"北京市检三分院：规范案件审查报告提升工作质效》，载《检察日报》2019年6月14日。
③ 参见李春薇：《"捕诉一体"一年间——把责任压实在每个办案人肩上》，载《检察日报》2020年4月28日。

庭经验值排名、出庭大数据分析、优秀公诉人评选分值参考等功能于一体的"公诉出庭能力培育信息化平台",力求激发公诉人的自愿性,从而用不太多的行政组织成本和信息交互成本,提升出庭检控工作管理效能,打破出庭经验传播壁垒,提供公诉同行评价平台,完善公诉人才发现机制,提升公诉检察官群体的出庭水平,改善检控履职表现。该平台的创设者看准了症结,在现有条件下作出了很多努力,也取得了一定成效。比较可惜的是,或许因为能够调动的资源有限,该平台未能实现"网上观摩庭审"而只能依靠"网上预约"后再去"现场观摩",所以正如创设者自己所言,该系统的价值还只能发挥于较大城市和交通便捷的城市群落。① 至于不具备类似条件的地区,还需要作出其他探索和努力。

(三)开展立足检控实际的素能培养

一方面,要引导公诉检察官加强对证据法则、程序规则及其理论的学习理解,掌握法律规定、法学理论知识不能仍然是"重实体,轻程序"。另一方面,要广泛开展重实战而非重表演、人人参与而非"能辩者常辩"的"模拟法庭"业务培训,组织辩论活动不能始终局限于辩论有罪无罪、此罪彼罪问题,而要延伸至证据"三性"、事实认定、量刑处罚以及有关程序性问题;在入额遴选、业务竞赛、评优评奖时,要注重考察检察官作出庭检控陈述的实战能力、实战表现,将法庭讯问、举证质证、多轮辩论、处置突发性问题等各方面情况纳入其中。组织类似活动当然会耗费更多精力,但从已有的实践探索来看,收益和效果显而易见。前述北京的"公诉出庭能力培育信息化平台"也有实践意义的培训效果,此处不再赘述。

(四)探索体现检控质效的评价体系

最高人民检察院应当加强顶层设计,在深化司法体制改革、完善"员额"检察官办案责任制的过程中,健全办案质量评价机制,突出公诉检察官对"有罪无罪"以外问题的责任,促使其在庭审时对那些问题"据理力争"。目前来看,最高人民检察院正在大力推动的检察官业绩考评工作或许能够对

---

① 关于该平台的设计理念和具体做法,参见刘哲:《法治无禁区》,清华大学出版社 2020 年版,第 177~227 页。

此带来变化，①特别是在考评信息化平台建设取得实质性进展的基础上，如果能实现起诉、判决情况的详细比对并形成科学的计分评价机制，如果能将前述出庭管理发现的情况引入考核过程，在一定程度上就能促进检察官在出庭时更加积极地履行检控陈述、检控证明责任，努力作出有效的介绍说明和论证答辩。

此外，市级以上检察机关应当建立"刑事案件出庭检控人才库"，优选当地检控能力佳、出庭履职情况好的公诉检察官，持续关注、定期考核、动态进出，结合检察官调用有关机制，在办理重大疑难复杂受关注案件、常态化组织观摩庭审等方面，发挥其个案办理和群体带动方面的最大效益。相应的激励机制不可或缺：一方面，对于入选人员，要在晋升等级、评优评奖、申报课题、参加培训乃至检察官逐级遴选等方面体现考量因素，激发检察官群体的积极性；另一方面，对于入选人员所在的检察院，也要给予"院对院"考核上的加分，催生各地各级检察机关持续广泛深入培养出庭检控人才的积极性。

---

① 2020 年，最高人民检察院部署开展了"检察官业绩考评"工作；2021 年，又按照"全员、全面、全时"思路，部署了涵盖司法行政人员、检察辅助人员、检察官的"检察人员考核"。目前，"检察官业绩考评"可谓是"检察人员考核"的子项目。

贪污贿赂类自洗钱行为定罪问题研究

德阳市人民检察院课题组[*]

一、问题的提出

2020年,《刑法修正案(十一)》对洗钱罪进行修正,通过删除"明知""协助"等表述将自洗钱行为纳入《刑法》规制。自洗钱入罪后,对上游犯罪本犯而言,要么选择不隐瞒上游犯罪所得及其收益的来源和性质,承担犯罪暴露的风险,要么选择隐瞒上游犯罪所得及其收益的来源和性质,承担数罪并罚加大刑罚的风险。立法上通过增加犯罪成本,压缩犯罪空间来实现对上游犯罪的一般预防。虽然自洗钱入罪对打击预防七类上游犯罪具有普适作用,但贪污贿赂犯罪因其自身特殊性,此类犯罪自洗钱行为呈现不同特点和危害,加大自洗钱行为刑事打击对反腐败具有特殊而重要的意义。

(一)贪污贿赂犯罪中自洗钱行为特点与危害

相较于洗钱罪其他类上游犯罪,贪污贿赂犯罪是非法运用公权力直接获取经济利益的一类犯罪,由于公权力本身并不直接参与经济活动,也不产生经济利益,贪污贿赂犯罪行为人获取与职业不符的非法收入时,大多会采取各种手段将"黑钱"漂为"白钱",切断自己与犯罪联系以合法支配使用犯罪所得及其收益。且贪污贿赂犯罪中往往没有具体被害人,知晓范围有限,同时因公权力的无形性,犯罪手段具有隐秘性,犯罪本身不易被发现。对行为人而言,成功洗钱就意味着更能成功掩饰自己实施的上游犯罪,因此,贪

---

[*] 课题组组长:雷秀华,四川省人民检察院党组成员、副检察长,时任德阳市人民检察院党组书记、检察长,二级高级检察官。课题组成员:黄安军,德阳市人民检察院党组副书记、常务副检察长;李红霞,德阳市人民检察院法律政策研究室主任,一级检察官;钟欣,德阳市人民检察院第三检察部主任、四级高级检察官。

污贿赂犯罪行为人更有动机实施洗钱行为。此外，贪污贿赂犯罪主体多为国家工作人员，掌握一定公权力，具有一定的人脉资源，实施洗钱行为更为便捷，同时文化程度较高，反侦查能力更强，往往采取多种组合手段割裂资金来源性质，造成资金走向复杂，有的甚至跨境转移资产，增加了司法机关对上游犯罪查处过程中固定证据、追缴赃款赃物的难度，直接影响上游犯罪的打击效果。追赃不及时不彻底，贪污贿赂犯罪分子因犯罪得利，不仅损害国家和人民利益，也会刺激其他贪污贿赂犯罪分子效仿，助长腐败气焰。

（二）自洗钱入罪对打击预防贪污贿赂犯罪的价值功能

自洗钱入罪赋予了司法机关反腐又一利器，打击自洗钱犯罪，办案机关须查明上游犯罪所得及收益去向，收集相关资金流向证据，这既能补强完善上游犯罪证据，提升贪污贿赂犯罪案件办案质量和效果，也能实现对贪污贿赂犯罪本犯数罪并罚，通过严惩犯罪震慑潜在腐败犯罪。较为特殊的是，为积极追回腐败资产，我国《刑事诉讼法》第291条、第292条、第298条专门规定了贪污贿赂犯罪案件可适用缺席审判和违法所得没收特别程序，实现对被告人定罪量刑和追赃双重功效。具体而言，对在境外的犯罪嫌疑人或被告人，贪污贿赂犯罪事实查清，证据确实充分，依法应当追究刑事责任的可缺席审判并对违法所得及其他涉案财产作出处理；对逃匿通缉一年后不能到案、死亡的犯罪嫌疑人或被告人，人民法院可根据人民检察院违法所得没收申请，依据案件事实和证据作出没收违法所得的裁定。此外，我国也加入了《联合国反腐败公约》，在打击腐败跨境洗钱犯罪上存在更多国际共识。洗钱犯罪是国际性犯罪，相较上游贪污贿赂犯罪更易满足"双重犯罪"原则，以洗钱罪开展司法协助追赃更为有利。但不论是境内追赃还是通过国外司法协助追赃的前提，均需有证据证明申请没收的财产属于违法所得并提供申请没收的财产的种类、数量、价值、所在地以及已查封、扣押、冻结财产的清单。而通过打击自洗钱，查明贪污贿赂犯罪所得及其收益的流动去向，可为违法所得没收程序适用奠定较好证据基础，有利于进一步追赃追逃，及时挽回国家损失，震慑外逃犯罪分子，打财断血及时彰显法治权威，从而提升反腐整体效果。

（三）自洗钱入罪后贪污贿赂类洗钱罪司法适用现状

如上所述，惩治自洗钱行为对打击预防腐败意义重大。与此形成强烈反差的是，司法实务中，贪污贿赂类自洗钱行为被检察机关以洗钱罪提起公诉、被法院以洗钱罪判决的案例仍屈指可数。① 究其原因，一是 2021 年 3 月 1 日《刑法修正案（十一）》才正式实施，受制于"从旧兼从轻"的刑法适用原则，贪污贿赂犯罪本犯在此之前实施的自洗钱行为不作为犯罪处理，而当前仍处于消化贪污贿赂犯罪存量阶段，《刑法修正案（十一）》实施后新增的贪污贿赂犯罪且被查处的案件量本身较少，进入有罪处理范围的自洗钱案件总体不多。二是司法观念上还未完全转变。办案中仍存在思维惯性，认为贪污贿赂犯罪本犯实施的洗钱行为是上游犯罪的自然延续，属于"事后不可罚"范畴，行为人实施犯罪目的在于获取犯罪利益，对其实施的后续转移转化犯罪所得的行为，法律不应当"强人所难"，因对犯罪行为人无期待可能性，不宜单独再作犯罪处理。自洗钱入罪后，直接影响办案模式、释法说理、认罪认罚，工作难度增加也一定程度掣肘洗钱罪的司法适用。三是由于我国洗钱罪的特殊立法，洗钱罪在司法适用上本身与广义洗钱的掩饰、隐瞒犯罪所得、犯罪所得收益罪存在模糊地带，自洗钱入罪后又产生诸多法律适用争议和空白，目前亦没有相关立法或司法解释予以回应，特别是在罪与非罪的定罪问题上还存在疑问，增加了法律适用的难度。如自洗钱行为与贪污贿赂犯罪行为重合时如何定罪的问题，又如，作为贪污贿赂犯罪中最常用洗钱行为方式之一的提供资金账户的认识与定罪问题；再如，与传统赃物罪的界限等问题。随着时间推移，对自洗钱同步审查将会成为办案常态，要进一步扩大自洗钱法律适用，首先须解决观念转变与定罪难题。而对贪污贿赂类自洗钱行为的定罪，既要考虑高压反腐的政策导向和依法惩治自洗钱对反腐的积极作用，也要从我国洗钱罪的实质出发厘清贪污贿赂犯罪中自洗钱行为罪与非罪的界限，准确把握自洗钱犯罪边界，最终实现反腐政治效果、法律效果与社会效果的融合统一。

---

① 经查阅中国裁判文书网，2021 年 3 月以来，贪污贿赂类洗钱行为被判洗钱罪的共有 47 份裁判文书，仅有 4 件案件属于自洗钱被判洗钱罪。另外，还有媒体公开宣传报道的浙江省海源县人民法院判决的高某受贿、洗钱案，山东省邹平市人民法院审结的宋某贪污、洗钱案，江苏南京纪某贪污自洗钱案和徐州苑某贪污贿赂自洗钱案，广西百色田林县人民法院开庭审理的杨某奇受贿、洗钱案，重庆市南川区人民法院判决的陈某受贿、洗钱案等自洗钱案例，虽然可查的公开数据不能完全说明实践真实情况，但总体上能够反映当前运用洗钱罪打击贪污贿赂类自洗钱行为仍然较少。

二、贪污贿赂类自洗钱行为定罪疑难问题辨析

（一）主要类型：以司法实务案例为样本

《刑法》第191条和《最高人民法院关于审理洗钱等刑事案件具体应用法律若干问题的解释》(以下简称《洗钱解释》) 第2条对洗钱罪的客观实行行为方式进行了统一列举式规定，① 具体在贪污贿赂犯罪领域，通过对近年来司法机关办理的贪污贿赂类他洗钱案件梳理，其洗钱行为方式较为典型的主要有以下几种：一是提供资金账户型。行为人提供的类型主要为银行资金账户，帮助收取、存入以及后续转移贪污贿赂款项，偶有提供股票证券等账户用于帮助投资理财。二是财物套现型。通过销售、拍卖等方式将受贿人收受的房产、车辆、黄金、名人字画、高档烟酒或各类奢侈品等不动产或动产转换为现金。三是代为保管型。行为人接受贪污贿赂犯罪行为人委托，以保管人名义保管犯罪获得的现金、动产等财物或者以自己名义代持受贿人的"干股"。四是投资收益型。较为常见的是用贪污贿赂所得款项以他人名义购买房产及收取租金、直接参与经济活动进行投资入股收取分红等额外利益以及出借犯罪所得资金收取固定利息等。五是虚构债权债务和虚构交易型。贪污贿赂类洗钱虚构债权债务中，主要通过民间借贷的合法形式掩盖资金的非法性质。对于具有参与经济活动便利条件的部分贪污贿赂犯罪行为人，也有借助市场主体虚构交易，通过签订虚假合同而不实际履行的方式进行掩饰隐瞒。六是跨境转移资产型。如最高人民检察院第三十二批指导性案例中的彭某峰受贿，贾某语受贿、洗钱违法所得没收案，主要通过地下钱庄、在国外开设银行账户、借用他人账户将犯罪所得转移至境外。当然，实践中行为人为达到掩饰隐瞒犯罪所得及其产生收益来源和性质的效果，往往不局限于一种行为方式，而是选取"提供资金账户 + 转移 + 转化"的多种行为组合交叉，通过不断切换混合各种洗钱手段方式，最终切断与上游犯罪联系，使犯

---

① 洗钱行为方式主要有：提供资金账户；将财产转换为现金、金融票据、有价证券；通过转账或者其他支付结算方式转移资金；跨境转移资产；通过典当、租赁、买卖、投资等方式，协助转移、转换犯罪所得及其收益；通过与商场、饭店、娱乐场所等现金密集型场所的经营收入相混合的方式，协助转移、转换犯罪所得及其收益；通过虚构交易、虚设债权债务、虚假担保、虚报收入等方式，协助将犯罪所得及其收益转换为"合法"财物；通过买卖彩票、奖券等方式，协助转换犯罪所得及其收益；通过赌博方式，协助将犯罪所得及其收益转换为赌博收益；协助将犯罪所得及其收益携带、运输或者邮寄出入境；通过前述规定以外的方式协助转移、转换犯罪所得及其收益。

罪所得及产生的收益获得外观形式合法。如提供银行账户存入贪污贿赂现金后再多层转账、提供银行账户接受转账再取现或支取大额消费、变卖贪污贿赂财物存入银行账户、提供资金账户代为管理或投资理财、提供资金账户用于跨境转移资产等。

以上是贪污贿赂犯罪中的"他洗钱"行为，是否也是"自洗钱"的行为方式需要作出判断。从《刑法修正案（十一）》立法修正结果来看，洗钱行为可总体分为提供型、转移型、转化型三类，洗钱罪的客观行为方式并未因洗钱罪行为主体不一而作出不同规定，但需注意的是，对提供型和转移型要进一步区分。他洗钱中的"占有、窝藏、处分"可能构成洗钱罪，但上游犯罪本犯在取得犯罪所得及其收益后，单纯地占有、窝藏、日常生活使用小额消费等后续行为，是上游犯罪实施后"物理反应"的自然延伸状态，属于事后不可罚的行为，不构成自洗钱犯罪。①而在提供型洗钱行为方式上，由于在现有实名制下自己提供自己的资金账户达不到掩饰隐瞒的目的和效果，因此，只有提供他人资金账户的行为才可能构成洗钱罪。

（二）定罪难题辨析：从提供他人资金账户收受犯罪所得展开

贪污贿赂类洗钱行为中，提供银行资金账户是主要的常见洗钱行为方式，这主要缘于银行资金账户本身具有收取与转账功能，可服务于后续其他洗钱行为。司法实务中对于"先收后洗"的情形，因上下游两个犯罪行为相对独立容易区分，故在洗钱罪定罪认识上较为统一。而"边收边洗"的情形，特别是单纯提供资金账户收受贪污贿赂款项的行为是否构成洗钱罪存在较大争议。自洗钱入罪后，由于贪污贿赂犯罪对象与洗钱犯罪对象重合，贪污贿赂犯罪行为与洗钱行为出现重合，上下游犯罪边界更为模糊，洗钱罪定罪变得更为复杂，下面结合案例展开分析。

案例：甲需要国家机关工作人员乙在工程建设上提供帮助，遂与乙商议事后给予感谢费20万元，乙答应并利用职务便利为甲成功谋利。乙为逃避犯罪不被司法机关查处，遂提前购买一套他人银行卡四件套并将银行卡号提供给甲收取感谢费20万元。

乙作为国家工作人员，利用职务便利为他人谋取利益，非法收受他人财物，侵犯职务廉洁性，构成受贿罪无争议，但针对案例中乙是定受贿罪一罪

---

① 参见王新：《自洗钱入罪后的司法适用问题》，载《政治与法律》2021年第11期。

还是受贿罪与洗钱罪两罪，是定两罪后择一重罪处罚还是数罪并罚，在认识上还存在分歧。

第一种观点：认为乙仅构成受贿罪，不构成洗钱罪。乙提供他人资金账户收取 20 万元贿赂款的行为，是上游受贿犯罪既遂必不可少的环节。在上下游犯罪行为重合时，首要考虑上游犯罪必备构成要件，上游犯罪无法评价的再作为下游犯罪考虑。因此，乙提供他人资金账户收受贿赂款的行为已被上游受贿罪评价，再单独评价有违"重复评价原则"。其次，洗钱罪的犯罪对象是上游犯罪所得及其收益，提供银行卡用于收受贿赂款，此时上游犯罪未遂，受贿人乙还未控制受贿款，并未形成实际犯罪所得，下游洗钱罪犯罪对象不存在的情况下只能评价为受贿罪，不成立洗钱罪。

第二种观点：认为乙构成受贿罪与洗钱罪，按想象竞合择一重罪处理。受贿罪犯罪对象贿赂款直接就是下游洗钱罪犯罪所得，而乙提供他人资金账户的行为既是获得上游犯罪对象受贿款的犯罪手段，同时利用他人资金账户收取贿赂款也是对受贿犯罪所得的来源和性质进行掩饰隐瞒的行为方式，这一行为实质上符合两个犯罪构成要件，属于一行为触犯两罪名，同时构成受贿罪与洗钱罪，应适用想象竞合原理择一重罪处罚。

第三种观点：认为乙构成受贿罪与洗钱罪，数罪并罚。乙主观上为达到掩饰、隐瞒受贿款来源和性质的目的，提前采取了购买他人银行卡的预备行为，后通过提供他人银行资金账户收取贿赂款最终成功切断与犯罪的联系，使受贿款形式上变成他人账下的合法财产从而脱离了金融监控。乙提供他人资金账户的行为无法被受贿罪全部评价，乙的行为也侵犯不同的法益，构成受贿罪与洗钱罪，应数罪并罚。

本文同意第三种观点。针对第一种观点，大多数情形下，洗钱行为与贪污贿赂犯罪行为界限分明，具有先后之分，但也不排除上下游犯罪行为存在重合同时既遂的特殊情形，对此若不加区分地坚持先有上游犯罪再有下游洗钱行为的主张，贪污受贿犯罪中"边收边洗"中的"洗"行为就会被漏评。而关于犯罪所得的获得，贪污贿赂犯罪中，因权生钱不存在犯罪成本问题，贪污贿赂款本身就是犯罪所得，提供资金账户收受的贪贿款因被犯罪人实际控制就同步转变成犯罪所得，此时犯罪所得在他人的资金账户中，切断了受贿款来源，也转变成为合法外观的财产，这与"先收后洗"在效果上不存在实质区别，因此，提供他人资金账户收取贿赂款的行为仍应独立评价。第二种观点，从犯罪构成要件上承认提供他人资金账户收取贿赂款的行为同时符合受贿罪和洗钱罪的犯罪构成要件并独立评价,但认为提供他人资金账户收受贿赂款的行为是同一个行为,从而认为应按想象竞合作实质一罪处理。然而作为下游的洗钱犯罪,由上游犯罪衍生,是上游犯罪的延续和帮助,相较上游贪污贿赂犯罪是轻罪,这样处理的结果最终会按受贿罪一罪处罚,对洗钱罪单独定罪无实质意义。此外,想象竞合适用条件之一是犯罪人只能实施一个行为,提供他人资金账户收取贿赂款是一行为还是数行为还需实质甄别,若认为是数行为,那么就失去按一罪处理的基础前提。综合此案,客观上乙提供他人资金账户收取贿赂款的行为看似一个行为,实质上是两个行为。对上游受贿罪来说,评价的行为主要是"收受"行为,只要乙收到贿赂款就是既遂,至于以何种方式收受在所不问。对下游洗钱罪来说,评价的行为重点是"提供他人资金账户"的行为,是能达到掩饰隐瞒犯罪所得及其产生收益的来源和性质的行为。自洗钱入罪,说明立法上不再认为自洗钱行为不具期待可能性,乙受贿犯罪并不必然要另起犯意实施洗钱行为,亦即乙是有选择性的,乙选择提供他人资金账户来达到"漂白"赃款的目的,就应当单独评价为洗钱罪,同时洗钱罪还侵犯了金融管理秩序这一新的法益,也应数罪并罚。

(三)定罪思路模型:以洗钱罪犯罪构成要件综合分析

当然,简单地从客观方面分析贪污贿赂犯罪中"提供他人资金账户收受犯罪所得"的行为是否构成洗钱罪,难免会有客观归罪的嫌疑,为此,针对实务中的相似行为,如贪污贿赂犯罪本犯提前采取虚构债权、虚构交易等方式让贿赂变为合法财产的"边收边洗"情形,不宜简单机械定洗钱罪,应当结合洗钱罪构成要件,就"边收边洗"作类型化分析以便更能厘清司法实务中的定罪难点和要点。

1. 客观方面

(1)对犯罪所得的理解。洗钱罪的犯罪对象是上游犯罪所得及产生的收益,一般认为,犯罪所得产生于上游犯罪既遂之后,按此客观标准,实践中只会打击"先收后洗"的洗钱罪,而对于"边收边洗"上下游犯罪行为重合的场景,从掩饰隐瞒犯罪所得及其产生收益来源和性质的效果和危害性上讲,与"先收后洗"无本质差异。与贪污贿赂犯罪类似的是,在毒品犯罪领域,司法实务中也有将提供资金账户帮助收取毒资的行为认定为洗钱罪的案例,如蒋某某洗钱案,①一、二审法院均认为蒋某某明知他人在贩卖毒品,为掩饰、隐瞒贩毒资金来源和性质,提供自己的银行卡和支付宝供他人收取毒资的行为构成洗钱罪。为此,对犯罪所得的理解,在上游犯罪对象就是犯罪所得的贪污贿赂等特殊上游犯罪中,可以考虑主观+客观的标准,即上游犯罪本犯在预谋或实施洗钱行为时已认识到"洗"的对象将是自己犯罪所得,且在实施洗钱行为时确实成为犯罪所得,这样就有了成立洗钱罪的空间,也才能对"边收边洗"的行为有较为合理的解释。

(2)对洗钱行为的把握。洗钱是行为人对上游犯罪所得及其产生的收益进行"清洗"以使之合法化的行为,只有具有"漂白"性质的洗钱行为因触犯新的法益而不属于事后不可罚的行为。单从我国洗钱罪中列举的洗钱罪行为样态来看,均属中性且无涉犯罪的正常金融活动行为,无法体现洗钱罪的本质与内涵,简单适用可能会扩大洗钱罪的打击范围。②对此,司法实务中,贪污贿赂犯罪本犯自己"提供他人资金账户"的行为并不必然产生掩饰、隐瞒犯罪所得及其产生收益的来源和性质的效果,就必须结合具体案件,分析"他人"资金账户的来源、自己与"他人"的关系、"他人资金账户"本身是否为有大量或经常性资金出入的合法账户等,综合判断用提供的账户收取犯罪所得能否达到切断自己与犯罪联系,使犯罪所得与合法收入混同或直接转化为合法财产的效果。

2. 客体方面

关于我国洗钱罪的客体,是侵犯了国家金融管理秩序还是司法机关正常活动抑或二者兼有,理论界与实务界存在不同看法。但我国立法将洗钱罪归置在破坏金融管理秩序罪一节,且《刑法修正案(十一)》仅将自洗钱入罪而未将"自掩饰"入罪,从侧面印证洗钱罪有其自身特殊的保护法益,那就是国家金融管理秩序。从洗钱罪的立法变化来看,上游犯罪本犯实施洗钱行为要进行《刑法》独立评价主要也是基于自洗钱行为同样侵害了国家金融管理秩序,而不像传统赃物罪立法允许存在无期待可能性。洗钱罪侵害国家金融管理秩序,不只因为洗钱行为会借用金融手段,而更在于金融监控的脱管。具体来讲,特定犯罪所得的赃款流入经济流通领域,致使"黑钱"转为"白钱"而不受监管,大量赃款纳入合法的经济活动之中,给金融秩序以及

---

① 参见(2021)黔 26 刑终 7 号刑事判决书。
② 参见陈宏:《"自洗钱"犯罪的司法认定》,载《人民检察》2021 年第 16 期。

国家金融安全造成危害。① 因此，对自洗钱行为最终是否以洗钱罪定罪，也要考虑行为是否影响了金融对资金的监控。贪污贿赂犯罪中，可运用洗钱罪犯罪客体作出罪理由，如受贿犯罪中，对收受现金等种类物或占有、使用甚至以非金融手段处分受贿所得的，后续没有通过其他方式让犯罪所得进入金融领域，就不宜以洗钱罪定罪。对于贪污贿赂犯罪本犯提前虚构债权债务或虚构交易的，可以认为是洗钱罪的准备行为，但最终认定洗钱罪仍要结合受贿资金后续流动情况分析。

3. 主观方面

由于上游犯罪本犯实施了上游犯罪，因此，一般来说对上游犯罪产生的犯罪所得及其收益的来源和性质有明确认知，对此是"不证自明"的。但是，洗钱罪是"二元主观"的目的犯，入罪还须有"掩饰隐瞒上游犯罪所得及其收益来源和性质"的主观目的。需要注意的是，洗钱主观目的在于掩饰隐瞒上游犯罪所得及其收益的来源和性质而不是掩饰隐瞒上游犯罪所得及收益本身，行为人仅意图对犯罪所得及产生的收益掩饰隐瞒的"物理行为"，属于传统赃物罪的评价范围，对此单纯的获取、占有、窝藏、使用犯罪所得就要作出罪处理。立法上对目的犯的诉讼证明主要采取推定方式，一种是由法律对主观目的作出明确规定且不可反驳的法律推定；另一种是根据事实旁证作出且允许反驳的事实推定。关于洗钱罪的主观目的，显然属于事实推定，因此，行为人在主观目的方面的辩解空间较大。为准确认定洗钱犯罪，既需收集犯罪嫌疑人对洗钱目的供述，也需收集关联人员的证人证言等外围证据进行印证，对犯罪嫌疑人提出的辩解，需根据逻辑经验和常识常理审慎作出判断。如实践中贪污贿赂犯罪本犯提供他人资金账户的行为，多辩解只用于收取犯罪所得，但是否还具有掩饰隐瞒赃款来源性质的目的就需结合犯罪人的供述和辩解，从提供资金账户前是否有准备行为以及提供之后有无其他再洗钱行为具体审查判断。另外，行为人"漂白"赃款的其他目的是否当然阻却"掩饰隐瞒犯罪所得及产生收益的来源和性质"的目的，对此需予以明确，如行为人出于保护家人、离婚转移财产等目的实施的洗钱行为，并不当然就认为其不具有洗钱犯罪的目的，仍要结合具体案件和证据综合分析。

总的来说，对贪污贿赂类自洗钱行为以洗钱罪定罪，要坚持从客观到主观，主客观相统一的原则，围绕洗钱罪犯罪构成要件综合评判。对"边收边

---

① 参见时方：《我国洗钱罪名体系的适用困局与法益认定》，载《环球法律评论》2022年第2期。

洗"的上下游犯罪行为存在重合交叉的情形，更要从上游贪污贿赂犯罪与下游洗钱罪侵犯的不同法益、主观目的作出界分，从而选择定上游贪污贿赂犯罪一罪还是贪污贿赂犯罪与洗钱罪两罪。

三、贪污贿赂类自洗钱行为定罪其他相关问题

（一）共犯理论下的自洗钱定罪问题

自洗钱行为入罪主要包括两方面，一方面是上游犯罪的行为人自行实施的转移财产等掩饰、隐瞒等行为；另一方面是上游犯罪的行为人教唆或者指使他人与其合谋通过资金转账、虚构交易等方式掩饰、隐瞒的行为。[1] 贪污贿赂犯罪是一类隐秘犯罪，犯罪人为减少或隐匿犯罪证据，往往身居幕后找"代言人"帮助自己完成犯罪。因此，实务中贪污贿赂犯罪本犯亲自实施洗钱行为的情形较少，大多数是指使、安排、委托他人帮助完成洗钱。在共犯理论下对自洗钱行为的定罪，根据"一人既遂全部既遂"的原理，可加大对洗钱的查处力度连带实现自洗钱的定罪打击。同时也要注意区分不同情形予以定罪：行为人事前既对上游犯罪也对洗钱犯罪进行共谋且共同实施贪污贿赂犯罪行为和洗钱行为的，应当成立上下游犯罪共犯，均以贪污贿赂犯罪与洗钱罪定罪并罚；事前仅对洗钱犯罪进行共谋且共同实施洗钱行为或贪污贿赂犯罪本犯在完成上游犯罪后，再与他人共谋实施下游洗钱行为的，"自洗钱"与"他洗钱"在洗钱罪范围内构成共犯，对上游犯罪本犯以贪污贿赂犯罪与洗钱罪定罪并罚，对他人以洗钱罪定罪处罚；贪污贿赂犯罪本犯在完成上游犯罪后，采取隐瞒真相、虚构事实等方法欺骗利用他人帮助实施洗钱行为的，因缺乏共同犯罪故意不成立共同犯罪，属于间接正犯，只对上游犯罪本犯以贪污贿赂犯罪与洗钱罪定罪并罚。

（二）情节显著轻微不认为是犯罪的认定

从《刑法》对洗钱罪的规定可以看出，洗钱罪是行为犯，只要实施了法律规定的洗钱行为达到了掩饰隐瞒的目的效果即可追诉。但司法实践中，仍不能忽略《刑法》第13条关于"情节显著轻微危害不大，不认为是犯罪"出罪条款。定罪需整体考虑洗钱犯罪的社会危害性和打击必要性以及与上游

---

[1] 吴波：《洗钱罪的司法适用困境及出路》，载《法学》2021年第10期。

犯罪的匹配性，不能只要具备构罪条件就一律考虑洗钱罪。对于初犯、洗钱数额较少、坦白、积极退赃等情节的，可综合认定情节显著轻微。在构罪基础上，行为人上游贪污贿赂行为虽作犯罪处理但犯罪数额较少或上游犯罪数额较大但自洗钱数额较少时，自洗钱行为属于情节轻微不需要判处刑罚或可免除刑罚处罚的情形，可作酌定不诉处理。法律没有规定洗钱罪追诉的数额标准，但无疑数额标准是洗钱行为危害性的重要参考，是破坏金融管理秩序、威胁金融安全严重与否的重要标准。因此，对贪污贿赂犯罪本犯自洗钱定洗钱罪，仍要综合洗钱数额、洗钱手段、洗钱次数、是否利用公权力洗钱等多重因素考虑定罪问题。

（三）定罪的证据收集运用

影响自洗钱行为定罪的因素，除了对洗钱罪罪名本身存在认识分歧外，证据的收集运用也会直接影响洗钱罪定罪。首先，上游犯罪证据会影响下游犯罪的成立。只有行为人上游犯罪确定为贪污贿赂犯罪时，自洗钱才有成立下游洗钱罪的条件。如犯罪主体身份证据一定程度会影响贪污受贿犯罪与职务侵占、非国家工作人员受贿犯罪之间的定罪，又如，国家工作人员和非国家工作人员利用不同的职务便利共同实施犯罪行为的定性也会直接影响后续对洗钱追诉，不同的证据收集运用会直接影响洗钱罪的走向。另外，洗钱罪其他六类上游犯罪均由公安机关管辖，在取证上具有连贯性与便利性，而贪污贿赂犯罪由监察机关调查取证，下游洗钱罪虽也由其主调查，但罪名由公安机关管辖，也需公安机关配合。特别是查办自洗钱时，行为人往往被监察机关留置，这就需要监察机关与公安机关在取证分工、线索移送、取证方式、取证重点上协作配合，有序衔接，重点围绕贪污贿赂犯罪本犯洗钱行为的主观目的、资金去向收集固定犯罪证据以有力打击自洗钱犯罪。

检视与重构：洗钱罪的司法适用问题与对策建议

罗 洁 曹炜姗 向润华[*]

一、洗钱罪的刑事立法演变

洗钱，顾名思义是指将违法所得通过各种手段"漂白"转化，使其在形式上合法化的行为。从我国洗钱犯罪罪名体系构建及立法演变来看，以传统赃物犯罪为基础，结合现代洗钱犯罪的行为手段与国际条约要求，逐步形成以《刑法》第191条洗钱罪为核心罪名，以第312条掩饰、隐瞒犯罪所得、犯罪所得收益罪和第349条窝藏、转移、隐瞒毒品、毒赃罪为补充的三罪鼎立格局。[①]

1979年《刑法》仅规定了传统的窝赃、销赃罪，基于特定时期经济发展水平，没有洗钱罪的规定。1989年我国批准加入《联合国禁毒公约》，该公约要求各国通过刑事法律规范对毒品洗钱犯罪进行惩治。根据公约要求，1990年全国人大常委会《关于禁毒的决定》规定"为犯罪分子窝藏、转移、隐瞒毒品或者犯罪所得的财物的，掩饰、隐瞒出售毒品获得财物的非法性质和来源的，处相应刑罚"，首次将毒赃清洗活动规定为"掩饰、隐瞒毒品、毒赃性质、来源罪"，虽然上游犯罪限于毒品犯罪领域，但对我国开展反洗钱国际合作意义重大。为进一步顺应打击洗钱犯罪的国际趋势，1997年《刑法》以此为基础增设第191条洗钱罪，首次明确规定洗钱罪，将上游犯罪扩大至毒品犯罪、黑社会性质的组织犯罪、走私犯罪三类，洗钱方式为五种。2001年"9.11"事件后，国际社会掀起了打击恐怖主义和恐怖融资的热潮，我国也不例外，2001年《刑法修正案（三）》增加"恐怖活动犯

---

[*] 罗洁，成都高新区人民检察院检委会专职委员，三级高级检察官；曹炜姗，成都高新区人民检察院第二检察部副主任，四级高级检察官；向润华，成都高新区人民检察院四级检察官助理。

[①] 时方：《我国洗钱罪名体系的适用困局与法益认定》，载《环球法律评论》2022年第2期。

罪"为洗钱罪的上游犯罪，将洗钱罪的上游犯罪扩充至四类，同时提高了对单位犯洗钱罪的法定刑。随着《联合国反腐败公约》在我国生效，为进一步遏制腐败，满足我国加入国际反洗钱金融行动特别工作组（Financial Action Task Force on Money Laundering，缩写为"FATF"，以下简称FATF）的立法需要，2006年《刑法修正案（六）》再次对洗钱罪的上游犯罪进行了补充，增加了"贪污贿赂犯罪、破坏金融管理秩序犯罪、金融诈骗犯罪"，至此，洗钱罪上游犯罪涵盖七类。2020年《刑法修正案（十一）》虽未进一步扩充洗钱罪上游犯罪种类，但删除原条文中的"明知""协助"两个概念，将"自洗钱"纳入《刑法》规制范围。通过梳理洗钱罪的立法及历次修改情况可见，我国洗钱罪经历了"从无到有"和"三次修正"，其中"两次修正"聚焦在洗钱罪上游犯罪的种类，"一次修正"将自洗钱纳入打击范围。《刑法》第312条"掩饰、隐瞒犯罪所得、犯罪所得收益罪"的规定基础为1979年《刑法》规定的"窝赃、销赃罪"，1997年《刑法》修改为"窝藏、转移、收购、销售赃物罪"。2006年为加入FATF，我国需接受FATF对中国反洗钱和反恐怖融资工作的整体评估，其中一项标准即"洗钱犯罪化"同时上游犯罪范围至少应包括20种犯罪类型，[①]为满足此条件，我国《刑法修正案（六）》在第191条洗钱罪增加三种上游犯罪的同时，将《刑法》第312条修改为"掩饰、隐瞒犯罪所得、犯罪所得收益罪"，赋予该罪反洗钱属性，将其纳入反洗钱罪名体系。2007年我国正式成为FATF成员，开创了反洗钱国际合作新局面。

二、洗钱罪名体系适用问题

（一）洗钱罪名体系内部关系不够清晰

我国洗钱犯罪的刑事立法采取了"多条文规定、多罪名规范"的做法，洗钱犯罪三个罪名在主观要素、行为方式、行为对象等方面有诸多相似之处，存在重叠和交叉的部分，实践中三个罪名的区分界限不够清晰、不易掌握。笔者通过对该三个罪名的构成要件进行区分对比，以期厘清三个罪名之间的逻辑关系（见表1）。

从《刑法》规定上看，该三个罪名主要区别在于主观"明知"的认定

[①] 王新：《总体国家安全观下我国反洗钱的刑事法律规制》，载《法学家》2021年第3期。

和客观行为方式上不同：其一，对主观"明知"的内容不同。《刑法修正案（十一）》将《刑法》第191条的"明知"删除，对于自洗钱人而言，可以直接认定其明知；对于他洗钱人而言，则需要证明其"明知"。根据行为人"明知"内容的不同，分别适用三罪名。其二，客观行为方式不同：理论上，洗钱罪与另外两罪的区分主要体现在是否改变赃款属性，狭义洗钱罪指将犯罪所得的赃款赃物"漂白"以改变违法所得来源和性质，是一种"化学反应"；掩饰、隐瞒犯罪所得、犯罪所得收益罪，窝藏、转移、隐瞒毒品、毒赃罪则是一种"物理反应",① 并不要求必须改变来源和性质。

表1 洗钱犯罪相关罪名要件对比

罪名	要素	第191条（洗钱罪）	第312条（掩饰、隐瞒犯罪所得、犯罪所得收益罪）	第349条（窝藏、转移、隐瞒毒品、毒赃罪）
犯罪主体	主体	自然人+单位	自然人+单位	自然人
	本犯是否入罪	是	否	否
主观要素	主观方面	故意	故意	故意
	"明知"的认定	本犯直接认定；他洗钱"明知"	明知是犯罪所得及其收益即可	明知是毒品犯罪所得
客观方面	行为方式	5种（列举+兜底）	窝藏、转移、收购、代为销售或其他方法	窝藏、转移、隐瞒
	上游犯罪	7类上游犯罪	所有犯罪	走私、贩卖、制造、运输毒品的犯罪
	是否转变犯罪所得及其收益的来源和性质	转变	可转变可不转变	可转变可不转变

---

① 何荣功：《洗钱犯罪司法适用的观察、探讨与反思》，载《法学评论》2023年第3期。

续表

罪名 \ 要素		第191条（洗钱罪）	第312条（掩饰、隐瞒犯罪所得、犯罪所得收益罪）	第349条（窝藏、转移、隐瞒毒品、毒赃罪）
数额标准	入罪数额	无	2015年《最高人民法院关于审理掩饰、隐瞒犯罪所得、犯罪所得收益刑事案件适用法律若干问题的解释》规定，3000元（各省确定具体数额标准） 2021年《最高人民法院关于审理掩饰、隐瞒犯罪所得、犯罪所得收益刑事案件适用法律若干问题的解释的决定》，取消入罪数额	无
	情节严重数额	无	10万元以上；3次以上且价值总额达到5万元；特殊设施、款物5万元；机动车50万元；计算机信息系统犯罪5万元	5万元以上
量刑情节	一般情节	五年以下有期徒刑或者拘役，并处或者单处罚金	三年以下有期徒刑、拘役或者管制，并处或者单处罚金	三年以下有期徒刑、拘役或者管制
	情节严重	五年以上十年以下有期徒刑，并处罚金	三年以上七年以下有期徒刑，并处罚金	三年以上十年以下有期徒刑

从《刑法》规范层面上看，第191条、第312条与第349条均使用"掩饰、隐瞒"的罪状表述，从罪状表述的行为方式上无法有效区分三个罪名之间的关系。尤其是司法解释对行为方式的认定更加剧了理解上的混乱。如2009年《最高人民法院关于审理洗钱等刑事案件具体应用法律若干问题的解释》（以下简称《2009年审理洗钱的解释》）第2条，列举了六种通过非金融手段将犯罪所得及其收益进行"转移、转换"的行为。从词语表达的含义

看,"转换"具有改变财产属性功能,但对于司法解释中规定的"转移"行为是否都可以改变赃款的属性作为洗钱手段认定不无疑问。2021年《最高人民法院关于审理掩饰、隐瞒犯罪所得、犯罪所得收益刑事案件适用法律若干问题的解释》(以下简称《2021年掩隐解释》)第10条的规定,将"提供资金账户,协助将财产转换为现金、金融票据等"的行为也认定为第312条规定的"其他方法",突破了传统窝赃行为的认定方式,将改变赃款黑钱属性的洗钱行为作为赃物犯罪认定,直接导致第191条与第312条的行为方式认定混同,司法实践中更难区分。

一般认为,《刑法》第191条、第312条、第349条三个条文之间的关系属于特别法与一般法的关系。① 也有学者认为,宜认定为想象竞合犯。② 三个罪名出现竞合时如何进行罪名适用,司法解释采用择一重罪处罚的方式进行认定。《2009年审理洗钱的解释》《2021年掩隐解释》均规定,构成《刑法》第312条规定的犯罪,同时构成其他犯罪的,依照处罚较重的规定定罪处罚。由于法律没有明确三个罪名的区别根据,③ 在这种认定思路下,司法机关可能淡化法理上的区分逻辑,实践做法也存在差异。

(二)洗钱罪与上游犯罪数量不成比例

依据中国人民银行公布的近三年《中国反洗钱报告》以及最高人民检察院的工作报告等数据(见图1)。可以发现,三年来,《刑法》第191条洗钱罪的司法适用呈总体上升趋势,全国检察机关以第191条洗钱罪提起公诉的人数成倍增长。全国人民法院以"洗钱罪"审结的人数也呈逐年上升趋势尤其是《刑法修正案(十一)》施行后,适用洗钱罪的人数突破千人,④ 但与洗钱罪的七类上游犯罪数量比较,洗钱罪案件占比微小。笔者在中国裁判文书网检索2022年洗钱罪一审裁判文书,共筛选出有效文书45份,同期洗钱罪的五类上游犯罪一审裁判文书4942份,⑤ 洗钱罪占上游犯罪比例仅为0.91%。其中,涉毒洗钱罪一审有效裁判文书23份,毒品犯罪一审裁判文书2954

---

① 刘为波:《〈关于审理洗钱等刑事案件具体应用法律若干问题的解释〉的理解与适用》,载《人民司法》2009年第23期。
② 张明楷:《刑法学(第六版)》,法律出版社2021年版,第1023页。
③ 陈庆瑞、李融:《洗钱罪司法适用的现状审视与理性反思——以中国裁判文书网155篇裁判文书为样本》,载《湖北警官学院学报》2022年第6期。
④ 中国人民银行《中国反洗钱报告》,http://www.pbc.gov.cn/fanxiqianju/135153/135282/index.html,最后访问日期2023年5月18日。
⑤ 中国裁判文书网,https://wenshu.court.gov.cn,最后访问日期2023年6月9日。

份,[①]涉毒洗钱罪占毒品犯罪比例仅为0.77%。可以看出,洗钱罪数量占上游犯罪数量的比例极低。又如,2019年至2021年,某省每年办理的毒品犯罪案件近万件,但涉毒洗钱犯罪共计仅42件。[②]这也反映出洗钱罪的打击力度还有待加强。只有对洗钱罪的打击力度应与对七类上游犯罪的惩治力度相匹配,才能使上游"罪"与"赃"无处遁形。

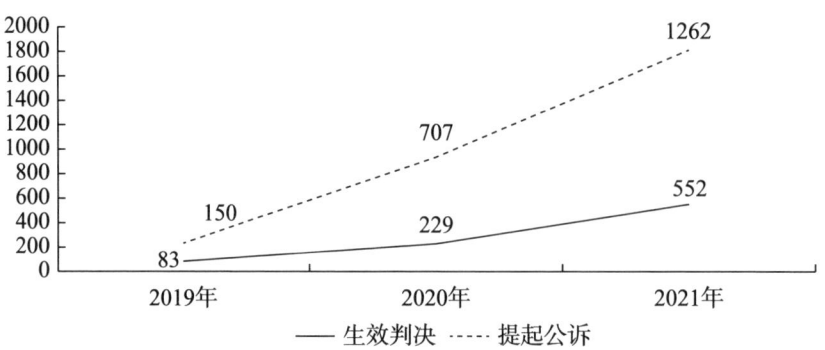

图1 2019—2021年适用《刑法》第191条的人数

(三)洗钱罪入罪标准不清晰,司法实践中量刑不均衡

实践中,由于洗钱罪没有明确入罪门槛,导致诸多"小额"洗钱行为也被定罪量刑。通过检索洗钱罪裁判文书发现,有的洗钱罪被告人洗钱数额仅为133元,一百多元的洗钱数额对金融管理秩序法益的侵害是否达到需要刑法进行处罚的程度,值得思考。

洗钱犯罪没有规定入罪门槛,对于何为"情节严重"也没有明确规定,不同法院对量刑的考量不同,易出现同案不同判、量刑不均衡的问题。

此外,洗钱罪作为下游赃物犯罪,其定罪量刑一定程度上依附于上游犯罪。一般认为,下游犯罪的处罚不宜高于上游犯罪的处罚。洗钱罪的七类上游犯罪,侵害的法益不同且刑罚轻重不一,上游贩卖毒品罪的法定刑最高为死刑,骗取贷款罪法定最高刑为七年有期徒刑,清洗不同上游犯罪同样金额的赃款,量刑时还需要充分考虑上游犯罪的量刑,不宜一刀切。比如,作为

---

① 中国裁判文书网,https://wenshu.court.gov.cn,最后访问日期2023年6月9日。备注:黑社会性质的组织犯罪、恐怖活动犯罪两类上游犯罪在中国裁判文书网无公开的裁判文书,故未统计。

② 王小兰、赵晋:《涉毒洗钱犯罪行为入罪困境分析与治理对策》,载《人民检察》2022年第4期。

上游犯罪之一的骗取贷款罪法定最高刑为七年有期徒刑，如果清洗这类"赃款"数额即使再大，洗钱罪的量刑也不宜高于七年有期徒刑。

三、洗钱罪司法认定存在的问题

（一）洗钱行为发现难

洗钱犯罪行为人为逃避金融监管，犯罪手段较为隐蔽，司法实践中难以侦破和认定。例如，涉毒洗钱犯罪中，行为人通过虚构借款的方式，在不同账户之间频繁转账完成毒资的转移，行为人通常辩解该转账系借款并非毒资，实践中难以通过审查证据排除辩解。早期洗钱行为主要是通过金融手段进行，行为人为了逃避侦查，逐渐使用金融和非金融手段混合的方式进行洗钱，如利用银行、证券、房地产等业务不断流转资金，使得资金链的溯源查证更加困难。同时，随着科技进步和网络支付的不断发展，使用虚拟货币如比特币等方式进行洗钱时有发生，[1] 资金来源的合法性、资金流转链条的溯源难以证明。隐蔽多样的赃款"漂白"行为，使得实践中侦查机关难以发现且查证困难，例如，针对利用新兴支付产品进行洗钱的行为还存在侦破经验不足的情况，司法机关认定也存在难度。

（二）主观明知认定难

洗钱罪的认定，需要证明行为人的"主观明知"。《刑法修正案（十一）》之前，《刑法》第191条洗钱罪规定"明知"，明确规定了洗钱罪"明知"的内容以行为人知道是七种上游犯罪的所得及其产生的收益。《刑法修正案（十一）》第14条删除了"明知""协助"的文字表述，自洗钱行为入罪。实施上游犯罪的本犯又进行洗钱行为，必然"明知"自己所洗钱的性质和来源，无须再证明其主观明知。然而，对于证明"他洗钱"行为人的主观明知需要证明到何种程度还有待进一步明确。司法实践中，确认行为人的"主观明知"，主要依靠行为人的口供或证人的证言，但这种言词证据难以获得也存在不稳定因素。例如，涉毒洗钱犯罪中，行为人往往利用亲友、他人的收款码收取毒资，与日常生活中的资金处置和财务行为可能重合，[2] 那么提

---

[1] 王新：《总体国家安全观下我国反洗钱的刑事法律规制》，载《法学家》2021年第3期。
[2] 罗曦、陈晨：《洗钱罪司法实务疑难问题探讨》，载《人民检察》2022年第18期。

供收款码的亲友等他人是否构成洗钱犯罪，实际司法办案中，需要司法机关证明嫌疑人知道资金来源于毒品犯罪，他人即使明知行为人的收款可能是违法所得，但通常辩解并不知情，主观明知的认定具有难度。

即使证明了主观明知，需要证明到何种程度，根据主观明知的内容如何进行定罪，司法实践中不同的办案机关处理结果也不同，值得关注。例如，行为人均明知他人系贩毒人员且均实施了为他人提供账户收取毒资的行为，有的法院认定被告人构成洗钱罪；有的检察机关指控行为人成立洗钱罪，而法院审理认为被告人明知他人贩卖毒品仍提供微信账号供他人用于贩卖毒品，并接收和帮助转账毒资的行为属共同参与贩卖毒品，构成贩卖毒品罪。

（三）财产权属明晰难

洗钱犯罪手段隐蔽，行为人在对"赃款"进行清洗时往往有意识地将赃款与自己的合法财产进行混同，区分行为人的赃款与合法财产存在难度。若不能对犯罪分子的违法所得进行准确区分并准确收缴其违法所得，某种程度上会削弱打击洗钱犯罪的力度。[1] 司法实践中，公安机关即使在侦查阶段查获涉案财物，但行为人通常辩解财物不是本人所有，在无其他证据证明财物是犯罪所得的情形下，对涉案财物的权属明晰存在困难。例如，行为人在贩卖毒品时利用他人银行账户收取毒资，当毒资与他人银行账户交易混同，难以区分；行为人将贿赂款通过虚构交易的方式转变为公司贸易收入时，与其他正常交易混同时，犯罪所得及其收益权属难明，给司法机关的追诉增加了额外困难和追诉成本。

四、对策建议

（一）准确分析行为性质，重构洗钱犯罪体系

法益直接关系对某个犯罪的危害性认识，要准确分析行为性质首先应明确洗钱犯罪所保护的法益。通说认为，洗钱罪的保护法益是双重法益，包括国家金融管理秩序和司法机关的正常活动；也有学说认为洗钱罪的保护法益

---

[1] 卢建平、王昕宇：《反洗钱罪名体系的失衡与完善》，载《中国人民公安大学学报（社会科学版）》2022年第6期。

是金融管理秩序与上游犯罪的保护法益，①洗钱罪保护的核心法益是金融管理秩序。"掩饰、隐瞒犯罪所得、犯罪所得收益罪"规定在"妨害司法秩序"一节，其保护的法益是司法秩序，此罪的本质是通过掩饰、隐瞒犯罪所得及其产生的收益而妨害司法秩序。窝藏、转移、隐瞒毒赃罪保护的法益是社会管理秩序。

该三个罪名所规定的犯罪行为在具体的行为方式有所不同，然而，司法实践中对这些罪名的区分与适用还有待进一步加强。根据洗钱犯罪在司法实践中的适用情况，可以取消《刑法》第349条规定的窝藏、转移、隐瞒毒赃罪，②此罪完全可以由《刑法》第191条和《刑法》第312条所涵盖，删除《刑法》第349条有利于避免司法理解和适用中引起的混乱，优化反洗钱犯罪的法条设置，保留《刑法》第191条和《刑法》第312条之间特殊法条与一般法条的关系，在洗钱犯罪法条竞合时进行多维思考、合理适用。

（二）科学设置追诉标准，实现总体量刑均衡

如前所述，洗钱罪的入罪数额不明确，法律及司法解释并未明确规定何为情节严重，导致洗钱金额相近且无其他不同量刑情节的情况下，不同法院对洗钱罪同案不同判、量刑不均衡的问题值得反思。因此，应通过法律或司法解释明确洗钱罪的追诉标准以指导司法实践，可以考虑采用"数额加情节"的方式精准量刑。

值得一提的是，洗钱犯罪入罪标准应当坚持《刑法》的谦抑性原则，对于洗钱罪"情节严重"的认定，可以根据洗钱的频率、次数结合数额等方面综合考量。③同时，在量刑时适当综合考虑上游犯罪的种类，兼顾总体量刑均衡，做到罪责刑相适应。

（三）重新优化证明标准，合理分配举证责任

在国家高度重视打击洗钱罪的背景下，近年来，司法机关加大对洗钱罪的惩治力度，也取得了一定成效。当前洗钱犯罪由检察机关追诉，需要检察机关证明行为人对上游犯罪所得及其收益实施了"物理转移"或"化

---

① 张明楷：《洗钱罪保护的法益》，载《法学》2022年第5期。
② 何萍：《洗钱犯罪的刑事立法演变与完善——兼论〈刑法修正案（十一）（草案二审稿）〉对第一百九十一条的修正》，载《人民检察》2020年第22期。
③ 刘鹿鸣：《洗钱罪的量刑》，载《东北大学学报（社会科学版）》2022年第6期。

学漂白"的行为，举证责任较重。在客观证据不充分，行为人又拒不供述的情况下，上游犯罪与洗钱行为之间的关联性建立存在难度。因此，为了突破洗钱罪在司法实践中的认定难题，应合理优化"主观明知"的认定标准。①

同时，司法实践中，应考虑合理分配举证责任，由检察机关提供证明违法所得来源高度可疑的"初步证据"，并从行为人隐瞒的方式、收入水平、生活状况等入手，证实该财产不是合法获取，然后由行为人承担对自己的财产来源和性质作合理说明的举证责任，若行为人无法说明财产来源的合法性，则由行为人承担举证不利的后果。

---

① 刘宏华、查宏、李庆：《对"洗钱罪"判决难问题的思考》，载《中国金融》2020年第18期。

民事检察视角下劳动者权益保护问题研究

何 艳[*]

党的二十大报告指出,要"健全劳动法律法规,完善劳动关系协商协调机制,完善劳动者权益保障制度,加强灵活就业和新就业形态劳动者权益保障"。近年来,检察机关深入贯彻以人民为中心的发展思想,通过办理劳动争议纠纷生效民事裁判监督案件、支持起诉、引入特邀调解机制、参与虚假劳动仲裁治理、制发社会治理检察建议督促相关单位强化管理等多种方式,在推动构建和谐劳动关系、维护社会和谐稳定等方面发挥了积极作用。相对于快速发展的检察工作实践,当前对民事检察参与劳动者权益保护的基础理论研究和挖掘仍然较少,对劳动者保护领域中蕴含的社会法原理关注不够,理论指导实践的功能尚未得到有效发挥。作为国家的法律监督机关,检察机关对劳动者权益保障问题的关注,不仅包括在个案中实现对劳动者合法权益的救济,更是立足于经济社会发展大局,旨在促进构建和谐稳定的劳动关系,推动当前存在的劳动用工乱象、社保政策落实、新型劳动关系等深层次问题解决,实现治理体系和治理能力现代化。

一、精准监督理念下民事检察类型化的重要意义

《中共中央关于加强新时代检察机关法律监督工作的意见》将"精准开展民事诉讼监督"规定为"全面提升法律监督质量和效果,维护司法公正"的重要内容。我国的民事检察制度系在借鉴苏联的基础上发展而来,[①] 经过近 40 年的探索与实践,逐渐形成独具特色的发展道路,当前,人民群众对民事检察工作提出了新期待和新要求,在持续性地实践探索和顶层设计完善

---

[*] 何艳,成都市青羊区人民检察院综合业务部主任。
[①] 最高人民检察院法律政策研究室:《我国民事检察的功能定位和权力边界》,载《中国法学》2013 年第 4 期。

下，我国民事检察制度的内涵极大丰富，但在监督资源较为有限的情况下，面对数量庞大的民商事审判案件，致力于在方法与目的、投入与产出之间实现匹配和平衡才是最佳的监督进路，① 此为精准监督问题的出发点。我国的民事检察职能具有复合型，体现出以国家干预型监督为主、法制统一型监督为辅的特征，② 这要求在应对不同的监督事项和监督案件时，有不同的监督功能期待，监督的角色定位应精准。③ 具体到民事检察工作中，要通过优化监督来强化监督，"精"是要注重选择在法治理念、司法活动中有纠偏、创新、进步、引领价值的典型案例，"准"是要做到案件事实清楚、法律适用正确，据此选择恰当的监督方式。④

在时代与社会对某一既有制度的实施效果提出新的要求时，更应当着眼于影响制度发挥作用的关键因素，也就是要抓住事物的主要矛盾。在我国《民法典》颁布之后，最高人民检察院强调把类案监督作为实现精准监督的重要手段，⑤ 其应当包括两个维度：在微观意义上，着眼于"类案同判"以实现维护法律统一正确实施的监督目标；在宏观层面，则更强调从社会治理的角度，通过履职促进某一具体领域的纠纷化解和制度完善。民商事纠纷案件类型丰富，涉及的民事主体、民事权益也各有差异，以往专注于民事检察一般性研究的视角，虽然能够揭示民事检察权发展的普遍性规律，但难以应对当前民事检察保护权益具有综合性、复杂性的现实情境，在检察工作现代化的新任务新形势下，除对民事检察的不同职能分别加以研究外，以民事检察监督对象指向的不同权益为标准对民事检察进行类型化分析，挖掘不同权益维护中的深层次法律问题，进而推动我国民事检察理论和实践进一步发展，更显重要。具体到劳动者权益保护领域，劳动者权益与一般性民事权益相比，所涉问题不仅具有一般民事法律关系的普遍性特征，还具有社会法上的特殊法律原则、规则与制度。据此，有必要充分关注涉劳动者纠纷区别于一般民商事纠纷的特殊性，全面分析民事检察在劳动者权益维护中涉及的程序法问题与实体法问题，探索将劳动法律关系的基本原理、制度、规则与检察

---

① 汤维建、王德良：《民事检察精准化发展路径探析》，载《人民检察》2019年第10期。
② 汤维建：《我国民事检察监督模式的定位及完善》，载《国家检察官学院学报》2007年第1期。
③ 汤维建：《民事检察监督的新发展与新挑战》，载《人民检察》2021年第23期。
④ 冯小光：《以民法典为指引深化民事诉讼精准监督》，载《检察日报》2021年8月27日。
⑤ 腾艳军、刘丽娜：《民法典实施与民事检察类案监督机制》，载《中国检察官》2023年第3期。

权理论、规则相结合,深入、系统探讨检察机关发挥民事检察职能、在劳动者权益保障这一特定领域的角色定位、介入方式以及体系构建等问题。

二、劳动者权益保护领域中的社会法原理

(一)劳动者的范围界定

严格来说,劳动者不仅指宪法意义上的劳动者,还包括社会法意义上的劳动者,前者是指根据《宪法》第42条享有劳动权利、承担劳动义务的劳动者,实践中常见的应至少包括劳动关系、劳务关系、劳务派遣以及新型用工关系等各种形态;后者则主要指《劳动法》《劳动合同法》当中规定的,与企业、个体经济组织建立劳动关系的劳动者,显然前者的内涵大于后者。民事检察参与劳动者权益保护,不应在保护主体上有所偏废,尤其针对当前新业态就业人员数量不断增长、法律地位不清、保障力度不够等问题,检察机关更应依法履职,推动问题解决。由此,在民事检察视角下探讨劳动者权益保护问题,应采取宪法意义上的劳动者概念,即强调对以工资收入为主要收入来源的劳动者予以平等保护。

(二)劳动者权益的具体内涵

相对于民事权益的人身属性和财产属性,劳动者的权益内涵较为复杂,包括就业权、劳动报酬权、休息权、安全卫生权、职业培训权、社会保险和福利权、提请争议解决权等七大基本权利,兼具人身和财产、实体和程序,在立法上体现出对劳动者权利的倾斜分配。在检察机关办理的劳动争议申请监督案件中,确认劳动关系纠纷、追索劳动报酬纠纷、经济补偿纠纷、社会保险纠纷等案件占绝大比重,反映的侵害劳动者相关权益问题较为突出。此外,女职工、农民工、超龄劳动者等特殊劳动者群体,因生理原因、社会原因等,其权益保护存在一定的特殊性;被纳入零工经济、按需经济、平台经济、自由职业者等范畴下探讨的新就业形态从业者,其工作环境、工作方式等显著区别于传统劳动关系,用工关系性质、责任主体确定与承担等成为其权益保护的基础性问题。

(三)劳动者倾斜保护的制度设计

近代历史上,资本主义上升时期自由主义和自由放任经济政策,导致出现劳资对立、贫富悬殊等问题,进入 20 世纪以来,民法由极端尊重个人自由转变为更加重视社会公共福利,发生社会本位对权利本位的修正。① 体现在立法上,规定有公平原则、诚信原则、公序良俗原则等条款,相较于平等民事主体之间的意思自治,劳动关系虽然是建立在平等自愿的基础上,但劳动者与用人单位之间在身份、组织和经济上都存在从属关系,为了实现实质公平,应给予劳动者弱势意义上的平等保护。在制度设计方面:一是对劳动争议中的某些事项实行举证责任倒置,如《劳动争议调解仲裁法》第 6 条规定,与争议事项有关的证据属于用人单位掌握管理的,用人单位应当提供,不提供则应当承担不利后果;二是以劳动者为对象建立具有强制性的社会保险制度,使劳动者在年老、患病、失业、工伤、生育等情况下获得帮助和补偿,如工伤保险的出现,表明工伤赔偿问题已经由传统侵权责任的一元调整发展为侵权责任、责任保险、社会保险的多元调整机制,能够有效弥补侵权责任的不足,最大限度地发挥救济功能。三是发展协调劳动关系三方机制,即政府、工会组织、企业组织三方通过一定机构和程序,就劳动关系相关问题进行沟通研究、协调应对,这是市场经济国家普遍采取的协调劳动关系的基本机制。② 我国自 2002 年起,开始推进协调劳动关系三方机制建设,目前,我国建立的三方机制覆盖国家级、省级、地市级、县级四级,主要由人力资源与社会保障部门、工会、企业、工商联以联席会、委员会等形式组成,部分地区会结合协商内容会同公安、司法等部门共同做好劳动关系领域工作。③

三、检察机关在保护劳动者权益中的职能定位

(一)检察权参与劳动者权益保护的发展历程

在过去的较长时间内,检察机关履职以刑事职能为主,对劳动者的保护主要通过依法严惩重大劳动安全事故罪、强迫劳动罪、雇佣童工从事危重劳

---

① 梁慧星:《民法总论(第五版)》,法律出版社 2017 年版,第 42 页。
② 杨成湘:《论中国特色协调劳动关系三方机制的特征及其改革路向》,载《社会科学辑刊》2022 年第 4 期。
③ 参见人力资源社会保障部对政协十三届全国委员会第三次会议第 2282 号提案的答复。

动罪、拒不支付劳动报酬罪等犯罪来实现,但在损害劳动者权益的行为中,涉及犯罪活动的毕竟有限,经过最近10余年的发展,民事检察逐渐成为检察机关保护劳动者权益的"主战场"。通过梳理相关文献,在2008年,即有关于在民行检察中对劳动者倾斜保护的研究,指出基于外来民工劳资纠纷突出与其在劳动关系中的特别弱势地位,提出检察监督应适当向其倾斜的原则。① 后有研究发现检察机关在劳资矛盾化解中占据重要监督角色,进而提出转变诉讼监督方式、引导工人合理维权、打击"民转刑"案件等劳资纠纷的多元化检察救济对策。② 针对民事检察的具体履职手段,检察机关对农民工劳资纠纷的支持起诉有利于消除风险的不确定性,应在充分尊重私权自治、合法、谦抑和有限原则的基础上,对因劳动关系而产生实际损害的案件支持起诉;③ 同时应以行政优位、民事补充为原则准确界定支持起诉的案件范围,将协助收集证据从诉前进一步延伸至诉讼中。④ 而在劳动争议案件诉讼监督活动中,尚存在诉讼程序监督不充分、虚假诉讼案件的监督效果有待提升、矛盾化解职能作用有待进一步强化等问题,需从抗诉精准度、树立依职权监督理念、强化诉讼程序监督、强化虚假诉讼监督等方面着手,健全对劳动争议案件的诉讼监督机制。⑤ 针对损害不特定多数劳动者权益、损害公平劳动力市场秩序等普遍性问题,也有研究提出可通过提起劳动权保障检察公益诉讼的方式,推动问题解决。⑥

(二)民事检察在不同劳动纠纷解决阶段的介入

我国对劳动争议的处理采取劳动仲裁前置的程序设置,相对其他民商事纠纷,程序更为复杂。劳动者权益受到损害后,检察机关理论上可在不同阶段参与,具体包括劳动仲裁前阶段、劳动仲裁阶段、劳动仲裁后诉讼前阶段、诉讼阶段以及诉讼后阶段、执行阶段,不同阶段纠纷解决的法理基础、

---

① 王志勤:《适当倾斜方可平衡保护——民行检察在预防外来民工劳资纠纷"民转刑"案件中之作为》,载《当代法学论坛》2008年第4辑。
② 陈坚龙、陈景敏:《当前劳资纠纷申诉案件的特点、成因和检察对策》,载《法治论坛》2010年第4期。
③ 曹国华、陶伯进:《农民工劳资纠纷司法救济的困境与破解——检察机关支持起诉的视角》,载《河北法学》2012年第6期。
④ 胡晓煜:《社会保险争议民事支持起诉的正当性检视》,载《中国检察官》2022年第6期。
⑤ 李大扬:《劳动争议类案件诉讼监督实证分析》,载《人民检察》2020年第4期。
⑥ 纪闻:《"996"背景下劳动工时检察公益诉讼的正当基础与功能定位》,载《人民检察》2021年第16期。

原则及规则不同,检察机关的角色与定位亦有差异。实践中,当前检察机关运用民事检察职能保护劳动者权益的具体途径主要有:一是受理劳动争议纠纷生效民事裁判监督案件,该类案件主要来源于劳动者向检察机关提出监督申请,通常涵盖落实工伤保险待遇、医疗保险待遇、女职工合法权益保护等多个领域。二是办理支持起诉案件,劳动者作为弱势群体面临诉讼能力和举证能力普遍欠缺的问题,检察机关可帮助收集证据、提供法律咨询、协助申请法律援助,同时利用专业优势,引导农民工依法维权,有的检察机关探索实行"诉前调解+支持起诉+执行监督"工作模式,司法救助亦能在其中发挥"兜底"作用。三是促成检察和解,借助专业力量,建立劳动纠纷案件纠纷调处联动工作机制,推动劳动纠纷案件在检察监督环节实质性化解。四是延伸职能参与社会治理,以"我管"促"都管",深入劳动者、用人单位开展普法宣传,推动相关单位建章立制、堵塞漏洞、改进工作,完善农民工权益保护机制。

(三)检察机关在劳动关系协调中的角色定位

从当前检察工作实际来看,检察机关对劳动争议纠纷处置的介入,相对其他类普通民事纠纷范围更广、程度更深,这与劳动者权益保护的特殊性紧密相关,检察机关在劳动关系协调中担当着法律监督机关和社会治理机关的双重角色。一方面,我国的检察机关和审判机关在保护权益、维护秩序、促进公平正义和实现国家法治统一等方面多有重合,这说明民事检察权和民事审判权在根本上具有目标一致性,但承担保障法律正确实施的职责是检察机关所具有的鉴别性特征,这是由其作为法律监督机关的独特宪法地位决定的。另一方面,在具有中国特色的劳动关系三方协调机制中,从履职效果来看,工会在对劳动者法定权利的维护方面效果显著,但是总体上,工会缺乏提升劳动者利益水平的工作抓手和动力,在劳动者权益提升方面作用不大。[①]政府作为其中占据主导作用的一方,越来越呈现出多部门"联合作战"的发展趋势,"四大检察"发展格局趋于完善的检察机关无疑是其中的重要组成部分。据此,检察机关对劳动权益保护的广泛参与具有坚实的法理基础。

[①] 孙兆阳、张博:《中国工会对劳动者权益的影响机制探究——基于CLDS2012—2016年数据的分析》,载《社会发展研究》2022年第4期。

四、民事检察参与劳动者权益保护的实现路径

（一）法律监督：监督劳动争议生效民事裁判

检察机关对民事诉讼进行法律监督主要有两种模式：一种是个案监督，包括依《民事诉讼法》第208条至第213条所进行的生效裁判监督和程序监督，其共同点在于监督对象均为某一特定的民事案件，仅是发生在不同的诉讼阶段，这仍是当前检察机关开展民事诉讼监督的主要方式，但在劳动争议申请监督案件中，不支持监督申请决定比例较高，有的不支持比例甚至达到100%，从履职效果来看，单纯在个案中对法院审理的劳动争议案件进行法律意义上实体和程序监督，多数情况下其处理结果并不能满足劳动者提出的利益诉求。另一种是近年来提倡的类案监督，相较而言，类案监督通常不直接作用于某一案件的裁判结果，其关键在于监督对象应为一定数量个案所反映出来的普遍性问题，[①]在客观上能够起到以点带面、打开工作局面的效果，相对于个案监督而言，更有利于集中突显监督效果，对既判力的破坏程度以及与当事人诉权之间的矛盾更小。

（二）支持起诉：帮助劳动者依法维护自身权益

民事支持起诉自1982年起即规定于我国《民事诉讼法》中，但很长一段时期内因缺乏配套措施、影响诉讼构造平衡以及法律援助职能替代等因素，应有功能未得以发挥。在经历正当性争论后，随着检察理论和实践的发展，[②]对支持起诉制度的存废问题基本已达成共识，问题已转向如何更好地释放制度红利，发挥支持起诉制度在社会治理等方面的重要作用。虽然《民事诉讼法》第15条关于支持起诉适用的法定性要件规定较为宽泛，但在当前检察办案力量有限的情况下，同时避免因检察机关的过度介入造成新的不平等问题，对其适用范围的把握更应坚持必要性原则。检察机关支持起诉的私益诉讼通常具有明显的类公益性，本文所涉及的劳动者权益保护领域，均直接涉及社会公共秩序或伦理道德基础，应属于其适用范围。具体而言：首先，应当明确支持起诉履职方式的界限，检察机关支持私益诉讼体现社会干

---

① 李敏：《民事检察类案监督的界定及其实施路径》，载《中州学刊》2017年第7期。
② 最高人民检察院副检察长张雪樵在"做强新时代民事检察"新闻发布会上，介绍道"五年来，全国检察机关依法支持起诉16万多件，其中支持农民工起诉10.8万余件。"

预原则，其作为一种社会化机构为了保护他人利益参与民事诉讼，在诉讼地位上，检察机关支持起诉仅作为原告的辅助者，应充分尊重当事人处分原则，故一般均依当事人的申请启动，即使对于自行发现或其他单位移送的线索，也应事先询问当事人的起诉意愿，告知其按照相关规定提交支持起诉申请。其次，要注重拓宽支持起诉的案源渠道，实践中，维权意识较强的劳动者往往会自行或通过诉讼代理人到法院起诉，而维权意识较弱的劳动者又常面临不敢起诉的困境或者因证据不充分、维权时间成本高等原因不了了之，可探索加强与律协、法院、司法局、信访局、法律援助中心等单位的沟通，推动建立信息共享、线索移送等长效协同机制。

（三）参与治理：推动劳动纠纷多元化解

劳动纠纷案件进入检察监督环节时，大多已经过调解、仲裁、审判等多道程序，劳资双方矛盾较尖锐，诉争延续时间长，易引发社会不稳定因素，而劳动纠纷案件涉案金额普遍较小，具有较大的和解工作空间，在检察环节推动实现劳动纠纷实质性化解，是民事检察实现精准监督和社会治理同频共振的有效路径，具有重要的法律意义和社会意义。一是探索实行一站式、多元化联动调处，推动与人社部门、工会、劳动仲裁委员会等建立劳动纠纷案件纠纷调处联动工作机制，遵循自愿、合法、便民、协同原则，引入具有长期调解经验的专业调解员，促成双方当事人达成和解协议并履行，对达成和解的案件引导当事人撤回监督申请。二是深化检察综合履职，面对当前检察职能划分日益精细化的新形势，在区分好不同职能的适用范围的同时，更要注意践行"检察一体"理念，打好检察履职"组合拳"，如对相关行政机关履职后仍未实现最低维权目标，办案中还可履行行政公益诉讼职能，发现行政机关不履行或怠于履行职责的，通过发出诉前检察建议、提起行政诉讼等方式督促履职，达到及时、有力、高效保障劳动者合法权益的目的。三是推动完善劳动者权益保护制度，落实以"我管"促"都管"，促进工会、企业共同发力，引导劳动者理性维权，最大限度地发挥协调劳动关系三方机制的制度效能，实现依法保障劳动者合法权益。

民事检察和解制度的逻辑及实现

黄 蕾 王 浩 郭晓旭 王玉函[*]

民事检察和解作为司法保障和社会治理同频共振的解纷路径，是新时代"枫桥经验"的继承与创新。[①] 因为民事检察和解制度设计符合检察初衷，其要求检察人员在履职中坚持司法为民，积极发挥引导作用，推动社会矛盾的实质性化解。[②] 2021年施行的《人民检察院民事诉讼监督规则》（以下简称《监督规则》）第51条提出："人民检察院办理民事诉讼监督案件过程中，当事人有意愿和解的，可以引导当事人自行和解。"2022年，习近平总书记在党的二十大报告中提出："要完善正确处理新形势下人民内部矛盾机制，在基层坚持和发展新时代'枫桥经验'"。

在此背景下，四川省D市J区检察院立足民事检察职能，主动融入社会矛盾纠纷多元化解格局，与J区法院联合印发《关于检察和解适用司法确认的实施办法》（以下简称《实施办法》）以引导、规范实践，将纠纷化解与社会治理相结合，积极创建和培育民事检察和解"旌和"品牌，近三年来，化解各类民事纠纷150余件，以办案实践为"枫桥经验"注入鲜活生命力。

然而，实践中，囿于民事检察和解规范依据不足、运行机制不健全等问题，致其实际效能发挥受限。因此，如何充分发挥民事检察和解的效能，使民事检察和解工作能够规范有序地开展，是当前需解决的重要课题。[③]

---

[*] 黄蕾，德阳市旌阳区人民检察院党组书记、检察长；王浩，西南石油大学法学院副教授、法治与社会治理研究院副院长；郭晓旭，德阳市旌阳区人民检察院党组成员、副检察长；王玉函，西南石油大学法学院2022级硕士研究生。

[①] 冯小光、戴哲宇：《以扎实理论研究推动新时代民事检察工作高质量发展？》，载《人民检察》2023年第1期。

[②] 朱孝清：《论能动检察》，载《人民检察》2022年第13期。

[③] 王莉：《更新监督理念 做好新时代民事检察和解工作》，载《检察日报》2021年2月24日。

一、必要性分析：民事检察亟需引入民事和解

（一）创新纠纷解决机制

当前社会属于转型发展时期，矛盾不断激增，诉讼量也随之增加。为稳定社会秩序，国家倡导综合运用法律、说理、劝解以及其他各种方式，并结合疏导、教育，化解纷争，努力实现政治效果以及社会效果的统一。[1] 因此，需通过诉讼、和解等多样化的方式消除矛盾，全方位、多途径地探索纠纷解决机制。而民事检察和解制度的推行，不但能够使检察职能得以充分发挥，而且对于创新纠纷解决机制具有重要意义。一方面，民事检察和解可拓展非诉司法救济途径。中国自古既有"厌诉"的传统，在"厌诉"情绪的影响下，公民的司法救济手段显得越发缺乏。民事检察和解作为化解民事纠纷的新型方式，弥补了解决民事纠纷司法手段单一性的不足。检察院通过释法说理，引导当事人平和地沟通交流，最终达成和解。这种方式可以有效缓和、消除当事人对立情绪，实现以非诉的方式促进纠纷的实质性化解。另一方面，民事检察和解更具专业性。民事检察和解与人民调解具有异曲同工之处，二者都是通过非诉的方式解决民事纠纷。但是，相较于人民调解组织，检察官具有更高的法律素养，更客观公正的视野和分析审视案件源头的条件。同时，检察机关作为司法机关，兼具权威性和公信力的特点，当事人更能接受检察机关的引导。因此，在专业性和更彻底地平息民事纠纷、保护双方当事人合法权益等方面，是人民调解组织无法媲美的。

（二）降低公民维权成本

司法的终极目标并不是作出全有或全无的判断，通常它会被置于一个模糊的地带——在众多司法案件中，能够显著地缩短时间、减少成本、通过柔性的方式来解决纠纷被视为更有效的司法手段。[2] 评价法律制度必须考量效益因素，[3] 而民事检察和解也体现了"低投入、高产出"的效益原则。从时

---

[1] 北京市人民检察院第一分院课题组：《"枫桥经验"视野下民事检察和解之现实图景与规范探索》，载《中国检察官》2021年第8期。

[2] ［英］西蒙·罗伯茨、彭文浩：《纠纷解决过程：ADR与形成决定的主要形式》，刘哲玮、李佳佳、于春霞译，北京大学出版社2011年版，第419页。

[3] ［美］查理德·A·波斯纳：《法律的经济分析》，蒋兆康译，中国大百科全书出版社1997年版，第20页。

间要素上，与诉讼程序相比，民事检察和解程序更具便捷性，其可在当事人申请检察和解后及时安排和解工作，省去送达程序、审理程序、宣告判决这一漫长而复杂的过程，[1] 推动当事人以更理性、平和的方式处分自己的实体权益，这极大降低当事人解决纠纷的时间成本。从人力要素上，民事检察和解中，检察人员秉持客观公正的立场，基于双方当事人对检察人员的信任，引导双方当事人真正打开心结、说明事实，这可以从一定程度上减少证人、鉴定人、律师等人员参与解决纠纷，降低当事人解决纠纷的人力成本。从经费要素上，由于人力成本的减少，当事人可以省去聘请相关人员的费用，减少经济消耗。另外，针对申请检察和解的案件，检察机关并未收取案件受理费，J区人民检察即是如此。同时，就和解协议的司法确认，《实施办法》第16条也作出规定："不收取检察院移送法院司法确认案件的案件受理费。"

（三）推动诉源治理，发扬"枫桥精神"

一方面，民事检察和解推动诉源治理。诉源治理作为一种隐含了纠纷解决功能的话语表达，需要借助纠纷解决机制的具体展开来彰显其自身的理念与功能。[2] 若依赖刚性治理手段解决争议，动辄采取投诉、举报、起诉等对抗式路径，可能导致家庭邻里和谐关系的破裂、互助包容礼让的传统消失、人与人之间的隔阂冲突加剧，不利于和谐社会建设。[3] 而民事检察和解应诉源治理发展之需，坚持以"源头预防为先，非诉机制挺前"的治理理念，通过引导群众以和解的方式解决大部分矛盾纠纷，使各方矛盾在合法范围内得到妥善、圆满地化解。既减少了当事人的讼累，又解决了因当事人对判决结果不服而产生的缠诉闹访问题，具有十分重要的现实意义和价值。[4]

另一方面，民事检察和解促进发扬"枫桥精神"。源头治理是"枫桥经验"的鲜明特征。在通常的解纷机制中，检察环节已是诉讼渠道纠纷解决的中后端，而民事检察和解将检察环节前置囊括在内，社会矛盾发生时，通过

---

[1] 张艺馨：《民事检察和解制度理论问题探析》，载《中国检察官》2023年第15期。
[2] 董储超，舒瑶芝：《诉源治理导向下的纠纷解决：理念澄清与范式革新》，载《交大法学》2023年第4期。
[3] 李小凤、杨晓：《论推进"枫桥模式"诉源治理的瓶颈与进路——基于L市Y区的诉源治理实践考察》，载《上海法学研究》集刊2023年第1卷。
[4] 孙祎霖、张晨辉：《能动履职视角下民事检察和解制度司法实务研究》，载《中国检察官》2023年第15期。

当事人申请检察机关即能参与矛盾调和。① 另外，检察和解促进法律秩序价值的"再生产"。民事检察和解作为检察院司法职能和当事人权利救济方式的延伸，主要运用"枫桥"智慧，兼顾"情、法、理"的方式，积极促成和解，其实质是通过对当事人私权的救济实现法律的秩序价值，是新时代"枫桥经验"在检察领域的生动体现。

二、实践检视：民事检察和解面临的法律障碍

（一）民事检察和解的规范依据不足

当前，检察机关引导民事检察和解，主要以"合宪性"为间接法律依据。② 其原因在于我国目前仍缺乏对于推进民事检察和解的专门性法律，民事检察和解的实践主要依赖国家政策以及部分地方性法规、政策。而现有的法规、政策又难以完全解决适用民事检察和解存在的问题，立法不完善将成为推进该制度的掣肘。

其一，尚未制定民事检察和解专门法。囿于全国层面没有统一的专门法作为指导，民事检察和解的主体、适用范围、程序规范、和解协议效力保障等问题未获得专门法的确定。③ 与此同时，就《监督规则》而言，其对民事检察和解制度仅作了原则性规定，而和解程序、方式、和解协议法律效力保障等问题也付之阙如。其二，民事检察和解的单行法不完善。我国有关民事和解的法律规范散见于各单行法中，如《民事诉讼法》《民法典》《人民调解法》。尽管相关立法对民事和解的范围、程序以及效力保障等都作出规定，但仍未将民事检察和解这一和解方式纳入立法。其三，民事检察和解政策法规存在效力位阶低、立法专业性弱的问题。目前，民事检察和解制度具有一定的实践基础，部分检察院也制定了一些规范性文件来调整辖区内民事检察和解的工作，例如：J区法院和检察院联合印发的《实施办法》、广东省人民检察院印发的《关于民事行政部门建立健全检调对接工作机制的指导意见》、浙江省人民检察院印发的《关于民事、行政申诉案件调处工作的若干意见

---

① 闵钐：《把握"枫桥经验"历史逻辑 以高质效法律监督助力基层社会治理》，载《中国检察官》2023年第15期。
② 房琦、李田红：《民事检察和解制度浅析》，载《中国检察官》2014年第14期。
③ 傅国云、胡卫丽：《民事检察和解的适用与程序设计》，载《人民检察》2013年第7期。

（试行）》等。但由于以上文件效力位阶低，而不具有普遍约束力，且囿于系地方探索性规定，其毕竟无法代替法律的地位，所以，存在地域局限性以及非规范性等问题。因此，为了适应司法实践的发展需要、确保检察机关依法履行职能、保证民事检察和解的实体公正与程序公正，应当完善民事检察和解的法律规范。[1]

（二）民事检察和解适用范围不明确

民事检察和解的案件适用范围尚未获得统一的确定，司法实践中各人民检察院颁布的相关规定也不尽一致。例如，北京市朝阳区人民检察院制定的《民事检察和解工作规定》，山东省青岛市中级人民法院及人民检察院联合颁布的《关于民事检察和解化解社会矛盾的实施办法》以及四川省人民检察院颁布的《四川省检察机关民事检察"和解五法"工作办法（试行）》都规定了各不相同的案件适用范围。总的来说，当前立法对于民事检察和解案件适用范围的规定，都着眼于经过诉讼的民事案件，且主要针对生效的错误判决。其理由在于检察院拥有检察监督权。但这种规定也存在一定的局限性，因为检察和解具有代表公共利益实施法律监督和私权救济的两方面功能，针对尚未进入诉讼程序的民事案件，若按部就班经法院诉讼程序后再提起民事检察和解，会耗费过多时间和精力，并未体现民事检察和解制度的效率作用，也不利于私权的及时救济。因此，需尽量扩大民事检察和解的案件范围，让民事检察和解兼具私权救济的最后一站和私权救济的第一站的功能。

（三）民事检察和解适用程序不规范

当前民事检察和解尚未形成体系化梳理，检察机关的相关工作也尚未形成系统化的模式，[2]部分细节问题制约着民事检察和解的进一步深入开展。

一方面，民事检察和解的操作程序不规范。民事检察和解在司法实践中被广泛运用，但未形成一套标准化的操作程序。[3]实践中，人民检察院办理民事检察和解案件，一般依据《关于民事执行活动法律监督若干问题的规定》《监督规则》以及地方颁布的政策文件中的相关规定推进。以北京市朝

---

[1] 吕琪：《民事检察调解问题研究》，辽宁大学2014年硕士学位论文。
[2] 周瑾宇、刘海璐：《新时代"枫桥经验"下民事检察和解的履职层次解析》，载《中国检察官》2022年第18期。
[3] 陈冰如、赵辉、徐强：《民事检察和解工作机制探究》，载《山西省政法管理干部学院学报》2017年第1期。

阳区人民检察院的《民事检察和解工作规定》为例，该规定仅提出："要规范民事检察和解的工作程序。"而针对如何具体开展和解工作，检察机关应当何时启动，如何启动，如何制作规范文书等，都没有一整套的规定。① 另一方面，和解协议违约的救济程序不规范。民事检察和解协议是当事人基于意思自治达成的合约。既然是合约，就存在义务方违约的风险。从而造成案件"和而不解"，久拖不决。② 而由于当前对于民事检察和解协议的效力保障尚无明确性规定，因此，会产生权利人在义务人违约情形下如何进行救济权利的问题：权利人应当向哪个司法机关寻求权利救济？是就达成的民事检察和解协议提起诉讼还是申请法院强制执行？相关救济程序的实际操作也处于差异状态。③ 这种放手又放养的态势，影响了民事检察和解作用的发挥。

三、原则指引：民事检察和解应坚持的原则

（一）自愿原则

自愿原则是指民事主体可基于自由意志开展民事检察和解，其核心在于确定和保障民事主体的自由。该原则是民法的一般原则，立法也明确了当事人对自己权利加以处分的自由。《民法典》第 5 条规定："民事主体从事民事活动，应当遵循自愿原则。"《民事诉讼法》第 13 条第 2 款规定："当事人有权在法律规定的范围内处分自己的民事权利。"与此同时，《监督规则》第 51 条也已明确规定检察机关在民事和解的过程中起到的是"引导"而非"主导"作用。可见，民事检察和解工作也需在契合当事人内心意愿的前提下展开，通过向当事人释法说理，引导当事人自愿作出选择。④ 另外，和解通常涉及当事人权利的妥协或者让渡，但和解也不是"和稀泥"，并非干预、强制、引诱当事人进行变相强制和解⑤或强制和解⑥。

---

① 周国勇、高永秀、黄瑶：《民事检察和解的效力补强路径》，载《中国检察官》2022 年第 23 期。
② 王立德、张兆玉：《民事支持起诉和解机制探析》，载《中国检察官》2022 年第 23 期。
③ 张迪娜：《论民事检察和解制度的完善》，西南政法大学 2016 年硕士学位论文。
④ 刘子学、何雪红：《论民事检察和解制度的构建》，载《理论与当代》2023 年第 4 期。
⑤ 变相强制和解：是指表面上没有利用检察机关为国家公权力机构这一特殊性质，逼迫当事人达成和解，而是以其他方式使得案件当事人不得不违背真实的意思表示而达成和解。
⑥ 强制和解：是指以国家机关公权力向当事人施压或加以威胁，强迫案件双方当事人达成调解。

（二）合法原则

合法原则是指民事检察和解的实体和程序都不得违反法律、法规的强制性规定。合法性是立法的重要内容，《民法典》第 8 条提出："民事主体从事民事活动，不得违反法律，不得违背公序良俗。"《监督规则》第 4 条亦提出："人民检察院办理民事诉讼监督案件，应当以事实为根据，以法律为准绳。"合法原则包含程序合法和实体合法两方面内容：一方面，民事检察和解的程序必须合法。程序正义是实体正义的前提，检察机关引导当事人进行检察和解的程序不得违反法律、法规的强制性规定；另一方面，当事人达成的和解协议内容也不得违反法律、法规的强制性规定，不得损害国家、社会和他人合法权益，不得违背公序良俗。与此同时，尽管意思自治原则是民事检察和解的首要原则，但是当事人意思自治所达成的意思表示也存在边界约束，即应当以合法作为评价标准。因此，检察机关要正确处理合法和自愿原则之间的关系，既要尊重当事人的意思自治，又要对当事人达成的和解协议进行合法性审查，确保协议内容符合法律规范。①

（三）中立原则

中立原则是检察机关尊重当事人处分权，限制公权过多干预私权，防止检察机关公权过界或者滥用的重要原则。所谓中立原则，是指检察机关引导纠纷双方进行检察和解时，应当站在中立的立场，不做任何一方当事人的代理人。这是由民事检察和解的特殊性和检察机关的职能所决定的。当事人之间的和解行为属于私法范畴的活动，而检察院的引导属于公法范畴的活动，所以检察机关引导当事人进行民事检察和解时，既要遵循民事和解运行的特别规律，也要遵循检察工作运行的基本规律。应当处理好公权与私权之间的关系，保持中立，防止检察权的过分干预，破坏当事人民事法律关系的平衡性。②

四、路径选择：完善民事检察和解的制度抉择

在实质性化解争议的政策倡导下，为使民事检察和解赋能社会治理，需

---

① 刘子学、何雪红：《论民事检察和解制度的构建》，载《理论与当代》2023 年第 4 期。
② 方静：《民事检察和解的正当性及制度完善》，苏州大学 2015 年硕士学位论文。

要以综合的立法为民事检察和解提供依据遵循，以确定的主体为民事检察和解提供体制保障，以合理的范围、明确的受案方式以及规范的和解程序为民事检察和解提供机制支撑，以司法确认[①]的方式赋予和解协议强制执行力。

（一）完善民事检察和解立法

完善民事检察和解的立法既可以为检察机关正确行使检察和解权提供法律依据，也可以规范检察和解工作。因此，有必要将该项制度上升到立法的高度，构建民事检察和解规范体系。首先，制定民事检察和解专门法。增强民事检察和解的规范性，保障检察院对民事检察和解工作的引导有章可循，需要在国家层面制定《民事检察和解法》，明确检察院开展民事检察和解工作享有的检察和解权、民事检察和解适用的条件、范围、程序以及救济等。其次，修改民事和解单行法律。修改《民事诉讼法》《监督规则》《民法典》中有关民事和解的规定，把民事检察和解纳入民事和解的立法范畴，增加民事检察和解工作的程序和责任规定，以更好地保障民事检察和解工作的系统性。最后，完善民事检察和解配套规则，修改细化行动方案和各类标准，理清检察院各部门对于民事检察和解工作的职责关系，加强部门间工作的衔接。以促进民事检察和解工作的协调与统一，使检察和解行为与公民需求相互适应。

（二）明确民事检察和解主体

当前，在检察院由哪个部门来办理民事检察和解案件尚属于不确定状态。一方面，按照传统的检察院部门分类，民事检察和解案件的办理会涉及多部门的配合履职。另一方面，部分民事检察和解案件不仅涉及检察机关的履职，还涉及法院甚至是行政机关的衔接与协调。如针对需进行司法确认的案件，会涉及检察院与法院的沟通对接。因此，为最大限度地提高民事检察和解工作的专业性和效率性，优化检察和解工作方案设计，检察院可成立专门部门负责民事检察和解工作的办理。实践中，部分地方检察院对民事检察和解工作的专办也进行了一定探索，如J区检察院业已挂牌成立检察和解室，以其专门开展民事检察和解工作，统一对接检察机关向法院移送的司法确认案件，汇总分析民事检察和解工作情况。

---

① 司法确认即对于不能及时履行的，基于当事人申请，可以由检察院向法院移送检察和解协议请求确认和解协议效力，法院以司法确认书的形式确认和解协议效力。

（三）厘定民事检察和解的适用范围

民事和解运用到检察工作之中，就要聚焦案件依法审慎、谦抑适用，链接到民事检察和解就需要在适用空间或范围上有所限制，要在依法规范办案基础上进行和解，不能无原则地进行和解。[①] 一方面，检察权是有边界的，并不是所有的纠纷都应当受理，哪些类型的案件适用民事检察和解，哪些案件适合司法确认，需进行合理限制。另一方面，实践中应当避免"一窝蜂"组织检察和解，否则可能加重检察办案人员的负担，浪费司法资源，甚至导致矛盾激化。因此，需厘定民事检察和解的适用范围。

其一，民事检察和解的受案范围。根据立法规定和民事检察和解实务经验，结合当前民事检察和解理论和实践需要，可通过反向列举的方式对民事检察和解案件范围进行合理限制和划分，从而进一步扩大民事检察和解的案件范围。以下案件不适用民事检察和解：涉及身份关系确认的；涉及适用特别程序、督促程序以及公示催告程序的；涉及知识产权、物权确权的案件；涉及损害国家、社会以及他人合法权益的案件；涉及侵犯国家秘密、商业机密以及他人隐私的案件。其中，第一项到第三项是基于案件的特殊性质不能进行和解，第四项、第五项是由于该行为存在恶意，属于违法行为。

其二，司法确认的受案范围。以下两类案件不适合进行司法确认，其他的都适用司法确认：一是裁判结果监督案件可以引导当事人和解，但不适宜对和解协议进行司法确认。因为该类案件已经存在生效裁判，如果对和解协议作出司法确认裁定，会导致同一争议纠纷存在两份具有强制执行力的文书。二是执行阶段达成的和解，可以依照《最高人民法院关于执行和解若干问题的规定》处理，无须进行司法确认。

（四）明确民事检察和解受案方式

其一，民事检察和解检察院启动的方式。一是纠纷双方共同向检察机关申请民事检察和解。无论当事人纠纷处理处于何种状态，基于共同意思表示都可以向检察院申请检察和解。但在只有一方当事人申请检察和解时，检察机关可联系另一方当事人，听取意见，在其同意适用民事检察和解的情况下，方受理立案。二是依检察机关的建议而启动。检察机关对诉讼案件进行

[①] 赵煜亮：《新时代"枫桥经验"视野下民事检察和解的实践探索与制度重塑》，载《司法改革论评》2018 年第 2 期。

检察监督时，就符合民事检察和解受案条件的案件，可在对事实认定和适用法律有了初步判断后，向纠纷当事人提出民事检察和解的建议，纠纷当事人同意的，可以受理立案。三是依据法院或者仲裁机构的移送而启动。法院和仲裁机构在受理民事纠纷后可以组织对当事人的纠纷进行调解，同时也可以告知当事人有权申请检察机关进行民事检察和解，并告知相关制度的程序与价值，若当事人同意进行民事检察和解的，法院和仲裁机构可以将案件移送检察院，由检察院引导纠纷双方当事人进行和解。与此同时，相关诉讼和仲裁程序即告中止。

其二，司法确认法院的启动方式。对当事人有意愿申请司法确认的，检察机关应当以《检察和解司法确认告知书》的形式，告知当事人申请司法确认的法律后果。当事人确认要申请司法确认的，需签署《申请司法确认承诺书》，对和解行为、和解协议、提交证明材料的真实合法性以及申请司法确认系真实意思表示等事项作出保证。检察机关审查后，制作《案件移送函》并附案件材料移送法院。

（五）优化民事检察和解程序

为了防止民事检察和解的运行走向预期的反面，应设计一个确切、合理的程序，使其遵守"疆界"，平稳、有效运行。① 因此，需从以下几方面完善民事检察和解的制度设计：

1. 检察院主持检察和解的程序

第一，告知听取。检察机关在受理民事检察和解案件后，应当履行以下义务：一是说明告知。检察机关应告知双方当事人在民事检察和解程序中所享有的权利和应当承担的义务，说明民事检察和解的办案流程以及违反和解协议的权利救济程序。二是听取意见。检察人员要结合案件的事实与证据听取双方当事人的意见，根据当事人的意见调整引导和解方式，在与双方当事人的沟通中寻找突破口。三是必要时公开听证。公开听证可以提高当事人对案件办理的亲历性，其通常会成为化解纠纷的"助推剂"。② 对于社会影响重大的案件、人数较多的案件以及复杂的案件，经双方当事人同意，检察机关

---

① 刘辉：《民事检察和解的正当性基础及制度构建》，载《国家检察官学院学报》2009年第4期。

② 李中华：《办理民事检察和解案件实证分析——以浙江省H市为视角》，载《上海法学研究》集刊2023年第4卷。

可支持公开听证，引导当事人权衡利弊，探索最优解。

第二，调和商议。作为中立方，检察机关要善于妥善运用社会资源和司法智慧，为当事人解释法律、分析案件。引导当事人就争议焦点进行讨论，并促成和解。此时，检察机关应当有两名以上工作人员在场，一名工作人员负责主持和解，另一名则负责制作笔录，将当事人的和解情况记录在案，并由当事人和该两名工作人员签字盖章。

第三，形成协议。当事人达成和解的，需拟订和解协议，此时，检察机关需对和解协议的合法性进行审查，具体内容包括但不限于以下内容：当事人双方的法律关系是否真实、协议是否违反强制性规定、是否损害合法利益，是否存在虚假和解的情况等。[1]

2. 法院进行司法确认的程序

第一，司法确认案件由检察机关移送。对当事人有意愿申请司法确认的，检察机关应当以《检察和解司法确认告知书》的形式，告知当事人申请司法确认的法律后果。当事人确认要申请司法确认的，需签署《申请司法确认承诺书》，对和解行为、和解协议、提交证明材料的真实合法性以及申请司法确认系真实意思表示等事项作出保证。检察机关审查后，制作《案件移送函》并附案件材料移送法院。

第二，审查采取检法双重审查模式。对拟通过司法确认赋强的和解协议，由检察机关先行审查申请司法确认是否基于当事人自愿以及相关法院是否有管辖权，对于符合司法确认条件的，移送法院。法院收到案件后，以形式审查为主，认为不符合司法确认条件的，在作出决定前应当听取人民检察院的意见。

第三，对恶意和解的司法处理。经过双重审查，仍不能完全避免当事人恶意串通、利用和解协议司法确认实现非法目的的可能性，若检察机关发现当事人存在通过虚假事实骗取和解协议并进行司法确认的，应当建议法院依法处理。法院发现当事人存在恶意和解情况的，应当依法作出撤销确认的裁定。

---

[1] 傅国云、胡卫丽：《民事检察和解的适用与程序设计》，载《人民检察》2013年第7期。

行政诉权保障与滥诉规制的实证分析
——以L氏家族系列行政检察监督案展开评析

吴华斌　周士龙*

2014年11月,《行政诉讼法》修正将立案审查制变为立案登记制。新法实施很大程度上破解了多年饱受诟病的立案之困,各地法院受理行政案件数井喷式上涨,[①]公民、法人或其他组织在司法程序中的活跃度,充分反映了当事人行政诉讼权利与冲突。行政诉讼程序被不必要地过度使用,具体表现为,其实际诉求往往要经过二审,再审,甚至检察院抗诉才能得到满足,即案"迟结",争议才了结。[②]滥用诉权这一概念在《民事诉讼法》的语境中较为常见,也正是缘于我国行政法特殊的发展历程,"行政诉权"向来是被呼吁亟待保障的一项权利。[③]党的十八届四中全会提出对法院受理案件制度进行改革,司法实践中,大量行政滥用诉权案件出现亦给行政审判及检察监督带来现实的困惑与压力。

一、"一人多案"问题的提出

(一)L氏家族系列案基本情况

2016年开始,L氏家族以其家庭房屋及集体土地被征收事由,向C市政

---

* 吴华斌,四川省人民检察院第七检察部主任;周士龙,四川省人民检察院第七检察检察官助理。

① 2015年5月1日至31日,立案登记实施第一个月时间里,全国法院共登记立案113.27万件,同比增长29%,其中行政案件增幅最大,同比增长221%。参见罗书臻:《最高人民法院通报实施立案登记制改革首月情况:立案数超过百万当场立案率达9成》,载《人民法院报》2015年6月10日。

② 黄先雄:《行政诉讼"程序空转"现象的多维审视》,载《法治研究》2023年第1期。

③ 梁艺:《"滥诉"之辩:信息公开的制度异化及其矫正》,载《华东政法大学学报》2016年第1期。

府、市规划、国土、发改委、审计及锦江区政府、区行政主管部门等多次、反复、大量提出政府信息公开申请，其具体做法如下：L氏父亲及两个女儿向同一行政主管部门申请公开某信息，待该行政主管部门作出回复后，继而分别以三人名义申请行政复议或提起行政诉讼，引发大量政府信息公开行政申请以及行政复议、行政诉讼案件。对于他们提起的不同的政府信息公开申请，即使行政机关公开了相应政府信息，或申请公开内容属于重复申请的，已告知不予重复处理，或属于公开范围的，已按照其要求的方式提供，或不存在的，亦告知其理由，但当事人并未根据已获取的信息或者行政机关告知的途径寻求救济，而是针对所有行政机关予以公开、不予公开和告知其他救济途径的答复行为，以政府信息公开行为违法为由申请复议，之后向法院提起大量行政诉讼案件，继而申请检察监督。通过中国裁判文书网不完全检索，近年来，涉L氏家族裁判文书多达342份，其中行政行为种类为政府信息公开的103份、由政府信息公开引发行政复议、行政监督、其他行政行为等种类的171份。2019年4月至2022年4月，L氏家族仅在S省人民检察院申请检察监督案件就多达45件，且该系列案件均经过人民法院一审、二审及再审，检察机关审查发现监督申请人并非真正想获取政府信息，而是想通过多次司法审查，给行政机关及司法机关施加压力，以达到其解决不合理安置补偿的目的，检察机关均作出不支持监督申请决定。该系列案件中，被申请人行政机关涉及区政府、市政府、省政府，省自然资源厅、省住建厅、省公安厅乃至自然资源部，其中被申请人为某区政府案件37件、某市政府35件。

（二）近年来相关案件拓展分析

2019年4月至2022年4月即样本统计期间，在S省人民检察院行政检察部门受理的"一人多案"情形中，申请检察监督超过5件的有20人共213件。2021年，申请监督3件以上的有16人共96件，占全年受案总数35.04%。这反映出"一人多案"现象普遍存在，且类似案件规模呈现逐年扩大化趋势。绝大多数案件背后实质纠纷均为征地拆迁安置补偿类，继而引发大量政府信息公开及行政复议案件。诚然"一人多案"并非即可认定行政滥诉，即"一人多案"可谓行政滥诉的必要不充分条件。但基于S省检察院近三年受理的213件"一人多案"情况分析，很多案件客观上存在诉权滥用情形，但法院并未裁判予以认定，相关部门也未对滥用诉权当事人进行惩戒或采取应对措施，诉权滥用成本低且否定性评价与后果几乎不存在。

有学者认为，诉权的滥用和诉权的保障一直是硬币的正反两面，诉权滥用与诉权保障始终如影随形。① 在行政诉讼法领域对"行政滥诉"认定标准尚无明确的法律规定，但《行政诉讼法》修正多年的司法实践及学者理论研讨情况来看，俨然已形成了相对通说的认定标准：当事人依法享有诉权；存在滥用诉权的主观恶意；实施了滥用诉权的客观行为；结果导致司法资源浪费。由上述系列检察监督案件追溯法院裁判文书可见，法院对"滥诉认定"处理基本分为三种：一是直接以裁判文书方式对当事人滥诉情形予以认定，当事人再次重复起诉或围绕同一行政行为不同环节起诉时，人民法院以"起诉目的缺乏正当性""欠缺诉的利益"等为由直接裁定不予立案；二是法院已对当事人滥诉行为进行了认定，但当事人再次起诉时仍按正常程序受理、审查、裁判；三是对于明显存在滥诉情节但并未予以裁判认定，且按照正常裁判程序处理。司法实践中大多数法院倾向性选择第二种或第三种情形，究其原因，现行法律规定对滥诉认定标准的司法操作性不强，对行政滥诉认定后的法律效果未完全彰显；法院未对滥诉情形形成统一登记管理、大数据分析处理的制度；滥诉当事人大多具有较偏执的维权意识，如果法院主动采取罚款、拘留等措施往往会激起当事人更加执拗的"维权"，办案风险上升。上述此类当事人申请检察监督时，检察机关大多以普通程序进行受理、审查、决定、息诉，耗费了大量检力资源。

二、"一人多案"现象特征及成因分析

（一）具体特征及趋势

1. 实质争议多为征地拆迁纠纷

2022年S省检察院受理的行政检察"一人多案"情形中，实质争议为征地拆迁纠纷的占比超五成。此类案件中，当事人大多抱有"曲线救国"的思路，有的是为了收集证据、有的是解决起诉期限问题，更多的是想以一种"合法"方式引起相关职能部门重视。如L氏家族大量政府信息公开申请、行政复议、行政诉讼及申请检察监督，均起因于其家庭房屋及集体土地被征收，其一系列的诉权行使行为均出于施压目的，迫使行政机关与其沟通或满

---

① 郑琳：《行政滥诉的定义、类型及其规制》，载《江苏警官学院学报》2019年第5期。

足其更多不合理诉求。

2. 案由多涉政府信息公开

立法层面,《政府信息公开条例》中尚未明确"滥用政府信息获取权";① 司法实践层面,该类案件当事人想通过大量政务信息申请获取更多"实质纠纷"周边信息,以达到收集证据的目的,抑或挖掘行政机关行政瑕疵或违法情况,从而赢得更多与公权力"对峙"的砝码。样本统计期间,共梳理出213件"一人多案"检察监督案件,其中涉及政府信息公开的有132件,占比高达61.97%。L氏家族45件申请监督案件涉及政府信息公开的有39件,占样本数86.67%。可见,在"一人多案"情形中政府信息公开案件呈多发趋势。

3. 诉讼权利"信访化"趋势明显

"一人多案"现象中,大量当事人借助司法程序达到信访目的,以消解内心"怨气",明知提起诸多诉讼及申请检察监督不会直接解决其背后的实质诉求,但仍坚持存在"能告就告"的想法,非理性地滥用行政诉权。诚然,异化的"信访型诉讼"一定程度上符合"中国公民对行政纠纷解决存在事实上'双轨'制度需求"② 规律。该类案件大多呈现机械反复的特点,办案费时费力且实质争议难以化解,办案风险高于其他。通过L氏家族案分析,大部分政府信息公开纠纷检察监督案呈现出信访维权的行为导向,其目的都是为了解决隐藏在背后的行政争议或其他权利纠纷,③ 这与信访逻辑中的施压策略相似。

4. 专业律师代理率极低

因律师费用以及对法律援助制度了解甚少等原因,鲜有委托专业律师代理申诉的情形。2022年S省共受理1440件生效行政裁判监督案件,当事人申请监督案件1433件,仅有17件案件委托了律师代理申请监督,占比1.18%。具体到"一人多案"情形案件,当事人往往案件量较大,但专业律师代理率几乎为零。据调查,L氏家族在45件检察监督案件中未曾委托过专业律师。样本统计的213件检察监督案件仅有2件委托专业律师,占比0.094%。

---

① 湛中乐、李烁:《公民滥用政府信息获取权的法律规制——兼评〈政府信息公开条例〉的修订》,载《中国行政管理》2019年第4期。
② 程金华:《中国行政纠纷解决的制度选择——以公民需求为视角》,载《中国社会科学》2009年第6期。
③ 郑涛:《信息公开缠讼现象的政法逻辑》,载《法治与社会发展》2017年第5期。

（二）原因分析

1. 法律制度方面

立案登记制改革后，立案审查标准更加宽松、立案程序更加便捷，提起行政诉讼的门槛降低，公众对"诉讼托底"解决行政争议寄予厚望，大量矛盾纠纷涌入司法审判环节。加之，行政诉讼成本较低。根据 2007 年 4 月 1 日施行的《诉讼费用交纳办法》规定，除商标、专利、海事行政案件每件交纳 100 元以外，其他行政案件交纳 50 元；经裁定不予受理、驳回起诉、驳回上诉的案件不交纳案件受理费。法院通常仅就构成滥诉案件本身作出裁定驳回起诉或者判决驳回其诉讼请求，鲜有依法作出罚款、拘留等处罚。

2. 行政机关方面

近年来，社会公众对政府的管理能力有更高要求，如政府信息供给与公众信息获取需求不对称，一定程度会产生公众非理性行为风险。此外，对于不属于政府信息公开范围、不属于本部门公开或者申请公开材料不全的，有些行政机关工作人员的释法说理、耐心引导还不够，导致当事人选择诉诸行政诉讼。

3. 人民法院方面

人民法院尚未对滥诉情形的认定、处理形成统一登记管理，有的为避免激怒当事人而对符合滥诉条件的不作滥诉认定。有的即使已认定滥诉，但为减少当事人投诉举报，仍按正常程序立案、审查、裁判。一些法官由于办案压力大或化解争议能力不足等原因，存在"结案了之"心理，对当事人缺少有效释法说理，未深度做好实质化解工作。

4. 当事人方面

2022 年，S 省检察机关受理的行政生效裁判监督案件申请人为原行政诉讼的原告的占比 99.51%，绝大多数为年龄偏大的自然人，其中，55 岁以上约占 65%，最大年龄 86 岁，交流沟通及释法说理难度大。从诉求表达上看，申请监督大多称行政行为、审判程序及审判人员均存在违法情形，且常常出现起诉对象错误、超过起诉期限、诉讼请求依法不属于受案范围等情况，但自己又觉得诉求绝对正确，理应得到支持。L 氏家族中父亲 L 某迄今 85 岁，对法律政策理解经常断章取义、以偏概全，对法官检察官的释法说理充耳不闻又不予接受，固执坚守其内心权益被损害的想法及诉求，持续、反复缠诉。

三、行政诉权滥用的负面效应

（一）影响行政机关正常工作

行政机关作为行政诉讼的被告需要高频率的参加诉讼，准备应诉材料；作为检察监督被申请人要履行提出反驳意见或参加公开听证义务，对于"滥诉"当事人无端提起大量诉讼或检察监督申请，这无疑将分散有限的行政执法工作精力，社会管理事务的功能也会被削弱。同时，行政滥诉客观导致政府机关大量涉诉，对于普通民众而言或将误解依法行政水平不高，在一定程度上影响政府公信力。

（二）浪费司法资源

现阶段我国的司法资源仍属于一种紧缺资源，滥用诉权行为是对社会资源的不正当占用、消耗，类似"准公共物品的排他效应"，[①]这也意味着给其他人的诉权行使设置了障碍，特别是对于正在进行司法程序的其他人而言尤为明显。另外，一些当事人在案件办理过程持续纠缠司法机关办案人员，反复要求当面陈述起诉申诉缘由、多次电话补充陈述已知事实、大量邮寄纸质申诉信件，更有甚者无端举报案件承办人，造成了司法资源消耗。

（三）不利于和谐稳定社会构建

构建和谐社会是新时代广大人民的强烈愿望。行政诉讼案件绝对数攀升，"一人多案"甚至滥诉现象攀升，影响上层决策，对法治社会建设带来危害；秉持信访化"死磕"态度，同一地区或不同地区间滥诉当事人相互联络、鼓动，出现相互效仿的"羊群效应"，进而集中提起诉讼、申请检察监督，增添社会不稳定因素。

---

① 郑涛：《信息公开缠讼现象的政法逻辑》，载《法治与社会发展》2017 年第 5 期。

四、行政诉权滥用的对策建议

（一）构建行政滥诉相关设计制度

1. 逐步推动行政滥诉规制顶层设计

行政法学界对于行政诉权的讨论集中在如何行之有效地建构诉权体系，并予以相应的保障。[①] 立法层面对滥用行政诉权的规定始见于2018年2月8日实施的《最高人民法院关于适用〈中华人民共和国行政诉讼法〉的解释》第82条的规定："当事人之间恶意串通，企图通过诉讼等方式侵害国家利益、社会公共利益或者他人合法权益的，人民法院应当裁定驳回起诉或者判决驳回其请求，并根据情节轻重予以罚款、拘留；构成犯罪的，依法追究刑事责任"。但该条文几乎完全参照民事诉讼领域关于规制虚假诉讼的立法，对于行政滥诉明显缺乏针对性。因此，建议明确行政滥诉构成要件，以行政滥诉表象形态列举式条文替代现有规定，为司法实践提供实际操作依据。

2. 提高人民法院行政滥诉认定层级

保护诉权与规制滥用是一项平衡的艺术，审慎认定行政滥诉也是诉权保护的重要内容。据裁判文书网检索（2015年5月1日至2021年12月31日），涉及行政滥诉认定案件大多集中于中级以上人民法院，基层法院认定滥诉案件约占总数25%。相对来讲，审判层级越高越能整体上权衡当事人诉权行使与规制。

3. 协同建立规制行政滥诉机制

鼓励行政及政法各部门完善自身信访、滥诉数据收集，并及时将涉及本部门的信访信息形成电子台账，依托大数据共享平台进行检索；加强"府院""府检""法检"联动工作，争取在党委政法委的统筹协调下，建立省级法院、检察院、司法行政及信访部门等的滥诉规制机制，共同研判滥诉认定、探讨处理规制滥诉办法；积极建立行政滥诉名单机制，坚持审慎、合法原则，探索建立、健全行政诉讼滥诉当事人名单制度，充分实现诉权保障与滥诉规制平衡。

---

① 赵正群：《行政之诉与诉权》，载《法学研究》1995年第6期。

（二）优化行政诉讼费用

1. 兼顾经济发展因素

现行有效的《诉讼费用交纳办法》实施于 2007 年 4 月，中国经济社会发展已翻天覆地。法律的滞后性，决定其对经济社会发展的反映也存在不及时性，行政诉讼费用标准的规定亦是如此，故需重新考量国民收入与司法成本间的平衡。经济学中，在收益相对稳定的情况下，投入成本将会影响个体社会活动中的决策，巧用成本杠杆作用合理配置有限的公共司法资源。

2. 考量诉权保障因素

《行政诉讼法》的立法宗旨及法律修改方向仍然是更好地保障诉权，尤其是起诉权。虽然"行政滥诉"现象日益增多，但应该时刻把握这一法治精神。《行政诉讼法》中"诉讼费用由败诉方承担，双方都有责任的由双方分担"之规定，也为适当提高诉讼费用标准作了兜底保障，不至于因行政违法行为侵害而徒增起诉人的负担。另外，法律援助制度同步完善对于适度提高诉讼费，也是不可或缺的环节。

（三）建立、健全相关配套制度

1. 建立指定代理律师制度

在完善法律援助制度基础上，参照刑事诉讼中为被告指定辩护人的制度，对"一人多案"且有滥诉之嫌当事人提起的行政诉讼及申请检察监督案件，为其指定专业律师作为代理人，费用可以依据司法救助的相关规定执行，由当地司法行政部门给予费用补助，在帮助当事人理性推进司法程序的同时，还可以向当事人做好释法说理，强化理性维权意识。

2. 完善简易程序处理制度

持续完善简易程序快捷办案程序，要持续探索扩大简易程序适用，明晰案件受理、权利告知、实体审查、文书制作等环节简易的特性，全面提升效率。

3. 健全罚款细则

对滥用诉权的当事人实施具象化惩处措施，是践行《行政诉讼法》立法宗旨的表现。为推动惩处措施落地落实，建议在现有司法解释规定的滥用诉权罚款框架下，通过调研、听证及地方立法程序对初次滥诉、情节较轻的与多次滥诉、情节较重的当事人适用不同区间的罚款，以达到对滥诉当事人作出法律上的否定评价。

(四)持续完善多元纠纷解决机制

1. 健全纠纷多元化解思路

一是确保所有行政纠纷有出口。我国行政纠纷解决的问题在于如何引流、发挥多元解决机制各自效用,使各类纠纷解决途径有机衔接、相互协调、融会贯通。二是始终保障程序正义。始终在行政复议、行政诉讼、行政检察监督中贯穿程序中立、公众参与、公开公正、程序效率。三是坚持司法最终局。要始终维护司法裁判的效力与权威,且未经法定程序司法裁判不得被任意改变。

2. 完善纠纷解决机制构建

一是发挥调解机制的过滤器功能。欲有效过滤纠纷,就要在确保调解主体中立性、明确适用范围、完善调解程序、保障调解效力等方面下足功夫。二是发挥行政复议纠纷解决主渠道,行政诉讼纠纷解决的最后防线作用。要持续提升行政复议实质化解纠纷比例,间接维护司法最终局的权威。三是诉访分流发挥信访工作的补充作用。改善信访不信法社会心理,强化终结信访,使其发挥行政纠纷解决有益补充作用。

3. 常态化纠纷化解工作宣传

一是以"八五普法"为契机,围绕矛盾纠纷多元化解法规、机制等,向群众重点宣传矛盾纠纷化解的主要途径、释明诉讼与非诉方式的区别、优势,引导群众合理运用。二是积极扭转社会面存在的对立案登记制的片面理解,引导群众依法理性表达诉求,对法院审判、检察监督赋予合理期待。三是对典型缠诉闹访行为通过召开新闻发布会等方式向社会公开,促进形成尊法学法守法用法社会氛围。

《行政复议法》修订后检察参与行政争议实质性化解的需求和发展

胡海伦[*]

2024年1月1日生效的《行政复议法》(以下简称2024年《行政复议法》)在总则中规定:"为了防止和纠正违法的或者不当的行政行为……发挥行政复议化解行政争议的主渠道作用。"本次修法将化解行政争议写入立法目的,进一步明确复议机关作为行政争议实质性化解"主渠道"定位。这也昭示着我国将构建以复议主导、诉讼辅助、信访兜底的行政争议化解新格局。同时,新法也在第5条新增了:"行政复议机关办理行政复议案件,可以进行调解",让行政复议化解行政争议更具有灵活性和能动性,切实增进了化解争议的广度和深度。本次修法力图将矛盾化解在前端,让行政机关直面争议矛盾,是建设法治政府决心的责任担当。

然而,本次修法明确行政复议程序为解决行政争议的主要渠道,这势必会给人民检察院开展4年之久的行政争议实质性化解工作未来的发展方向造成冲击。在行政争议化解新形势下,人民检察院需进一步从需求性、必要性进行论证,以问题导向提炼总结实践经验,从法定的监督职责出发,找准检察定位,推动检察融入行政争议化解大格局,有效助力法治政府建设。

一、检察机关化解行政争议实践概况

(一)从理论研究来看

目前,知网文献资源库中检察机关参与行政争议实质性化解的理论文章仅62篇,各界学者普遍认为检察机关立足《宪法》赋予的法律监督职能,

---

[*] 胡海伦,四川省蓬安县人民检察院办公室副主任。

发挥行政检察优势，参与行政争议化解，需要准确定性、合理定位。最高人民检察院第七厅厅长张相军认为，检察机关应坚持和发展新时代"枫桥经验"，推动建立统一的社会矛盾纠纷多元预防调处化解综合机制。①武汉大学江国华教授认为检察机关实质性化解行政争议为新事物，还处于探索过程之中，对其准确的认知，需结合其定位、范围、方式等基本问题，寻求其内在逻辑。②任劲超认为行政争议实质性化解更多是依靠检察机关的自主把握与探索衡量，导致争议化解案件认定标准和个案化解效果之间存在较大差别。③何艳敏认为，厘清行政检察"实质性化解行政争议"的类型和限度并明确其规则，就是对行政检察这一新的检察业务、对"实质性化解行政争议"这一新的行政检察职能，从法律和实践的维度论证生命力和生存力。④检察机关参与行政争议实质性化解工作的讨论关键点在于其合理性、合法性以及可行性，这样新的业务仍有探讨发展空间，特别是在本次修法后，在行政复议领域中检察参与化解行政争议有更深延展。

（二）从办案数量上来看

自 2019 年起，在最高人民检察院的统一部署下，全国检察机关一盘棋，开展行政争议实质性化解工作，各级检察院立足于法律监督职能，在检察履职的过程中，依托调查核实权，多层次、多角度、立体化运用抗诉纠正、公开听证、释法说理、司法救助等各种手段，着力解决行政争议中突出矛盾、长期申诉、诉而未解的案件，确保行政争议能够案结事了，避免"程序空转"，是实现司法正义的重要手段。

根据时任最高人民检察院检察长张军在 2022 年检察工作报告中提到，4年来全国检察机关办理实质性化解行政争议案件 3.3 万件，其中 10 年以上有 2134 件。⑤从该年四川省检察院工作报告来看，四川省人民检察院 2022

---

① 张相军、张立新、马睿等：《检察机关开展行政争议实质性化解之立法构想》，载《人民检察》2023 年第 13 期。

② 江国华、王磊：《检察机关实质性化解行政争议的制度分析和实践完善》，载《国家检察官学院学报》2022 年第 3 期。

③ 任劲超、王颖：《检察机关促进行政争议实质性化解路径研究》，载《中国检察官》2021 年第 19 期。

④ 何艳敏、倪佳祎：《行政检察"实质性化解行政争议"的制度展开》，载《上海法学研究》集刊第 17 卷。

⑤ 张军：《最高人民检察院工作报告——2023 年 3 月 7 日在第十四届全国人民代表大会第一次会议上》，载《中华人民共和国最高人民检察院公报》2023 年第 2 期。

年化解2231件行政争议。① 从重庆市检察院工作报告来看，重庆检察机关通过多元方式实质性化解行政争议案件423件。② 以上检察院工作报告均在两会期间获同级人大批准。可见2022年全年，检察机关办理行政案件和化解行政争议取得了长足进步，得到了党委政府和人民群众的一致认可。

然而，基于以上数据分析，尽管四川省人民检察院化解了2231件行政争议，具体细分至四川省181个区县级单位，平均每个区县的检察院仅化解12件争议，根据案件办理规律，成都市和其他地市州的市辖区检察院案件数量多于其辖区内的县级检察院，而阿坝、凉山、甘孜等自治州案件数量则更少，案件办理量呈不平衡不充分样态。按照重庆市检察院办案量，具体细分到重庆38个区县，平均每个区县也仅11件。以四川省南充市P县为例，该县检察机关2022年仅办理3件实质性争议化解案件，均为行政机关在作出具体行政行为的过程中存在违法情形；2023年办理了18件行政争议化解案件，其中6件为行政非诉执行活动中化解的争议；9件系对行政机关作出的具体行政行为进行监督过程中化解的争议；3件为行政机关在作出行政处罚后，行政相对人既不申请复议和提起诉讼，又不履行行政处罚决定，通过检察机关介入化解争议。根据《人民检察院开展行政争议实质性化解工作指引》（以下简称工作指引）的规定，行政机关具体行政行为违法并不属于化解范围之内，只是根据最高人民检察院"一案三查"制度，既要查案件事实，也要查行政行为是否违法，才将其作为化解案件。同时，与P县检察院其他案件类型相比，行政争议实质性化解体量占比极低，仅为1%。

以上数据充分肯定了检察机关的努力，但是也要清醒地看到，检察机关参与化解行政争议实质性化解仍还有较大的发力空间，特别是在本次修法后，行政争议案件将在行政复议阶段解决，为检察机关深度参与行政争议化解提供了更多的可能性。

二、检察机关参与化解行政争议的依据

当然，在理论界对检察机关参与行政争议实质性化解工作仍有很多争论，特别是"为何做"等问题。因此，要分别从法律、政策等角度进行剖析

---

① 葛晓燕：《四川省人民检察院工作报告——2023年1月16日在第十四届四川省人民代表大会第一次会议上》，载《四川日报》2023年1月16日。
② 刘云普：《多措并举促进实质性化解行政争议》，载人民日报客户端2023年9月。

探讨，明确检察参与的理论依据。

（一）现行《宪法》法律体系框架依据

1982年，中国第四部《宪法》中明确规定，检察机关是国家的法律监督机关。这代表着检察机关应当、有权对行政法律法规的执行落实情况进行监督。①1989年版的《行政诉讼法》第10条规定人民检察院有权对行政诉讼实行法律监督，是对《宪法》规定的贯彻落实与实践。且在2014年，该法在总则确立"解决行政争议"的立法目的。从《宪法》的确立到《行政诉讼法》的修改，赋予了检察机关履行法律监督权利，有义务在对行政诉讼监督过程中，化解行政争议。这点在《人民检察院组织法》中亦有明确。最高人民检察院也总结提炼了自2019年以来的行政争议化解工作的实践经验，制发了《人民检察院开展行政争议实质性化解工作指引（试行）》（以下简称工作指引）。

因此，我国现行《宪法》确立了检察机关有对行政诉讼进行监督的权力，又确立开展行政争议实质性化解工作的义务。这就使检察机关开展行政争议实质性化解工作有了《宪法》法律依据和保障。《人民检察院组织法》《行政诉讼法》及其司法解释又对行政争议实质性化解工作具体化，为检察机关开展该项工作提供了组织保障和制度保障。而在这里必须提到，2021年出台了《工作指引》，对检察机关参与化解工作的案件范围、开展方法、工作机制、化解标准等内容进行了明确，进一步让检察机关参与实质性争议活动更加具体、更加具有操作性。

（二）党委政府政策支持依据

从2015年中办、国办联合印发《关于完善矛盾纠纷多元化解机制的意见》中要求检察机关建立完善的涉法涉诉信访参与化解矛盾纠纷的工作机制开始。到党的十九届四中全会通过的《中共中央关于坚持和完善中国特色社会主义制度、推进国家治理体系和治理能力现代化若干重大问题的决定》（以下简称《决定》），到2021年印发的《关于加强新时代检察机关法律监督工作的意见》，再到党的二十大报告，均对检察机关加强法律监督作了专门表述。必须指出的是，在《决定》中专门强调，检察机关在履行法律监督职

---

① 张相军、张立新、马睿等：《检察机关开展行政争议实质性化解之立法构想》，载《人民检察》2023年第13期。

责中开展行政争议实质性化解工作。党的政策为检察机关化解行政争议实质性化解提供了最高效力政治保障,具有鲜明的政治导向,为检察机关参与该项工作提供了极大的政治支持。

三、行政复议"主渠道"下的检察需求论证

无需求无介入。在法律、政策等依据支撑下,证明了检察机关"为何做"的问题,但是需不需要做呢?也需要分类探讨,而其中的关键又在于行政争议化解有没有需求,特别是对检察机关的需求。

(一)复议的监督需求

"法治的精髓就是制约和监督国家行政机关及其工作人员"。[①] 本次修法中确认了垂直领导行政机关的复议职责,取消了地方各级人民政府工作部门上级单位的行政复议职责,仅人民政府具有复议职权。这无疑是该法最大的进步之一,解决之前复议部门"驳杂"的问题,统一由公民、法人和其他组织向本级人民政府申请。然而,从复议结构来看,仍然是行政机关、行政相对人、本级人民政府三角架构,本级人民政府为行政机关的复议机关,对行政相对人来说公正性难以保障,行政复议从根本上仍未摆脱"不信任"的窠臼。造成复议程序公信降低固然有历史原因,也与行政复议缺乏行之有效的外部监督有关。《行政复议法》未修订前,对于复议环节的监督仅为内部监督,行政机关也习惯性将争议矛盾后移传导至审判机关,而行政相对人因对复议机关的不信任,且具有自由选择复议或诉讼的权利,往往也会选择提起行政诉讼,除了部分"复议前置"类型外,以往的复议程序化解纠纷呈"实质弱化"现象,更不提监督的问题。

而本次修法强调行政复议要作为化解行政纠纷的"主渠道",同时扩大了可以申请行政复议程序的范围,以及增加了"复议前置"的案件类型,无疑复议机关压力大增。《行政复议法》第80条规定:"行政复议机关不依照本法规定履行行政复议职责……经有权监督的机关督促仍不改正或者造成严重后果的,依法给予降级、撤职、开除的处分。"根据本法第85条规定"行政机关及其工作人员违反本法规定的,行政复议机关可以向监察机关或者公职人员任免机关、单位移送有关人员违法的事实材料,接受移送的监察机关

---

① 张文显:《法哲学范畴研究(修订版)》,中国政法大学出版社2001年版,第166页。

或者公职人员任免机关、单位应当依法处理。"明显将监察机关和其他有权监督的机关作了区分。又根据《宪法》规定，人民检察院为法律监督机关，2024年《行政复议法》是根据《宪法》规定制定，笔者认为该"有权监督机关"应当包括检察机关，人民检察院有权对行政复议机关履行该法职责过程进行监督。

实践中，不少地方已有先例，如《浙江省绍兴市人民政府关于支持检察机关加强行政检察工作的若干意见》："支持检察机关在依法开展行政检察监督的同时，探索有序介入行政复议、行政诉讼等阶段化解行政争议的新路径，构建跨部门矛盾化解新格局，共同促进诉源治理。"基于群众对行政复议公正性的需求，即对外部监督的需求，而检察机关的监督又属于异体监督，切实有效做到中立、公正地组织开展化解工作，以期满足群众对复议监督需求。①

（二）化解的兜底需求

尽管行政复议为解决行政争议的主渠道，然而仍有三种情形致使行政复议机关无法有效化解争议。一是行政相对人对行政决定未申请复议或提起诉讼的，在非诉执行阶段提出的。二是不服复议结果提起诉讼，法院进行审理裁判并生效的，或因起诉期限经过等原因未进行实体审理的，无法通过诉讼实现受损权利救济的。三是长期申诉上访、矛盾突出的案件。首先，第一类案件中，复议程序和审判程序均属于"不告不理""一事不再理"，兼具被动性和终局性，复议机关和审判机关无法主动参与行政相对人的行政纠纷，而审判机关执行部门也不能全面、清晰地化解争议。其次，进入司法程序后，复议程序宣告终局，行政争议由审判机关调处，若出现生效裁判错误、超诉讼期限、审判程序违法、执行活动违法等复议机关亦无监督权力，由于程序性规定，复议机关也不会介入司法程序。最后，在第三类长期申诉上访、矛盾突出的案件中，也正是因为复议机关或者审判机关无法有效化解争议或行政相对人利益诉求得不到满足，才造成长期申诉上访局面。这三种情况，如何化解好行政争议？在复议机关无法参与、审判机关违法的情况下，亟须有关部门来为行政相对人权利救济兜底。而检察机关的法律监督职权以及其"第三视角"的中立性，能够有效满足兜底需求。

另外，对于行民交叉案件，也对检察机关参与行政化解争议具有极大的

---

① 金灿：《行政非诉执行检察监督问题研究》，河北师范大学2023年硕士学位论文。

需求。《最高人民法院关于执行〈中华人民共和国行政诉讼法〉若干问题的解释》规定,对于特定种类的案件中存在民事争议的,当事人申请人民法院一并审理的,人民法院才能够一并审理。无论是法律还是司法解释,对于民行合并审理的程序规则的规定较为模糊,对于行民交叉一并审理的制度并未完全构建,存在行政行为类型框定适用范围的局限性、立案审查程序随意无序、过分尊重当事人程序选择权等问题。[①]这意味着,在相当一部分行政争议案件中,行政相对人如若不要求审判机关一并审理,那就还要就其民事事实重新提起诉讼,显著增加了当事人诉累。

（三）行政检察的发展需求

行政检察是指检察机关依法履行法律监督职能,通过对审判活动、执行活动以及行政机关具体行为的监督,以制约行政权的方式,保障国家利益、公共利益以及私人利益。现行的行政检察监督模式构建,来源于《行政诉讼法》和党的十八届四中全会。自《行政诉讼法》规定检察机关对行政诉讼审判活动、执行活动的监督开始,检察机关不断扩展行政检察监督内涵。在党的十八届四中全会上正式确定探索建设检察机关公益诉讼制度,在特定领域内实现了对行政机关直接监督。审判执行活动监督包括对行政诉讼的监督和非诉执行程序的监督;行政公益诉讼是指在特定领域内的行政机关怠于履职或者不作为,致使国家利益或者社会公共利益受到侵害时,检察机关可以依法对行政机关监督。从审判执行活动的监督跨越到特定范围内对行政机关直接监督是行政检察"扩容"的重大突破。然而,行政检察的内涵和外延仍然存在法律规定模糊、实践方向单一等问题,特别是对行政违法行为开展检察监督制度的探索还不成熟,行政检察的效能和行政争议的发展不适应、不平衡,促使行政检察发展需求。

检察机关必须牢牢把握新修订《行政复议法》所规定的"有监督权利的机关"的内涵,依托现有的《工作指引》,通过"一案三查"的监督模式,对行政审判、行政行为的合法性进行实质性审查,综合运用检察建议、提请抗诉、向党委人大请示报告的形式,参与到行政复议工作当中去,在现有的诉讼监督、非诉执行监督活动中,嵌入对复议活动的监督,构建行政争议化解全过程监督新格局。

---

① 张晓炯:《行政诉讼一并审理民事争议制度探究》,华东政法大学 2022 年博士学位论文。

四、检察机关化解行政争议之进路

（一）完善监督规则

第一，地方先行试点制发规范性文件。《立法法》规定设区的市在法定的范围内有制定地方性法规的权利，是我国法律体系的重要组成部分。由地方先行总结检察参与复议程序争议化解的经验进行立法具有可行性。有学者也提到，地方可以先行基于《宪法》赋予的检察监督权，将检察机关在行政复议阶段参与行政争议过程中强化法律监督，再通过"从地方到中央"的立法路径出台《多元化纠纷解决机制促进法》。[①] 笔者认为，要正确认识到检察机关的上级领导下级体制的优势，发挥检察一体化优秀性，设区的市的检察机关应当积极总结提炼辖区内的检察机关行政争议化解实践经验，主动向同级党委、人大、政府汇报争取工作支持，与复议机构联合会签文件，明确检察机关可以在复议机构邀请下，参与重大疑难案件的行政复议工作，并从检察机关专业优势出发，在复议决定制发前，向复议机构提出检察意见书，同时必须进一步明确重大疑难案件范围。在时机成熟后，推动提请地方人大立法。

第二，用好司法解释权。一方面，国家立法要经提案、制定草案、审议、表决、公布等多个步骤，时间长、成本高，与现阶段的行政争议化解需求不相匹配。另一方面，鉴于法的"稳定性"，不便于对2024版《行政复议法》进行再修订。而司法解释作为我国现行法律体系中的重要组成部分，同样具有"普遍性"与"权威性"。而在1981年《全国人民代表大会常务委员会关于加强法律解释工作的决议》中就授予最高人民检察院司法解释权，随后的30年中最高人民检察院行使司法解释权不断完善。且根据《立法法》规定，只要最高人民检察院在检察工作中，针对具体的法律条文，并符合立法的目的、原则和原意的情况下，即可作出司法解释。因此，最高人民检察院可以根据检察工作的实践，对《行政复议法》第80条中的"有权监督机关"作进一步解释，明确检察机关属于有权监督机关。

[①] 陈建强、陈烁舆：《检察机关参与行政争议实质性化解机制立法研究》，载《山西省政法管理干部学院学报》2023年第3期。

（二）建立支持复议制度

在检察机关"四大检察"业务中，民事检察依据《民事诉讼法》第15条、《人民检察院组织法》第2条，确立了支持起诉制度，同理在民事公益诉讼亦能够支持起诉。支持起诉的渊源是苏联的"社会干预原则"，也是社会主义制度性质决定的。1981年全国人大常委会法制委员会副主任高克林在向五届人大四次会议所作的《关于〈中华人民共和国民事诉讼法（草案）〉的说明》中指出："把社会干预作为民事诉讼法的基本原则，是我国社会主义性质决定的。在资本主义国家，私权是由当事人自由处分的，别人不能干预。在我们的国家里，国家、集体和人民群众之间的根本利益是一致的。草案规定，国家机关、社会团体对侵犯公共利益和他人民事权益的行为，有权提起民事诉讼，这一条款对于保障社会主义利益和公民的合法权益将起着重要的作用。"[①] 后来，因提起民事诉讼实践中存在各式各样的问题，现行《民事诉讼法》将其规定为"机关、社会团体、企业事业单位对损害国家、集体或者个人民事权益的行为，可以支持受损害的单位或者个人向人民法院起诉"。实现了"社会干预原则"本土化，明确了"社会干预为主体，国家干预为辅"的支持体系。随着法治的不断进步，《民事诉讼法》规定检察机关履职中发现特定领域中损害社会公益的行为，在没有规定的机关或组织提起诉讼或不提起的情况下，可以向人民法院提起诉讼。深究其立法目的，是为了促进人民群众行使当家作主的民主权利，鼓励人民群众积极对损害国家利益、集体利益或者个人的民事权益的违法行为作斗争。

《民事诉讼法》调整的是平等主体之间的法律关系，属于私法范畴，《行政复议法》调整的是政府与私人之间的行政法律关系，属于公权力与私权力之间的冲突，属于公法范畴。行政纠纷性质不同于民事纠纷，旨在"定分止争"化解行政机关和行政相对人不平等主体之间的冲突和矛盾，保护公民、法人和其他组织的合法权益，更倾向于"重和轻诉、无讼是求"，将矛盾化解在基层，强调"调处息争"维护社会稳定。而在行政法领域引入"社会干预原则"一定程度上存在挑起争议，扩大纠纷矛盾的嫌疑。但随着经济形势的不断反复，必然会引发政府关于与被管理者的冲突，如何调节二者之间的关系，维护市场经济秩序平稳有序，是行政法治实践的新

[①] 陈刚：《支持起诉原则的法理及实践意义再认识》，载《法学研究》2015年第5期。

立足点。

我们可以看到各地都在做一些有益的探索，引入了检察机关或者律师、专家学者参与化解争议。行政复议的立法目的，旨在避免行政机关与行政相对人矛盾扩大化，在行政机关与行政相对人不平等主体之间的争议中赋予弱势方实质平等，这一观点在《行政复议法》第17条规定申请人可以聘请律师、法律工作者代为参加复议中更能体现。因此，为了贯彻《行政复议法》保护行政相对方合法权益的主旨，引入"国家适当干预原则"介入。

"国家适当干预原则"在我国经济法领域运用十分广泛，经济法学家们认为只要是市场经济，市场调控失灵的情况就难以避免，一旦出现市场失灵，就需要国家干预介入。由于行政法并不能对国家干预进行调整，所以经济法赋予国家公权力介入私权的权利，使其干预具有合法性，而避免国家干预导致政府权力失控，该法明确国家对经济生活的干预要以社会公益为基础，并把握适度、适当原则。[1] 国家适当干预原则旨在对失灵的市场，引入政府适当介入，让市场重新恢复秩序，以国家公权介入私权的方式，推动市场良性发展。同样，在主体不平等的行政争议案件中，在行政机关与行政相对人权利对比失序后，引入国家权力适当介入，实现主体地位"实质"平等，也是必要的。

而如上文所述，国家权力介入私权已在民商法领域有较为成熟的运用，有完备的法律体系，可以立足于行政领域上进行"适应性"改造，使之融入行政法领域。建立在行政复议、诉讼环节国家权力适当干预私权介入行政争议是具体可行的，有成体系的实践经验可以借鉴。又因检察机关的法律监督职权的宪法性，以支持复议、支持起诉的方式介入则更具有可操作性。建议，为维护法的稳定性，可在下一次《行政复议法》修订时，在第17条中加入"人民检察院对损害国家、集体或者个人民事权益的行政行为，可以支持受损害的单位或者个人向复议机关申请复议。"又因，基于适当介入原则，必须合理制定介入的情形、类型和范围以及介入程序的边界，不能干预行政权和审判权。

---

[1] 程小军：《关于经济法国家适度干预原则问题的探讨》，载《石家庄职业技术学院学报》2016年第5期。

结　语

"无论多么难的几何题，只需一条辅助线即可作答"。加强对行政权运行的监督制约，依法及时有效纠正违法行政行为是新时代行政检察工作的目标和发展方向。[①] 不难发现，新修订后的《行政复议法》对检察机关行政检察的发展，蕴含着无限的机遇。在探索中不断前进，行政检察也将会有新的篇章。尽管行政争议实质性化解工作可能会面临转向，但是无论如何变化，检察工作的中心仍然服务法治国家建设大局，"穷则变、变则通、通则达"，自强、创新是亘古不变的代言词。

---

① 肖中扬：《论新时代行政检察》，载《法学评论》2019年第1期。

新时代行政检察的现实图景与规范探索
——以指导性案例为视角

易 旬　李晋蓉[*]

检察机关内设机构改革后,法律监督总体布局实现刑事、民事、行政、公益诉讼"四大检察"并行。但一个基本事实是,行政检察起步较晚、起点较低,不可避免地在理念、机制以及工作方式上与其他检察业务存在明显差距。案例指导制度是中国特色社会主义司法制度的重要组成部分,对推动检察业务发展具有重要作用。相对于刑事检察指导性案例、民事检察指导性案例,行政检察指导性案例有着自己的特殊性。一方面,行政检察指导性案例需要填补行政检察制度初发而导致的工作规范性不足留下的机制漏洞;另一方面,还需要实现检察监督的司法属性——保障法律正确实施,维护国家法制统一、尊严和权威。对行政检察指导性案例进行分析,我们可以窥视检察机关发展行政检察甚至是行政法的努力。基于指导性案例的示范、引领和指导功能,这种努力是具有制度效应的,逐步推进的,是通过一个个案例的突破来完成的。

法律的生命在于经验而不在于逻辑,指导性案例也是如此。一个个静态的指导性案例唯有借助于司法实践才能转变为动态的案例指导制度。[①] 在行政检察指导性案例的发布明显提速后,如何规范使用这些案例确定的规则逐渐成为行政检察面临的一个问题。但在此之前,我们需要解决"指导性案例是什么",随后才是"指导性案例如何用"的问题。

---

[*] 易旬,四川省人民检察院第七检察部三级高级检察官;李晋蓉,崇州市人民检察院一级检察官。

[①] 孙海波:《论指导性案例的使用与滥用——一种经验主义视角的考察》,载《法学方法论论丛》2015年第1期。

一、行政检察指导性案例的类型分析

2010年7月,最高人民检察院制定发布《关于案例指导工作的规定》,标志着检察机关案例指导制度正式建立。2019年4月,最高人民检察院修订了上述规定,对新时期案例指导工作作出了重要创新调整。在2019年之前,最高人民检察院发布的14批共56件指导性案例中,没有一件行政检察案例。自2019年7月以来,短短4年时间内,最高人民检察院先后发布了4批17件行政检察指导性案例。除此以外,最高人民检察院连续3年以评选行政检察十大典型案例和发布相应主题典型案例等方式,推动典型性、引领性案件的培养、总结、提炼和学习培训。各地方检察机关还采取过内部文件、新闻发布、专项活动等多种方式公布过一些典型案例。这一系列工作反映出最高人民检察院补齐行政检察短板,实现"四大检察"全面协调充分发展的重要愿景。根据对指导性案例类型、主旨和关键词的梳理,我们发现,行政检察指导性案例从整体上反映了最高人民检察院对行政检察"一手托两家"的功能定位以及独立发展的行政检察在制度机制以及办案方向上的不断突破、丰富和发展。四批17件行政检察指导性案例主要有以下特点:

(一)案件类型以裁判结果监督和非诉执行监督案件为主

17件行政检察指导性案例中,主要涉及四种案件类型,分别是行政裁判结果监督案件11件,占比64.7%;行政非诉执行监督案件4件,占比23.5%;行政诉讼执行监督案件及受邀请参与审判阶段案件化解各1件。除了第十五批3件指导性案例以外,后续第三十批、第三十六批以及第四十二批行政检察指导性案例,都是以一个确定主题的方式公布的,比如,行政争议实质性化解、类案监督、社会治理等。在案件类型的分布上,指导性案例揭示了行政检察的主要办案方向为行政诉讼监督案件、行政非诉执行监督案件以及行政争议实质性化解等,这是行政检察深耕主责主业的必然要求。另一方面,指导性案例也体现了新时代新要求对行政检察整体监督格局的塑造,如促进依法行政、推动社会治理等,为行政检察的未来发展预留了想象空间。

(二)从公布的主旨和关键词来看,行政检察指导性案例偏重于对工作方式和办案方法的指导

如第三十批指导性案例,从"多个角度回答了检察机关推进行政争议实

质性化解的大致范围、基本方法"。① 第四十二批指导性案例"指导行政检察部门依法办理个案，监督类案，参与社会治理的工作路径和方式。"从这个角度讲，行政检察指导性案例是对司法实践中行政检察部门工作成效的提炼和固化，并通过指导性案例的方式，转变为"需要参照的经验总结"。17件行政检察指导性案例共提炼出关键词79个，绝大部分案件的关键词在3~5个之间，个别案件的关键词为6个。其中，有8个案件以"行政检察"作为关键词，主要集中在第三十六批类案监督主题和第四十二批社会治理主题，这是因为"类案监督"和"社会治理"不唯是行政检察的业务，需要在关键词部分提醒和固定检察职能；涉及监督方式的关键词，如"抗诉""检察建议""类案监督"的有14个；涉及"调查核实""释法说理""公开听证"等工作方式的关键词有6个。

（三）从办案层级来看，四级检察机关均有贡献

17件行政检察指导性案例中，案例来源地涉及12个省级行政区域。其中，浙江省最多，有3件，总占比17.6%；其次是江苏省、湖南省以及福建省，均为2件；北京、湖北、海南、安徽、重庆、山西、山东、广东均为1件；其余省份暂无行政检察指导性案例。从承办检察机关的层级来看，17件行政检察指导性案例覆盖全国四级检察机关。经初步统计，基层检察院（区县级）办理或参与办理的至少有6件，地市级（含分院）办理或参与办理的有13件，省检察院办理或参与办理的有6件，最高人民检察院办理或参与办理的有2件（检例第116号和第117号）。相当一部分案例为提抗案件（如检例第146号、149号、167号、168号等）或者跟进监督案例（如检例第148号等）。因此，指导性案例多次在"指导意义"部分强调"发挥检察一体化办案优势"（如检例第117号、第147号、第169号等），不断增强法律监督的实力和合力。

总体来说，行政检察指导性案例完整展现了新时代行政检察的发展足迹，既有法律适用、政策把握方面的指导，也有工作方法的总结、监督效果的宣示；既包括在司法理念方面有纠偏、创新、进步的典型案件，也有对社会治理有促进、完善等引领价值的做法。行政检察的新格局在指导性案例中得到了展开，凝聚了行政检察工作经验和智慧结晶。

---

① 张相军、张步洪、刘浩：《检察机关推动行政争议实质性化解的一组样本——最高人民检察院第三十批指导性案例解读》，载《人民检察》2021年第20期。

二、指导性案例中的行政检察图景

指导性案例要求在事实认定、证据运用、法律适用、政策把握、办案方法等方面对办理类似案件有指导意义,并要求各级检察院应当参照指导性案例办理类似案件,可以引述相关指导性案例进行释法说理。通过指导性案例的"参照"和"引述",实际上在司法体制中建构了一种以指导性案例为节点的司法意志统一机制,[①] 来对法律规则和立法政策进行引导和调整。以往,行政检察的监督对象集中于人民法院的裁判结果,具有一定的被动性。但在"助力国家治理体系和治理能力现代化"这一外在价值目标的实现和追求,强调我国现有的检察制度更加积极、主动地运转起来,并展示出对当下社会实践状况的回应性解决。[②] 党的十八届四中全会特别是2021年《中共中央关于加强新时代检察机关法律监督工作的意见》(以下简称中央《意见》),对全面深化行政检察监督提供了更高要求,也促使行政检察监督格局从"诉讼内监督"为主逐步转变为"诉讼内监督和诉讼外监督"并重。行政检察监督格局的转变,也无疑地体现在了行政检察指导性案例勾画的现实图景中。

三、行政检察的规范路径

个案裁判中的法律续造会创制出一些新的法律规则,它在消除既有法律的漏洞、僵硬性缺陷的同时,也改变着现有秩序。[③]

(一)依职权监督的一般规则

依职权监督是检察机关启动法律监督的一种重要方式。"对公权力的监督"决定了"依职权监督"不仅仅是一种权力,更是一种职责。实践中,一些地方特别是基层检察机关为解决无案可办和考核压力等问题,利用参与专项监督工作、建立沟通协作机制、参与案件质量评查等方式,通过批量调阅法院案卷或运用大数据筛选等方法,扩大行政诉讼监督线索来源。基于行政诉讼的基本目的和检察监督的工作职责,上述方式是否属于检察机关的职权

---

① 王绍喜:《指导性案例的政策引导功能》,载《华东政法大学学报》2018年第5期。
② 邵晖:《能动检察的证成与探索》,载《国家检察官学院学报》2022年第6期。
③ 安雪梅:《指导性案例的法律续造及其限制——以知识产权指导性案例为视角》,载《政治与法律》2018年第1期。

内容存在认识上的分歧。依职权监督需要更清楚地把握"职权"这个关键。最高人民检察院显然对这个问题也进行了关注,检例第 57 号对此作了回应。57 号案例将"依职权监督"作为案件的关键词,并在"指导意义"部分对依职权的规则进行了明确。57 号案例从检察机关的宪法定位出发,认为检察机关作为法律监督机关,承担着保障法律统一正确实施的重任,对于"符合《人民检察院行政诉讼监督规则(试行)》第 9 条规定的行政诉讼案件",可以依职权主动进行监督,不受当事人是否申请再审的限制。该案例对行政检察依职权监督的线索来源和转化前提作了进一步明确,"在处理当事人来函信件中发现""严重损害国家利益"被此后修订的《行政诉讼监督规则》所吸收,成为司法解释的内容。对照案例发布时的监督规则(试行),2021 年修订的《行政诉讼监督规则》延续了依职权监督的规定,并新增两类依职权监督案件的情形:一是依照有关规定需要检察机关跟进监督的;二是检察机关作出不支持监督申请决定确有错误的。

(二)调查核实的一般规则

调查核实是检察机关准确有效履行法律监督职责的必要措施,也是指导性案例所明确的重要规则之一。需要指出的是,调查核实不能作为单独适用的审查方式,亦非每个行政检察案件都需要进行调查核实。从检察机关的司法定位来看,调查核实应该秉持"依法""适度""适应"的原则。检例第 57 号确定"应当"调查核实的前提是"通过对卷宗、当事人提供的材料等进行书面审查后,对有关事实仍然难以认定的"。同时,调查核实要与履行诉讼监督职责相适应,调查核实的对象是"人民法院的行政判决、裁定"以及"审判和执行活动",内容是为了查明裁判"是否存在错误",审判和执行"是否符合法律规定",目的是为"是否监督提供依据和参考"。57 号案例对调查核实的措施如查询、调取、复制相关证据材料;询问当事人或者案外人等进行了列举。2021 年的《行政诉讼监督规则》吸收 57 号案例的成果,对调查核实制度进行了完善,进一步明确检察机关进行调查核实的适用条件,丰富了调查核实内容,完善了对妨碍调查核实的处置措施。比如,基于一案三查的办案思路,增加了"被诉行政行为及相关行政行为可能违法的""行政相对人合法权益未得到依法实现的"等适用条件,赋予了调查核实某些强制性措施,以保证检察监督刚性。随着行政检察职能的变化,基于"一手托两家"的行政检察职能和实质性化解行政争议的需要,调查核实"既要针对被监督主体的合法性、合理性问题是否需要发出检察建议、提出抗诉,还需要针对实质性化解行政争议、促进社会治理等问题。"①

(三)争议化解的一般规则

2021年8月发布的第三十批指导性案例以实质性化解行政争议需求为导向,对检察机关开展的"加强行政检察监督,促进行政争议实质性化解"专项活动经验进行总结、固化,体现了"行政检察在法律交叉领域具有强大的实质性化解能力"。②2014年修正的《行政诉讼法》将"解决行政争议"作为行政诉讼的目的和任务。行政诉讼检察监督是行政诉讼程序的延伸,检例第116号对检察机关开展行政争议实质性化解的目的、方式等进行了确定,要求"把实质性化解行政争议作为重要职责……针对行政争议产生的基础事实和申请人在诉讼中的实质诉求,综合运用抗诉、检察建议、公开听证、司法救助等方式,促使行政争议得到合法合理地解决,维护公民、法人和其他组织的合法权益。"从立法精神和监督规律讲,将"解决行政争议"作为行政检察的价值追求和工作方向,是落实《行政诉讼法》立法目的的应有之义和必然要求,体现了检察机关保障和促进形式法治与实质法治统一的努力。指导性案例同时对化解的方式进行了一定程度上的明确,比如,针对事实开展调查核实,面对是非开展公开听证,面对分歧开展释法说理等。同时,该批指导性案例还确定了实质性化解争议的标准,如促使接受司法决定(检例第116号)、推动达成和解(检例第117号)、帮助解决实质诉求(检例第118号)、以监督促纠正保障当事人权益(检例第119号)等,且当事人不再就同一争议申请启动新的法律程序。除此以外,还有两个问题值得进一步关注。一是,第三十批指导性案例的6件案例中,5件为裁判结果监督案件,1件为行政非诉执行案件,体现了检察机关行政争议实质性化解工作要聚焦主责主业,更加突出裁判结果监督案件的化解的要求。二是,检例第169号虽然为社会治理主题,但案件本身也涉及争议化解。该案例中,办案机关参与了诉讼阶段的案件化解,但满足了三个条件:(1)参与案件特定。根据案例描述,该案"王某提起的行政诉讼已超过法定起诉期限",为法院拟裁定驳回起诉等不作实质性审理的案件。(2)参与依据明确。依据上级会签文件,"人民法院邀请检察机关共同开展行政争议实质性化解工作。"

---

① 韩成军:《行政检察调查核实权的规范化运行》,载《国家检察官学院学报》2021年第5期。
② 刘艺:《行政检察新生态开创实质性化解争议新局面》,载《检察日报》2023年3月13日。

（3）发挥检察机关独特优势。案件中检察机关秉持客观公正立场，发挥调查核实优势，主动查明案件事实、辨明案件是非，在此基础上会同法院做好行政争议化解工作。

（四）类案监督的一般规则

《行政诉讼监督规则》第 119 条对检察机关在行政诉讼监督案件中开展类案监督作了明确规定。[①] 从行政检察类案监督的实践和最高人民检察院发布的指导性案例来看，对类案监督的对象和方式指向进行了更明确的界定。首先，类案监督对象《行政诉讼监督规则》第 119 条从"人民法院"扩展到被诉行政执法机关以及办理案件中存在关联的其他单位。如检例第 146 号认为"同类问题适用法律不一致"包含两个不同主体之间的不一致情况，明确"发现行政裁判和执法决定存在适用法律不一致的共性问题"，应当开展类案监督。检例第 149 号对邮政快递存在监管漏洞或者监管不规范问题制发检察建议进行了监督。也即，行政检察类案监督包括两个层面，一是通过监督法律适用不一致的问题，促进法律统一适用；二是通过履职发现、监督行政管理、制度运行中的问题，促进社会治理。其次，指导性案例隐晦地显示了个案监督和类案监督关系，形成了"个案办理+达成共识"（检例第 146 号）、"专项监督+类案建议"（检例第 147 号）、"类案建议+跟进监督"（检例第 148 号）、"个案办理+专题调研+检察建议"（检例第 149 号）等办案模式。个案监督是类案监督的起点，类案监督作为一种工作方式，是个案监督的补充和延伸，旨在防范、监督、纠正共性问题，以类案监督促进系统治理。如检例第 146 号通过抗诉纠正个案的同时，就"执法司法同类问题适用法律不一致"的情形与行政、审判机关加强沟通，达成共识。检例第 149 号通过抗诉方式纠正原案送达日期认定错误问题，同时对案件中发现的邮政专递送达管理漏洞问题开展调研，提出改进工作、完善制度的建议。另外，第三十六批类案监督指导性案例还介绍了如磋商研讨（检例第 147 号）、跟进监督（检例第 148 号）、向人大报告、争取政府支持（检例第 148 号）等方式和手段来加强监督成果的运用，提升行政检察整体监督力度和效率，发挥监督的综合效能。

---

① 《人民检察院行政诉讼监督规则》第 119 条第 1 款规定，人民检察院发现人民法院在多起同一类行政案件中有下列情形之一的，可以提出检察建议：（一）同类问题适用法律不一致的；（二）适用法律存在同类错误的；（三）其他同类违法行为。

（五）推进社会治理的一般规则

办理个案是检察机关履行监督职责的方式，也是参与社会治理的切入点。每一个行政检察案件都是反映社会的一面镜子，是人民群众感知社会治理效能的"神经末梢"。第四十二批指导性案例为行政检察从个案监督延伸至类案治理提供了一个很好的示范。一是在监督领域方面，该批案件选择了劳动与社会保障、个人信息安全、市场主体登记和住房建设领域等关系人民群众切身利益的领域。二是在推进社会治理方式上实现了多样化。社会治理检察建议是延伸行政检察职能，助力社会治理的重要载体。但在具体路径上，行政检察指导性案例显然提供了更多的选择。如推动规范性文件的修改（检例第167号）、促使行政机关开展专项整治（检例第167号）、推动建立协同治理模式（检例第169号）、助推完善工作机制（检例第170号）等。值得注意的是，检例第169号运用大数据分析，从个案中发现类案线索和深层次治理问题，并通过构建大数据监督模型，实现了跨部门协同治理。这是检察机关大数据监督的典型路径，即"解析个案、梳理要素、搭建模型、类案治理、融合监督"，以数字赋能监督，以监督促进治理。

行政案件集中管辖的检察监督机制构建

——以市县两级检察院为视角

黄安军 范 军 杨纯斌[*]

一、我国行政案件集中管辖制度的基本情况

党的十八届三中全会第一次提出："探索建立与行政区划适当分离的司法管辖制度"。紧接着，党的十八届四中全会提出："探索设立跨行政区划的人民法院和人民检察院，办理跨地区案件。完善行政诉讼体制机制，合理调整行政诉讼案件管辖制度，切实解决行政诉讼立案难、审理难、执行难等突出问题"的改革要求。修订后的《行政诉讼法》第18条第2款规定："经最高人民法院批准，高级人民法院可以根据审判工作的实际情况，确定若干人民法院跨行政区域管辖行政案件"。最高人民法院下发《关于人民法院跨行政区域集中管辖行政案件的指导意见》，要求各高级人民法院结合本地实际制定改革方案，稳妥推进行政案件集中管辖改革。

至此，行政案件集中管辖在全国部分法院铺开试点，经历从多元管辖规则创制阶段，到相对集中管辖阶段，再到跨区域集中管辖阶段和专门法院管辖阶段。[①] 先后涌现了以"河南模式"为代表的按顺序轮流异地管辖模式，以"福建模式"为代表的指定某几个法院相对集中管辖模式，以"山东模式"为代表的当事人选择管辖模式，以北京、上海、广州为代表的铁路运输法院专门管辖模式等。

长久以来，各级检察机关与审判机关之间实行的是地域和层级相对应的

---

[*] 黄安军，德阳市人民检察院常务副检察长；范军，德阳市人民检察院第五检察部主任；杨纯斌，德阳市人民检察院第五检察部检察官助理。

[①] 江必新：《从跨区划管辖到跨区划法院——兼论新型诉讼格局之构建》，载《人民司法》2017年第31期。

检察监督管辖制度,因此,当行政案件集中管辖制度试点改革推出以来就在理论界和实务界引发不少争议,主要集中于集中管辖的合法性、必要性、可行性问题。笔者认为,人民法院推行跨行政区域集中管辖行政案件改革,是一项旨在保障人民法院依法公正独立行使审判权的司法体制改革举措,通过各地试点工作评估总结发现,这项工作在排除地方干预、提升司法公信力等方面取得一定成效。故本文不再讨论前述问题,主要从行政案件集中管辖制度改革给检察机关行政检察监督工作带来的新挑战和行政案件集中管辖检察监督旨在实现的新发展两方面,分析构建行政案件集中管辖检察监督机制的原因,并针对性地从不同维度提出构建行政案件集中管辖检察监督机制的举措,以期检察机关能够通过这些举措做实行政检察工作。

二、构建行政案件集中管辖检察监督机制的原因分析

(一)行政检察监督亟需应对新挑战

最高人民法院在全国范围内部署开展行政案件集中管辖工作试点,大量行政一审案件在部分试点的基层法院实行集中管辖,本来就积弱的行政检察在这种大刀阔斧的改革试点下,开始显露新问题,其中区县检察院的行政检察工作面临的问题尤为严重。

1. 地区间案件数量失衡

行政检察监督办案的体量本身不大,行政案件集中管辖改革后,检察机关如果对应进行监督管辖,那么集中地检察院办案量将会大幅增长,非集中地检察院案件骤减或无案可办的"忙闲不均"现象将会普遍存在。一方面,将行政诉讼案件的监督管辖权完全交予集中地检察院行使,大量案件将涌向集中地检察院,打破案件与人员配置的平衡,人案矛盾更加突出;另一方面,非集中地检察院完全没有行政诉讼类监督案件,仅能办理一些行政非诉执行监督和一些不能进入实体审查的行政争议化解案件。

2. 监督力量分布不均

省级以上检察院均单独设置了行政检察部门,而市县两级检察院单设行政检察部门的情况并不多,往往是民行"二合一"或民行与公益诉讼"三合一"的设置模式,由于编制少的原因,人员、职能很少会作区分。行政案件集中管辖后,非集中地检察院原来的部门和编制并未发生大的变化,机构和

职能依然保留。这样一来,监督力量仍然是分散的,造成案件集中而监督力量分散的不利局面。简言之,集中地检察院人员编制未明显增加的情况下,办理的案件相比之前更多,除办理行政诉讼类检察监督案件外,还要兼顾另外两大检察业务。这种不平衡的现象如果得不到改善,从长远来看是不利于区县检察院行政检察业务发展的。

3. 管辖区位设置不合理

行政案件集中管辖改革首要考虑的是破除地方行政干预司法,其次才是诉讼便利。从侧面讲,集中管辖也是回应了人民群众对司法公正的期待。所以,牺牲诉讼便利换来司法公正是当事人迫于无奈的选择。同样地,检察机关若对应集中管辖法院设置管辖监督范围,则会在此不便的基础上给当事人带来更多维权难题。检察院的地理位置相对不变,但无论把监督案件集中于辖区哪个检察院管辖,对当事人而言都没有向属地检察院申请监督方便合适,如何破除地理区位带来的维权不便是集中管辖后检察机关面临的又一难题。

4. 检察建议质效降低

一方面,与抗诉的"刚性"监督不同,检察建议的监督方式具有"柔性"的特征,导致检察机关的部分检察建议有时很难完全实现监督的效果而在行政案件集中管辖后,异地检察机关要想异地制发检察建议,与异地行政机关的沟通客观上将更加困难,而且,由于传统属地管辖的烙印存在以及现行国家制度架构的现状,异地行政机关如何落实异地制发的检察建议,要确保检察建议监督意见落实到位,相关问题整改到位相对于原有的监督模式将更加困难。另一方面,集中管辖地检察院囿于人案矛盾,既缺乏充分的调查核实,又缺乏精细化审查,办理案件的质量无疑会受到一定程度的影响,出现"量大质差"弊病,"就案办案"怪圈,优质检察建议出不来,监督的质效上不去,将给行政检察监督工作的开展提出新挑战。

5. 行政争议化解更难

一方面,对于行政诉讼类检察监督案件,包含裁判结果、程序、执行三类,当事人通过非诉讼方式无法达到维权目的,才会主动启动诉讼程序,通过诉讼程序仍然无法达到诉讼目的,才会申请检察机关介入监督。如生效裁判结果监督案件往往经过一审、二审和再审程序,当事人积怨很深,实质性化解争议的难度很大。集中地检察院的行政争议实质性化解工作需要借助各方力量来促成,异地开展争议化解工作存在调查成本高、沟通协调难、交通往返远、化解成功率低等现实问题。另一方面，对于"潜在之诉""过期之诉""遗落之诉"等未进行实体处理的行政争议，集中管辖后这部分行政争议由谁管辖会出现"踢皮球"的现象，这样一来，缺乏纠纷化解的合力，使得争议发生地检察院和集中管辖地检察院陷入困难境地。

（二）行政检察监督寻求自身新发展

1. 破除地方干预

行政案件集中管辖在破除地方干预所起的作用明显，各地关于实行集中管辖的总结和报道均提到了这方面的积极意义。[①] 因此，检察机关实行集中管辖也是为破除地方行政干预。我国司法辖区与行政区划高度重合，地方行政机关掌管着检察机关的人财物等基本资源，地方行政机关或多或少通过各种方式影响检察机关办案。有必要顺应法院行政案件集中管辖改革的大潮，突破地域管辖，针对不同类别案件各有侧重地进行异地检察监督集中管辖尝试。

2. 实现行政检察监督资源整合

众所周知，我国绝大多数的诉讼为民商事纠纷，根据国家统计局2020年统计数据，全国法院一审案件收案数14518468件，其中民事一审案件收案数13136436件，占比90%以上，行政一审案件收案数260220件，占比仅1.79%，可见行政诉讼案件占法院一审案件收案总数的比重极低。尽管如此，全国的每一家基层法院均设置了行政审判庭或专门的行政审判组织，在本来就案多人少的现实状况下，无形中分散了司法力量。检察机关的情况更为特别，有的区县检察院没有设置专门的行政检察办案部门、团队，甚至没有单独从事行政检察的员额检察官。一是集中管辖后，从事行政检察的人员更为固定，监督案件量的不断增多，新类型案件的不断出现，可以有效积累监督经验；二是行政检察监督资源相对集中，司法硬件和软件设施的更新和加强，司法配套保障相继到位，实现司法资源的供给侧全面改革。

3. 建设专业化行政检察队伍

长期以来，行政检察一直作为民行检察工作中的一个占比很小的部分，主要由民行检察部门负责，一些工作被弱化。近年来，随着党中央的不断重视，最高人民检察院对检察监督的分工进一步细化，行政检察工作格局的进

[①] 叶赞平、刘家库：《行政诉讼集中管辖制度的实证研究》，载《浙江大学学报（人文社会科学版）》2011年第2期。

一步明晰，行政检察监督工作的重要性突显。行政案件集中管辖后，开展行政检察监督的难度进一步上升，急需培养一支专业化水平高的行政检察队伍来适应改革新挑战。

4. 提高行政检察监督质效

考量行政检察监督质效有三个基础指标：监督质量、监督效率、监督效果。实践中，影响监督质量的因素较多，如办案人员素质参差不齐，缺乏高水平的检察文书写作能力，缺乏行政案件监督经验等。影响监督效率的因素包括：审查期限长、程序启动乱、调查核实措施不适当等。监督效果不突出的原因主要是：行政争议化解难，当事人的认可度差，与人民法院和行政机关的协作配合不够，社会效果、法律效果不突出等。行政案件集中管辖后，要提高检察监督质效，需要从最基础的监督指标入手，层层分析，细化应对举措。

三、检察机关应对行政案件集中管辖的模式设想

人民法院在开展行政案件集中管辖改革试点涌现出多种不同模式，这些模式因地制宜，各具特色。那么，检察机关是否需要与人民法院的集中管辖保持同步协调，在开展行政集中管辖案件检察监督时也创设出不同的检察监督模式？对此，作如下几种模式设想：

模式一，设立自成体系的行政案件集中管辖检察院。以省或地级市为范围，设立自成一体的监督行政案件的两级检察院，由省或市垂直领导，如上海三分院、广州铁检院，依托原铁路运输检察院，专门办理行政类检察监督案件，形成相对独立的行政案件检察监督管辖体系。其优点在于集中管辖检察院不受行政区域限制，可以破除地方干预，强化监督刚性，增强司法公信力；其缺点也是显而易见的，比如，有违"两便原则"，增加司法成本和当事人维权成本，增添调查核实难度，形成新的地方干预，不利于就地化解矛盾等。

模式二，改设相对集中管辖检察院。即将部分区县检察院管辖的行政监督案件，上级院通过个案指定的方式，交由其他区县检察院集中管辖的制度，其他区县检察院不再行使行政检察监督管辖权。这种个案指定的管辖模式，其缺点在于会增加案件办理的前端程序，不同院受理，上级院指定，使得程序更加烦琐。

模式三，改设交叉管辖检察院。与相对集中管辖检察院类似，是将区县检察机关对行政案件的检察监督管辖权交由辖区内的其他检察机关行使，即检察监督权相互交叉行使，使得每个检察院管辖的均非属地的行政案件。这种制度的劣势在于，一方面，长时间的交叉管辖会固化利益，产生新的"司法地方化"现象；另一方面，交叉管辖还使得检察机关进行异地调查核实的成本进一步增加，异地制发检察建议的难度增加等。

模式四，保持原有管辖不变，创新办案模式，适应集中管辖的微调模式。行政检察监督的体量很小，区县检察院几乎没有生效裁判结果监督案件，主要工作仍集中于审判程序和执行（含非诉执行）监督，多数情况下通过书面审查和简单的调查核实即可完成。因此，不必进行大刀阔斧的改革，只需要上级检察院牵头和提供必要支持，对处于集中管辖法院辖区的检察院内设机构进行微调即可应对。这种模式的缺点在于，集中地检察院将承担更重的监督任务。

通过对以上几种模式的比较不难发现，所有模式均不能保证完美无缺地运行。就四川省而言，2020 年全省法院受理各类行政案件 1.23 万件，[①] 全省检察机关办理各类行政检察监督案件 1810 件，[②] 除省会城市外，平均到 21 个地市州，办案的体量并不大。以办案数据较为平均且有一定典型性和代表性的四川省 D 市为例，下设六个区县，近三年法院受理各类行政案件 1096 件，检察院共办结行政检察监督案 49 件，行政执行（含非诉执行）监督案 84 件，审判程序违法监督案 26 件，办理行政争议化解案 20 件，从 D 市办案情况分析，行政案件整体办案规模不大。因此，一般的市县检察机关要想实现行政检察监督案件的集中管辖在大多数地方不现实且无必要，完全或相对集中管辖也不利于"四大检察"全面协调发展和构建行政检察新格局。鉴于一般的市县检察机关办理案件量本来不大的现实情况，行政案件集中管辖无需大改，只需微调，略有倾斜即可。

四、多维度构建行政案件集中管辖检察监督机制的举措

面对行政案件集中管辖，检察机关要做的不只是某一方面的工作，而是整个系统层面的应对策略，由此带来的挑战不可小觑。如何在"微调模式"

---

① 王树江：《四川省高级人民法院工作报告（摘要）》，载《四川日报》2021 年 2 月 7 日。
② 冯键：《四川省人民检察院工作报告（摘要）》，载《四川日报》2021 年 2 月 7 日。

下，通过构建一套完备的行政检察监督机制，使检察机关在保持原有管辖总体不变，也能适应行政案件集中管辖带来的挑战，对此，笔者从不同维度提以下建议：

（一）区分案件类型，创新办案模式

1.以提办、转办、交办等模式探索改进行政生效裁判结果监督方式，解决办案不平衡问题

由于诉讼制度设计的原因，行政检察纵向工作格局"倒三角"现象突出，导致区县行政检察有职能、无业务，严重制约基层行政检察职能的发挥。行政案件集中管辖后，这种现象将越发突出，地区间的办案量不平衡加剧。对此，上级检察院应当在组织法规定的框架内，一方面加大上下级检察机关的联动，可适当提办、交办部分案件，平衡地区间办案量；另一方面建立两级院行政检察官联席会议机制，对重点案件进行汇报、讨论、研判，实现案件审查精细化，提升监督精准性。

2.建立以集中地检察院为主、非集中地检察院为辅的检察监督模式，深入推进行政审判程序违法监督

《行政诉讼法》规定对行政审判程序的监督以级别和地域管辖为原则。行政案件集中管辖后，一审行政诉讼案件均在集中管辖法院审理，集中地检察院更便于调阅审判卷宗、开展监督工作，提出的监督意见更对口。但是程序监督案件量大，要做的审查工作面广。一方面，行政案件不多的情况下，可以商请集中管辖法院调阅全部行政审判案件卷宗，形成办案规模；另一方面，集中地检察院可以向上级院汇报请求调用其他院行政检察办案力量来共同审查和完成监督任务，使得对程序违法的检察监督更有效、全面和深入。

3.建立以集中地和非集中地检察院相结合的共同监督模式，创造性开展行政诉讼执行监督

多数行政诉讼案件强制执行是由集中管辖的一审法院进行。行政诉讼执行监督应坚持级别和地域相结合的管辖原则，灵活协调更了解行政机关、执行标的、执行行为等的异地检察机关。一方面，集中地检察院监督积极的执行行为和消极的执行行为，当发现执行违法，应启动监督程序督促法院纠正。另一方面，异地检察机关可以积极协调当地行政机关，调查核实执行标的情况，并将相关情况函告集中地检察院作为办案参考。

4. 非集中地检察院建立以非诉执行监督为重点的办案模式，延伸监督检察职能

行政诉讼法司法解释规定行政非诉执行案件以属地管辖为主，提级管辖为辅。本轮集中管辖试点工作中，法院对行政非诉执行管辖权设定有两种：一是所有行政案件均由集中地人民法院管辖，二是诉讼和执行案件由集中管辖法院管辖，非诉执行案件仍然由属地法院管辖。由于第一种模式在专门管辖法院下设置，因此较为少见。第二种模式下，非诉执行案件由属地法院管辖，属地检察院开展检察监督工作与改革之前并无二致。在缺少行政生效裁判监督的状况下，属地检察院尤其是区县检察院就更应当把行政非诉执行检察监督作为业务的增长点，通过对非诉执行的受理、审查、裁定、执行环节进行全流程监督，充分发挥"一手托两家"的行政检察职能，建立起属地检察院的权威性。近年来"二次申请""裁执分离"非常影响行政效率，属地检察院要延伸职能触角解决类案问题。

5. 建立由上级院统筹的集中地和非集中地检察院共同开展行政争议化解工作模式，拓宽行政争议实质性化解的出路

《行政诉讼法》开宗明义地指出行政诉讼要"解决行政争议"，并且要把解决行政争议贯穿全过程，而司法实践中，行政诉讼程序空转问题严重。当事人不服法院生效裁判向检察机关申请监督，则说明一审、二审和再审程序中均未解决行政争议。此时，检察监督程序成为运用司法程序解决行政争议的又一重要方式。现实中，具有争议化解可能的案件，往往在争议发生地更具化解的可能，构建集中地与非集中地检察院横向协作机制显得尤为必要。一是弥补行政案件集中管辖客观造成的行政争议地与诉讼管辖地的空间错位，减少异地检察机关化解争议的阻力。二是集中地和非集中地检察院联合开展工作，能够迅速熟悉案情，优势互补，提高化解效率。三是降低当事人维权成本，当事人更倾向于选择在当地寻找救济，当地检察机关协调党委、政府，更能形成争议化解合力。如此构建一套上级院统筹、下级院协调配合的实质性化解方法，可以节约监督资源，提高争议化解质效。

6. 建立以集中和分散办案相结合、临时专案组为补充的常态化办案模式

行政案件集中管辖后，要充分运用现有的资源提升转变原有的办案模式、办案思维、办案理念。一是要进行案件的繁简分流，坚持"简案快办、繁案细办、重案专办"的原则；二是对于程序监督、执行监督等案件需要大

量人员的监督任务,可以采取各地分散办案;三是对于有重大影响、涉及人员众多、影响国家和社会公共利益的大案要案,可以在一体化机制下组建临时专案组。

(二)搭建内外协作工作机制

行政案件集中管辖是摆脱地方行政干预,但摆脱不是超脱,现行的国家体制决定了检察机关不能闭门造车,需要更多地融入中心大局,体现检察监督在地区发展中的不可或缺性。行政案件集中管辖后,仅依靠集中地检察院的一院之力不足以做实行政检察监督工作,更多地需要内外协作配合。

1. 构建行政检察一体化办案机制

《宪法》和《人民检察院组织法》明确了检察权运行基本原则,体现为:可以对下级人民检察院管辖的案件指定管辖;可以办理下级人民检察院管辖的案件;可以统一调用辖区的检察人员办理案件。上级院建立健全辖区内行政检察监督一体化办案机制。一是可在行政案件集中管辖中更好统筹办案资源、合理调配办案人员、促进办案力量融合,以达到高效协同办案的目的;二是可解决司法体制改革带来的异地履职的合法性问题,为检察官异地履职提供制度保障;① 三是可适时给集中管辖地检察院提供补给,比如,调用人员、成立专案组等,保证监督力量不缺位。

2. 构建行政检察异地协作机制

行政案件集中管辖必然会涉及跨行政区划行使监督职能,现有制度架构是同级监督,不允许异地监督,这就需要上级检察院牵头在集中地和非集中地检察院之间建立健全异地协作机制。一是集中地检察院在监督法院依法审判和执行的同时,发现行政机关的行政行为违法,需要向异地行政机关制发检察建议的,先向异地检察院发函协商,共同研究监督点位,讨论监督的可行性,再依照地域管辖提出监督意见;二是集中地检察院可以协调非集中地检察院协助办案,调取、复制相关证据材料,委托取证,委托送达等;三是当事人异地申请监督的,可以在收取材料后,移送集中地检察院,争议地检察机关认为在本地更利于行政争议化解的,可以一并函告集中地检察机关,协调开展监督工作。

---

① 孙谦:《新时代检察机关法律监督的理念、原则与职能——写在新修订的人民检察院组织法颁布之际》,载《人民检察》2018年第21期。

3. 完善检法协作机制

一是同级检法两院建立常态化工作机制,如联席会议机制、情况通报机制、联络员制度等,及时了解和共同处理检法两家在案件办理、法律适用、纠纷化解、制度运行等情况。二是检法两家可就行政案件异地办理过程中的协作配合问题作出细致规定,如法院为异地检察机关查阅、复制、调取卷宗提供必要的便利措施等。三是上级检察机关及时收集下级检察机关开展行政案件集中管辖监督过程中遇到的困难,做好与同级人民法院的沟通,通过上级协调、下级落实,促进问题的解决。

4. 调整和完善检察官业绩考核机制

建立符合集中管辖行政检察监督特点的考核体系,重构检察官业绩考核指标,并赋予被考核单位对监督业绩和考核标准一定的建议权。一是要根据案件办理的实际情况采取不同的考核模式,如院与院之间相互协作完成监督工作的,区分情况尽量不平均考核,要倾向于主办检察院进行考核打分。二是充分考虑院与院之间办案力量的投入,合理调整考核分值,让考核"指挥棒"作用充分发挥。三是单设"协助集中管辖办案"考核指标,实践中,非集中管辖检察院协助集中管辖检察院办理案件不限于生效裁判结果监督、执行监督,可能还包括行政非诉执行监督和行政争议实质性化解,对于每项业绩指标和协助办案情况进行适度量化和客观评价。

5. 建立与党委、政法委、行政机关衔接机制

坚持党的领导是完善行政检察监督体系的根本保证。首先,集中地和非集中地检察机关要充分认识党委政府在化解矛盾中的不可替代作用。其次,两地检察机关要紧紧围绕中心大局谋划开展行政检察监督,展现行政检察工作的不可或缺性,提升服务中心大局的效果。最后,集中地和非集中地检察机关要在个案层面处理好与党委、政法委的关系,行政检察工作涉及行政机关,要积极主动汇报工作,争取党委、政法委支持,凝聚办案合力。

6. 建立年度报告和专题报告机制

对行政案件监督情况进行的年度或专题分析,是检察机关融入社会治理、促进国家治理体系和治理能力现代化的新方式,体现检察机关在服务中心大局、促进依法行政、促进依法裁判中的作用。行政案件集中管辖后,制度的优势和劣势需要实践的不断检验。检察机关可以就行政案件集中管辖后检察监督的情况向党委和人大报告进行年度报告,也可以灵活运用专题报告,分析集中管辖司法实践中法院在某类行政诉讼中的问题或辖区行政机关

在某领域的行政诉讼或者执法问题。

（三）加强专业化行政检察队伍建设

1. 完善机构设置

集中管辖主要应对的压力在区县检察院，其机构设置往往是"三合一"或者"二合一"，即民事检察、行政检察、公益诉讼检察三条业务线集中在一个部门或者民事检察、行政检察两条业务线合并在一个部门。一方面，要分设行政检察部门，市级院若是"二合一"则可分可不分，对于区县院则应更加重视新兴检察业务的变化，及时调整机构编制，把"三合一"拆分为"二合一"，最低限度应该设置专门行政检察办案组或指定行政检察办案检察官。另一方面，还要考虑制度的弹性，可以另设巡回检察室、派驻检察室，来处理异地申请监督、跨区域争议化解等问题，平衡办案力量。

2. 完善人员管理

完善检察人员管理的长远目标是建立一套符合检察监督规律、体现检察职业特点，分类科学、结构合理、权责清晰、管理规范的制度。市县两级检察院的行政检察队伍并不庞大，很多人员也不是单纯地只办行政检察监督案，可以灵活调动的人员不多，对此，可以采取规模化管理与"扁平化管理"相结合的方式加强和完善队伍管理。在一体化办案机制下，统筹地区两级检察机关的行政检察人员，形成规模化管理。通过减少管理层级，组建专门行政检察监督办案组或者设立独立办案检察官，有助于上令下行。

3. 完善上下级行政检察官遴选制度

集中地检察院案件大量增加，需要更多的办案力量和更专业化的队伍来完成行政检察监督工作。员额改革后，检察官数量受到极大限制，新人等老人退休才能腾出员额的名额。检察官法规定"初任检察官一般到基层人民检察院任职"，基层检察院是检察的根基，因此，需要注重基层检察院检察官的素质。通过建立上下之间、同级别地区之间流动通畅的检察官流动机制来完善检察官遴选制度，如同级院优秀的检察官可以定期交流到集中地检察院办案，上级院优秀检察官助理可以选择遴选到下级院任检察官等。

4. 完善配套保障

相关配套保障机制如果不够完备，很大程度上影响集中管辖检察监督向纵深发展。如前所述，机构和人员的调整必然导致保障措施的倾斜，上级院要更多地关注集中管辖地检察院的现实棘手问题，倾注更多的精力来保障好集中地检察院办理行政监督案件。一是完善办案基础保障，在人力、财力、物力等方面适当向集中地检察院倾斜。二是强化智力支持，组建行政检察人才库，加强专业化培训。三是完善反馈机制，及时补短板强弱项。

五、结语

如何因地制宜地进行行政案件集中管辖是各级法院和检察院都在探索和实践的新课题，还未形成定式，本文所提出的"微调模式"也非行政案件集中管辖检察监督的最终形态，司法实践尚有不足，还需要各级检察机关进一步探索和完善，让改革的方向愈加明朗清晰，最终形成制度架构，通过法律的形式将探索的成果固定下来，指导行政检察监督工作，提升监督质效，促进人民法院依法审判和行政机关依法行政。

检察机关在环境资源刑事附带民事公益诉讼中的问题及其进路

——以一则"检察机关服务保障碳达峰碳中和"典型案例为视角

李俊霖[*]

2023年6月5日，最高人民检察院发布"检察机关服务保障碳达峰碳中和"典型案例，其中，"四川省雅安市某索道公司危害国家重点保护植物刑事附带民事公益诉讼案"入选。案例发生地位于大熊猫国家公园四川片区，2019年7月至11月，某索道公司在开展索道项目工作过程中，雇用当地村民对索道线路范围进行清表砍伐。问题在于，清表范围内存在大量国家一级重点保护野生植物珙桐，当地禁止砍伐。索道公司负责人明知不可为而为之，组织当地村民在该范围内砍伐所有树木，包括珙桐。案发后，当地县公安局迅速立案侦查，后依法将案件移送西昌铁路运输检察院审查起诉。经鉴定，该案共造成40株珙桐被砍伐，当地森林生态系统环境损害量化价值达94万余元。该案应当以何种诉讼模式提起诉讼以及提出何种诉请才能最大化地满足生态环境修复的需要，值得思考。

一、抽丝剥茧：刑事附带民事公益诉讼何处难

刑事附带民事环境公益诉讼是指检察机关对于在特定领域损害公共利益的犯罪行为提起刑事公诉时，附带请求审理法院判令有责主体承担民事责任的诉讼，该诉讼的本质属性仍然属于环境公益诉讼。然而，我国大部分城市并非环境公益诉讼的试点区域，在此方面的探索起步较晚，至于近些年新发展起来的刑事附带民事公益诉讼，自不待言。近年来，我国实务界对刑事附

---

[*] 李俊霖，西昌铁路运输检察院检察官助理。

带民事公益诉讼案件诉讼请求单一化以及案件起诉"避重就轻"不乏批评的声音，前者主要指检察机关提出的诉讼请求大多径直要求被告作出相关赔偿而未能实质性修复生态环境；后者主要指检察机关有选择性地挑选环资领域的简单案件起诉，对于案情复杂的疑难案件却视而不见。① 这与我国目前的立法不无关系，根据现有法律规定，国内检察机关尚无提起刑事附带民事公益诉讼统一的明确标准。② 虽然 2018 年开始实施《关于检察公益诉讼案件适用法律若干问题的解释》(以下简称《检察公益诉讼解释》)，其中第 20 条使得刑事附带民事公益诉讼制度正式具备其法律依据的"土壤"，短时间内该条款的确成为环境公益诉讼领域的"热门"，但"一条两款"的法源现状无法真正满足司法实践规范化、系统化的供给要求。因此，该制度表面上具有"星火燎原"之势，但距实质的"遍地开花"的盛景仍前路漫漫。追根溯源，或有以下四点原因。

（一）起诉主体范围过窄

根据《民事诉讼法》第 55 条规定内容，对于损害社会公共利益的行为，法律规定的机关和有关组织可以依法向人民法院提起环境公益诉讼，在有关单位不提起诉讼的情形下，人民检察院有权依法提出。很显然，在环境公益诉讼领域，立法者更希望社会多方主体积极参与社会治理，而让人民检察院在该领域扮演一个替代性、补充性的起诉角色即可，不必"喧宾夺主"。然而司法实践中，一方面，无论是对于"法律规定的机关"还是"有关组织"而言，提起环境公益诉讼均需要满足一定的条件，即使相关司法解释对于"有关组织"放宽了"准诉"的标准，其较为严格的准入门槛仍然使得部分主体望而却步；另一方面，《检察公益诉讼解释》第 20 条作为刑附民公益诉讼起诉主体的唯一一条法源，其规定起诉主体仅限于检察机关。由此可见，在刑事附带民事公益诉讼面前，检察机关"一枝独秀"，起诉主体范围过窄，要求过于严苛。

作为一项在我国仍处于萌芽状态的制度来说，立法者或许是想通过这种方式先行积累一段时间的经验，以观成效，待到条件成熟之时再行立法加以

---

① 蒋敏、袁艺、牟其香：《从无到有与从有到精：环境检察公益诉讼的困局与破局——以 C 市刑事附带民事环境检察公益诉讼案件为实证研究范式》，载《法律适用》2020 年第 18 期。

② 郭小冬：《检察机关提起刑事附带民事公益诉讼的实践争议及理论回应》，载《法律科学（西北政法大学学报）》2023 年第 5 期。

系统规定。毕竟，检察机关兼具刑事诉讼公诉人和民事公益诉讼起诉人双重身份，如发挥作用得当，其不仅能够在两类诉讼程序中协调与融合，而且有利于打破检察机关在民事公益诉讼中"兜底性"起诉的限制。① 但是，在这个摸着石头过河的过程中，将刑事附带民事公益诉讼的起诉权仅交由单一的检察机关行使，仍然不免出现一系列实践难题，未必有利于司法经验的交流和积累。

（二）立法建构不够精细

首先，《民法典》第1234条、第1235条以及相关司法解释对生态环境损害赔偿均作出相关规定，但究竟何谓"环境公益"，我国目前立法并未作出明晰界定。因此，作为基础概念的"环境公益"在司法实践当中争议较大。其次，对于破坏生态环境的刑事案件，应否一律提起附带民事公益诉讼？如果不应当，又应当在何种程度上予以把握？是否有统一的标准？遗憾的是，答案是否定的。因缺乏作为上层建筑的立法统一规定，就司法实践来看，目前我国各地检法机关存在"各自为政"的现象，亟需统一标准。

由于立法供给的不足，实务中还引出了这样一个较为常见的问题，即刑事附带民事公益诉讼是否需要履行诉前公告。立法设计民事公益诉讼公告程序的初衷是为了督促其他有关单位提起诉讼，但是立法却并未针对刑事附带民事公益诉讼是否需要公告作出进一步的安排。有学者认为，我国立法将刑事附带民事公益诉讼的起诉权单一地交给了检察机关，既然其他主体无权提出，那么自然也就没有再公告的必要。② 也有学者从节约司法资源的角度出发，认为不发出公告符合简化程序、提高效率的做法，体现了刑事附带民事公益诉讼的价值追求。③ 支持履行公告程序的观点则认为，"两高"已于2019年12月以"批复"④的方式就诉前公告问题进行了肯定性表态。然而实

---

① 石晓波、梅傲寒：《检察机关提起刑事附带民事公益诉讼制度的检视与完善》，载《政法论丛》2019年第6期。
② 谢小剑：《刑事附带民事公益诉讼：制度创新与实践突围——以207份裁判文书为样本》，载《中国刑事法杂志》2019年第5期。
③ 毋爱斌：《检察院提起刑事附带民事公益诉讼诸问题》，载《郑州大学学报（哲学社会科学版）》2020年第4期。
④ 《最高人民法院、最高人民检察院关于人民检察院提起刑事附带民事公益诉讼应否履行诉前公告程序问题的批复》：刑事附带民事公益诉讼应遵守《检察公益诉讼解释》第13条的规定，履行诉前公告的程序。因人民检察院履行诉前公告程序，可能影响相关刑事案件审理期限的，人民检察院可以另行提起民事公益诉讼。

践中,检察机关未履行诉前公告而仍然被法院受理的案件并不在少数。[①] 司法实践做法的不统一反映了立法层面的缺位,亟须立法供给以及实务操作的纠偏引正。

(三)司法成本与保护法益难两全

对于刑事附带民事公益诉讼,即使事实清楚、金额较小,根据《人民陪审员法》的相关规定,仍然需要组成7人合议庭加以审理。然而,大多基层法院对此缺乏专门的内设机构,办理此类案件时常处于人员紧张的状态,难以确保人员调配得当。应当看到,我国目前司法资源总体较为紧张,作为检察机关,一方面绝不能草率动用国家公权力对于案件事实简单、对环境影响轻微的犯罪行为提起公益诉讼,否则不仅会让本就有限的司法资源雪上加霜,而且与我国设立环境公益诉讼的初衷背道而驰;另一方面,检察机关也不应当对破坏生态环境的违法犯罪行为视而不见,符合法定条件的,应当依法提起诉讼。因此,为切实践行新时代生态法治理念,在环境公益案件的审查起诉阶段,检察机关应当综合把握具体案件情况,审慎提出刑事附带民事公益诉讼,保障司法资源的妥当运用。

(四)目前审判专业化程度相对不高

对于环资类刑事附带环境民事公益诉讼来说,一方面,其程序有别于普通诉讼,程序要求更为严格;另一方面,其所涉内容较为广泛,专业性较强。这对于审判人员来说无疑提出了较高的专业要求,例如,刑事犯罪、环境资源、生态保护等各个领域均需掌握一定程度的知识。这既要求审理法院做好司法程序上各个环节的紧密衔接,又要求审理法官不仅在审理刑事类犯罪是行家里手,而且同时具备一定程度的生态环境保护的专业素养。目前,虽然国内基层检察机关和审判机关队伍专业化水平在不断提升,但距离适应新时代需求的高素质政法队伍仍然还有很长的路要走。

---

① 郭小冬:《检察机关提起刑事附带民事公益诉讼的实践争议及理论回应》,载《法律科学(西北政法大学学报)》2023年第5期。

二、长效巩固：多层面健全机制利长远

（一）建立健全提前介入侦查机制

根据《刑事诉讼法》第87条，"必要"的时候，人民检察院可以派人参加公安机关对于重大案件的讨论。但《刑事诉讼法》并未就何为"必要"进行解释说明。再根据《人民检察院刑事诉讼规则》第256条，该条将"必要"解释为"重大、疑难、复杂"，但仍过于抽象。那么，实际上立法将"必要"的自由裁量权交给了地方各公安机关与检察机关，使其为"必要"的识别带来了一定的困惑。司法实践中，检察机关提前介入侦查活动不妨把握好这样几个度：第一，准确认清提前介入的本质。提前介入只是公安机关、检察机关司法权力科学配置下的一种弥补性措施，检察机关应当做的主要工作是"引导"，而非"主导"抑或"领导"。"引导"是指检察机关通过发表意见或提供建议参与侦查活动，既不能"越俎代庖"越位行使侦查权，也不能"指点江山"般地指挥侦查。[1] 第二，准确运用提前介入的工作手段。一方面，在提前介入过程中，如检察机关发现公安机关侦查活动存有违法行为，应及时通知，公安机关也应当作出调查和反馈；另一方面，扎实做好引导侦查的工作。对于公安机关在侦查过程中遗漏侦查犯罪嫌疑人以及未能充分收集相关证据材料的，检察机关应当通过发表意见或提供建议的方式引导公安机关继续侦办，保障案件证据材料的充分性和有效性。第三，开展好立案阶段的监督。对于公安机关就相关案件该立而未立的，应当及时发出《说明不立案理由通知书》或者《纠正违法通知书》并主动跟进；对于轻微违法行为、不符合程序的行为以及侦查人员怠于行使职权的行为，可通过检察建议的方式使得侦查权在正确的轨道上依法行使。

前述案例中，检察机关针对案件初期嫌疑人认罪态度不够稳定，证据还存在欠缺的情况下，通过提前介入侦查的方式，积极履行检察职能，加强和公安机关侦查取证协作配合，积极引导公安机关侦查，不断完善证据链条。一是积极引导公安机关从不同的犯罪细节，如作案的时间、地点、手段等多角度进行取证，并从不同角度固定案件证据，全程录音录像，着

---

[1] 陈卫东：《论检察机关的犯罪指控体系——以侦查指引制度为视角的分析》，载《政治与法律》2020年第1期。

力完善证据链条,提升证据证明效力。二是主动加强办案衔接配合,积极主动加强与公安机关的沟通与配合,认为需要补充侦查的,在第一时间便要求公安机关及时、规范、有效开展补充侦查,最大限度地保证了案件质量。

(二)完善多元力量协作配合机制

司法实践中,环境资源刑事附带民事公益诉讼案件在程序、实体上还有许多需要探索的新问题。为有效应对,需要健全完善多元主体协作配合机制,形成合力,以推动案件在程序和实体两个维度的顺利进行。以检察机关的视角来看,应当持续加强与公安机关、法院、行政部门以及社会组织的沟通联系,取其精华并加以运用。第一,健全跨区域跨部门沟通协作机制。2019年我国出台《关于长江经济带检察机关办理长江流域生态环境资源案件加强协作配合的意见》是一个很好的范例,跨省案件办理司法协作机制和检察机关协作配合机制逐渐得以建立,多省检察机关宣布开展联合专项检察监督行动。① 虽然目前仍存在着协作范围不全面、协作主体及职责不清、协作规则不明确等问题,② 但总体趋势稳中向好。在未来,跨区域、跨部门沟通协作机制应当作为一个长远目标,稳步推进。第二,善借外力实现双赢。适时成立公益诉讼专家库,充分利用在特定领域专业能力强的社会团体和个人,邀请其参与诉讼,有效弥补检察机关在特定领域的知识盲点。这样一来,可在刑事附带民事公益诉讼领域推动形成检察机关与其他主体共同参与的多元公共利益保护群体,实现诉讼效果与社会效果的双赢。③ 第三,加强法律共同体建设,锻造新时代检察铁军。持续加强检察机关与公安、法院、高等院校、科研院所、学者、律师等法律共同体建设,凝聚法治共识,及时吸收学界有益的研究成果,不断提升检察办案能力、办案质效,形成环境资源保护司法理论与实践研学用结合的良好循环。

前述案例中,检察机关针对补种何种树木、补种多少数量、树木成活率以及林业碳汇等专业性比较强的问题,与公安机关、法院、当地林业部门、多家鉴定机构、四川联合环境交易所等多个单位进行沟通交流,相互协作配

---

① 陈晓景:《检察环境公益诉讼的理论优化与制度完善》,载《中国法学》2022年第4期。
② 黄锡生、尚睿:《长江流域环境司法协作的理论构造与制度完善》,载《河南财经政法大学学报》2022年第2期。
③ 卞建林、谢澍:《刑事附带民事公益诉讼的实践探索——东乌珠穆沁旗人民检察院诉王某某等三人非法狩猎案评析》,载《中国法律评论》2020年第5期。

合，集思广益，精益求精，保证了诉讼案件的稳定推进，得到了各被告人、法院以及社会的一致认可，实现了政治效果、社会效果、法律效果的有机统一。

三、结语

生态法治，道阻且长，行则将至。在目前的刑事附带民事公益诉讼领域，检察机关"一枝独秀"而社会公共组织提起诉讼相关规定和程序尚付阙如的困局之下，主要借助检察机关的独特优势提起环境公益诉讼势在必行。诚然，在此阶段仍会面临诸多难题和挑战，检察机关应当迎浪而行而非视而不见。通过在检察办案中精学精思精研，不断吸取司法实践典型案例的有益经验，在生态修复的诉讼请求以及判决执行跟进监督等方面不断寻求创新与突破，最终以检察工作的高质量发展服务保障中国式现代化。对于立法来说，需要总结地方经验，着眼长远，不断满足新时代人民群众在刑事附带民事公益诉讼领域的立法供给需求。唯有如此，才能真正发挥社会多元主体保护生态环境的最大效能，合力形成澎湃力量，开创生态法治新格局。

我国反垄断民事检察公益诉讼制度的构建：
理据与进路

刘 鹏 吴 凡[*]

在我国，检察民事公益诉讼的发端是由于公益保护制度不完善，一些地方检察机关基于我国《宪法》赋予的法律监督机关的职能定位，积极探索通过检察机关直接提起诉讼的方式保护公共利益。在新《反垄断法》增设检察公益诉讼条款之前，检察机关只能依照各省人大常委会的授权提起反垄断公益诉讼，而不能自行提起。然而实践中已出现的案例显现出市场经济健康发展对反垄断民事检察公益诉讼制度的强烈呼吁，截至2020年年底，我国已有18个省级人大常委会通过决定或决议，授权检察机关在互联网侵害公益、个人信息保护等相关领域探索公益诉讼实践。[①] 其中最为典型的是贵州省黔西县人民检察院于2020年4月向该县人民法院就某些数字经营者"二选一"问题提起的公益诉讼，要求法院对数字经营者"二选一"问题的违法性进行认定，并向该县市场监管局发出检察建议，督促市场监管部门加大执法力度。[②]

2022年8月1日，新修订的《反垄断法》开始实施，新法在反垄断司法体制完善方面有一处极大的亮点，即赋予设区的市级以上人民检察院提起反垄断民事公益诉讼的权利，这一举措为《反垄断法》的实施进一步提供司法保障，是对学界有关反垄断公益诉讼理论研究与实践需求的积极回应。新法施行当日，最高人民检察院印发《关于贯彻执行〈中华人民共和国反垄断法〉积极稳妥开展反垄断领域公益诉讼检察工作的通知》（以下简称《通

---

[*] 刘鹏，四川省攀枝花市东区人民检察院四级检察官助理；吴凡，西南政法大学经济法学院博士研究生。

[①] 《18个省级人大授权检察机关提起互联网平台反垄断等公益诉讼》，载 https://mp.weixin.qq.com/s/liZeCQWMofjSVBT0ixqICw，最后访问时间：2023年10月15日。

[②] 参见于礼：《数字市场反垄断视角下的看门人制度》，载《财会月刊》2022年第9期。

知》),进一步为反垄断民事公益诉讼提供制度支持,为精准开展反垄断公益诉讼检察工作指明了方向。

学界虽在持续探索科学高效的反垄断规制路径,但当前针对该问题的思考和研究很少基于司法角度进行,更多集中在反垄断行政执法的完善和效能提升方面,未能充分发挥部门间的协同合力。大量的平台反垄断规制依靠行政执法完成,反垄断司法理论研究薄弱、实践经验匮乏。然则,想要实现更强力度、更高水平的反垄断规制以促进公平竞争,基于国际经验和国内反垄断法的实施需求,需要实现反垄断执法与司法"两条腿走路"且二者相互衔接,在加强执法的同时还强调加强司法,[①]进一步实现行政、执法、司法有机衔接,提升全链条保护能力和水平。"在反垄断民事案件中,完全采取私人诉讼机制会导致某些无具体受害人的竞争案件逃脱法律的制裁;因此,针对不同案件的实际情况,构建国家诉讼与私人诉讼并行的双重诉讼启动机制具有必要性。"[②]作为社会公共利益的代表,检察机关理应积极关注并回应日益泛滥的垄断问题,担当起代表公共利益启动反垄断诉讼的主体职责。然则反垄断民事检察公益诉讼仅在新《反垄断法》中一处有所提及,这样概括式的规定缺乏配套制度规范及政策措施,更没有从检察公益诉讼角度开展深度分析,亟待更深、更广的理论、实践的探索以实现我国反垄断民事检察公益诉讼制度的建构。以此为背景,本文聚焦我国的反垄断司法的不足之处,立足于破除制约经济循环的制度障碍以及满足实践中对加强反垄断司法力度的现实需求,构建符合我国国情的反垄断民事检察公益诉讼制度。

一、构建反垄断民事检察公益诉讼制度的必要性

(一)理论层面:以社会整体利益代表机制弥补新时代反垄断民事诉讼的不足

社会发展的实践证明,理论先导是形成新的制度的必要前提。"社会整

[①] 参见孙晋:《新〈反垄断法〉开启中国"经济宪法"新征程》,载《中国价格监管与反垄断》2022年第9期。
[②] 孙晋:《〈反垄断法〉修订背景下设立竞争法庭的依据和进路》,载《法律科学(西北政法大学学报)》2022年第3期。

体利益是以促进社会成员个人财富增长为目的的社会整体的物质财富的增进。"① 社会整体经济利益之所以被提出，正是因为人们认识到社会整体进步的重要性，认识到保障社会整体利益对于个人追求自身合法权益的重要性。而这种保障最早就是从作为典型经济法的反垄断法开始的，从 19 世纪末开始人们通过社会契约的形式借助政府手中的强制性权力对那些谋求个人利益却损害社会整体利益的行为进行监管。但从法律治理的原理来说，监管是自上而下的，官员的角度不一定符合实际需求。而诉讼是自下而上的，通过反映利益受损情况要求经营者进行改善，更符合市场发展规律和发展需求。

自 2008 年《反垄断法》实施以来，我国的反垄断民事救济方式一直以《反垄断法》的私人执行为主。反垄断民事救济的制度本意，不单单是为利益受损的受害人提供一个事后的救济途径，更深层次的目的是想鼓励其担任类似于"私人检察官"②的角色，积极地以私人执行去撬动国家强制力对垄断行为予以制止。传统工业经济背景下滋生的垄断行为受害者较为确定、数量可控，鼓励"私人执行"不仅增强市场参与者的反垄断意识，还能节约司法资源，益处良多。但随着社会化大生产迈入数字经济时代，新型垄断行为产生的竞争损害波及面广、受害者数量众多以至于无法具体确定每一个受害主体。即使可以明确权益受损的主体，但实施垄断行为的主体大多是技术实力和经济实力均很强劲的超级平台、巨头企业，"私人执行"犹如螳臂当车，过程艰难的同时难以取得满意效果。当涉及社会整体利益受损时，"私人执行"局限性尽显，无论是基于个人能力局限性还是个人提起公益诉讼的负外部性考虑，都需要有一个身份和能力均适宜的主体充当社会整体利益的代表，由此触发社会整体利益代表机制。

社会整体利益代表机制中，政府作为公共利益的管理者有其自身的利益诉求，无法成为反垄断民事诉讼中社会整体利益的代表。与行政机关不同，检察机关天然地带有"正义"色彩，作为专门的法律监督机关，维护公共利益是检察机关的重要职责。而公益诉讼制度便是以司法程序实现社会利益最具代表性的制度设计。"公益诉讼的本质在于经由程序而对利益间的冲突作

---

① 冯果、万江：《社会整体利益的代表与形成机制探究——兼论经济法视野中的国家与政府角色定位》，载《当代法学》2004 年第 3 期。

② 廖继博、张华：《横向垄断协议实施者无权要求其他实施者赔偿》，载《人民司法》2021 年第 14 期。

出调适，进而寻求社会利益实现的机制。"① "当社会整体公共利益遭受损害时，作为国家的代理人，检察机关提起公益诉讼，实质上就是对正义的一种自然延伸和最新诠释。"② 这与反垄断法社会本位和实质正义的价值理念高度契合，彰显经济法之社会性。因此，研究检察机关提起反垄断民事公益诉讼的制度建构、细化程序机制方面相关技术设计，是社会生产方式的发展变化展现出对法律监督的更高需求，也是对公益诉讼理论在反垄断领域不足之处的有效弥补，以期获取社会整体竞争利益的保护。

（二）实践层面：以检察机关为桥梁发挥反垄断司法与执法的协同合力

随着社会发展进程的深入，社会利益关系呈现复杂化趋势，细化公益诉讼的类型也势在必行。《法治中国建设规划（2020—2025年）》提出要拓展公益诉讼案件范围。因此，需要在传统四大公益诉讼领域之外，对其他造成社会公共利益受损并且需要救济的情形给予更多的关注。

近年来，我国市场经济发展，市场竞争加剧，竞争案件数量日益增加，疑难复杂的特点愈加凸显，各领域的垄断行为层出不穷，我国传统的反垄断司法机制已经不能满足司法审判实践的需要，由此对反垄断行政、执法和司法的规范性、科学性和效率性都提出了更高的要求。加强反垄断司法，构建完备的反垄断民事检察公益诉讼制度，不失为能够发挥司法能动性、维护市场竞争秩序的一种良策。

反垄断规制实践中，行政执法是最普遍的规制方式。反垄断行政执法固然有其无可替代的优点：从程序上而言，耗时较短、效率更高；就价值目标而言，更主要是追求执法的简单快捷等效率目标，通过反垄断监管让市场尽快回归良性竞争；从执法特点上看，不同于司法活动，行政执法与我国的行政科层体制密切相关，因而，天然地或被迫地具有政治敏锐性，在政治和政策所强调的强制执行力的影响下，具有前瞻规划性和主动性，以期实现《反垄断法》所承担的特殊政治使命。"这些特点也随之影响了我国行政执法的态度，例如，针对垄断协议行为倾向于采取本身违法原则，目的是使尽可能多的垄断协议纳入禁止范围，并使这种纳入更简便。"

---

① 李昌麒、陈治：《经济法的社会利益考辨》，载《现代法学》2005年第5期。
② 江国华、张彬：《检察机关提起民事公益诉讼的四个法理问题》，载《哈尔滨工业大学学报（社会科学版）》2017年第3期。

然而，日新月异的市场环境滋生出的反垄断问题亦纷繁复杂，面对此种境况，《反垄断法》的实践适用亦并非是非曲直能够清晰明断。加之，我国现行的反垄断执法体制存在诸多弊端，行政执法一家独大，固然能够强化执法的权威性、迅速提升执法效率，但此种权威是否会让民众信服、有效率的同时是否有公平正义、此种权利话语体系下能否营造均衡健康的法治环境，这些都要打一个大大的问号。我国已整合执法力量形成了统一的反垄断执法机构，但这并不一定能提升执法水平。相反，"双层次＋二元模式"和"一机构为主＋多机构参与"的多元执法带来的管辖权限不清问题，同时还可能出现垄断性执法机构偏向企业或其他组织利益的情况，产生"管制俘获"的问题。

以法官为主体的反垄断司法具有谦抑性，恰好能够弥补行政执法中为追求效率而产生的冒进和轻率。在《反垄断法》施行的两种方式中，反垄断司法具有如下优势：一是司法重视正当程序。相对于行政执法，司法裁判则依靠事实和证据进行判断和说理，使得裁判具有强大信服力。二是司法更具稳定性，与上文提到的行政执法不同，司法受政策的影响并不那么直接，司法的普遍适用性和权威性要求其只能被相对确定的、总领性的方针、政策所影响，而随时可能更改的具体政策不在此类。三是司法所秉持的态度更为谨慎。进行垄断行为违法性认定分析时，司法采取个案考量"排除、限制竞争"的合理原则，除基于法条解释外，还因为更看重认定的实质妥当性。四是司法具有被动性，由当事人发动并围绕当事人之间的具体争议而进行，更强调个案正义中的法治和更重视裁决的中立性。由此可见，强有力的司法审查和有力的诉权保障是《反垄断法》健康施行的基本制度保障，而反垄断民事检察公益诉讼制度能够为实现诉权保障提供强力支持，为全面贯彻实施反垄断法律规范、私人诉讼的顺利启动提供机制保障。

概言之，重视检察机关显著的中立性、权威性和程序性特点以及其在《反垄断法》实施中的地位和作用，加强和优化竞争法律司法职能，构建反垄断民事检察公益诉讼制度，推进竞争案件诉讼体系和诉讼能力现代化，使检察机关成为反垄断执法与司法相衔接的桥梁、纽带，有助于完善反垄断司法体系并且在《反垄断法》施行过程中恰当处理反垄断执法与司法的关系，以反垄断司法的专业性和严谨性弥补行政执法缺陷，力求实现《反垄断法》所追求的社会本位和实质正义。

二、反垄断民事检察公益诉讼的发展与研究现状

我国开始致力于反垄断公益诉讼的理论探赜不过短短十几年,必然无法做到学说竞艺、面面俱到。再加上相关制度更是在理论讨论的十几年间一直处于缺席状态,这就使得相关理论探析像无源之水、无本之木一般。

而关于公益诉讼制度,学者们的主要争议在于其是否具有独立的诉讼制度地位,并不专门关注反垄断领域的民事公益诉讼。作为公益诉讼下位概念的反垄断公益诉讼,国内的研究视角主要只是基于某一个具体的角度,如反垄断公益诉讼的原告资格、激励制度、举证责任等,研究方法也较为单一,尚未从独立的诉讼体系角度整体进行研究。更为重要的是,缺乏实践的培育、检验的理论,讨论再多都是空谈,无法为实践提供有效指导。这也从侧面反映只有及时构建我国的反垄断民事检察公益诉讼,才能使相关理论和实践在不断的批判、扬弃中相辅相成地稳步发展。

三、构建我国反垄断民事检察公益诉讼制度的问题

(一)反垄断公益诉讼的独立地位尚不明确

当前我国法律法规并未明确规定反垄断公益诉讼或者公益诉讼有独立的诉讼地位和诉讼法律体系,导致当前国内学者对于反垄断公益诉讼的论证,都是在既有诉讼法体系内的研究,如在民事诉讼法体系内研究反垄断民事公益诉讼,在行政诉讼法体系内研究反垄断行政公益诉讼。但这类"浅尝辄止式"空有形式的嵌入,无法保证嵌入后的诉讼程序能否满足公益诉讼这一特殊诉讼的要求,而且在原有诉讼法中强行嵌入过多的公益诉讼是否会破坏其已经通过法律形式形成的稳定的诉讼体系也值得推敲。

公益诉讼与私益诉讼,光从语义上看便能推敲出诸多不同,更勿论在具体的制度设计和实践操作中的本质区别。传统的私益诉讼法无法预知之后会产生公益诉讼,也无法满足公益诉讼的要求,因此,不能简单地套用过时、滞后的传统私益诉讼法来直接适用公益诉讼,而应当独立构建具有独特目的及程序机理的公益诉讼制度体系,也有利于形成结构合理、分工明确、有机

配合、科学合理、严谨自洽的诉讼体系。[①]但目前,具体到反垄断领域,反垄断公益诉讼与反垄断诉讼的区别是什么,反垄断公益诉讼外延包含什么,这些问题的研究尚不明确。

(二)数字经济时代垄断的技术性、隐蔽性加剧致使举证困难

垄断损害的认定本身就需要很强的技术,更遑论在人工智能、数字经济发展的今天。传统诉讼程序中"谁主张、谁举证"举证责任使得原告需要具备反垄断的专业知识和技能,即便是作为国家法律监督机关的检察机关,实现这一点也并不容易,这使得反垄断民事检察公益诉讼中的举证责任分配需要更高明的制度设计。

(三)反垄断民事检察公益诉讼制度的体系化建构研究不足

当前国内学者对反垄断公益诉讼的研究主要是选取诉讼中的某一方面,如原告资格的研究,证据制度研究,举证责任的研究等,缺少系统的、全面的从诸如起诉条件、立案管辖、和解程序、执行程序等全流程体系的建构研究。并且,分析视角主要集中在经济法基础理论、《反垄断法》的立法宗旨、《反垄断法》的实施效果方面,缺少法律经济学角度、法律实施实证角度的分析,从法学角度进行论证的视角也稍显单一,缺乏体系性的解读、缺少衔接。

四、构建我国反垄断民事检察公益诉讼制度的尝试进路

困境固然客观存在,但因噎废食、讳疾忌医更是短视的行为。更为重要的是,无论是实践中反垄断维权的迫切需求还是学者的理论论证与奔走呼告,都在提醒我们我国反垄断民事检察公益诉讼制度的建构具有必要性和可行性。

在此背景下,笔者尝试探索这么一条构建路径:立足我国国情,以国外成熟完善的反垄断民事公益诉讼理论基础和制度设计为镜鉴,聚焦立法、司法实践和理论学界最关心的检察机关在反垄断民事公益诉讼中的诉讼地位问题和在反垄断司法中可代表的公共利益问题、具体诉讼程序设计中的举证责任分配问题以及是否可设立惩罚性赔偿条款问题,有针对性地提出

---

① 参见颜运秋:《中国特色公益诉讼制度体系化构建》,载《甘肃社会科学》2021年第3期。

解决建议。

(一) 坚持检察机关独立当事人地位

关于该问题,笔者更为认同当事人(原告)说,即在民事公益诉讼中,检察机关居于普通原告地位。[①]《最高人民法院、最高人民检察院关于检察公益诉讼案件适用法律若干问题的解释》第4条规定将"公益诉讼起诉人"设定为检察机关的身份,但同时规定检察机关"依照民事诉讼法、行政诉讼法享有相应的诉讼权利,履行相应的诉讼义务"。因此,所谓"公益诉讼起诉人"身份并不能否认检察机关的原告地位,实质上检察机关也确实处于一般主体地位。如果从诉讼程序构建的层面来看,检察机关在民事公益诉讼中无疑是一方当事人,其当事人资格建立在社会整体利益代表机制的理论基础之上;并且在涉及纯粹的公共利益的情况下,检察机关应独立作为公益诉讼的原告;在涉及混合的公共利益的情况下,应建立检察机关参与公益诉讼的两种渠道:一是在私人已经提起诉讼的前提下,允许检察机关以"辅助当事人"的身份参与诉讼,重点对案件的公共利益保护部分提出诉讼请求、举证、质证和发表辩论意见;二是在私人未提起诉讼的情况下,允许检察机关以"独立当事人"的身份提起公益诉讼。[②] 这与新修正的《反垄断法》中显现出的"检察机关应当在反垄断民事公益诉讼中发挥更加积极的作用"一致。

(二) 参照建立证据开示制度和专家证人制度

检察机关在事实调查、证据搜集方面虽有一定的优势,但该优势是相较于私人诉讼而言的,与实施垄断行为的经营者相比,仍存在难以获取涉及技术性或隐蔽性证据的问题。而举证责任倒置虽然适用更加简便,但反垄断民事公益诉讼中原告举证难的原因并非在于举证责任分配不合理导致其举证责任过重,真正的原因是证据收集困难。

(三) 在具体诉讼程序中设立惩罚性赔偿条款

应当设立惩罚性赔偿条款且以三倍损害赔偿加判决前利息为宜,目的是

---

① 参见占善刚、文艺韵:《民事公益诉讼中检察机关调查核实权性质之检讨》,载《广西政法管理干部学院学报》2020年第6期。

② 参见刘华英:《检察机关提起民事公益诉讼的制度设计》,载《当代法学》2016年第5期。

激励和威慑。民事诉讼中，补偿具有填平属性，而赔偿具有惩罚属性。出于公共利益的考量，反垄断民事检察公益诉讼中赋予遭受竞争损害的主体以惩罚性赔偿请求权，不是为了被动地填补损失，而是为了威慑造成竞争损害的垄断行为人，并激励遭受竞争损害的主体主动与实施垄断行为的经营者进行抗争，提高垄断行为的发现率，为检察机关提供反垄断线索，减轻检察机关的诉讼压力，实现反垄断"私人执行"与"公共执行"的高效配合。关于后续惩罚性赔偿金的管理与使用问题，笔者认为可以借鉴环境公益诉讼中生态损害赔偿资金的信托管理模式，建立具有非意定信托特质的反垄断公益诉讼基金，将反垄断损害赔偿资金进行统一管理，实现赔偿金的专款专用。就具体用途而言，赔偿金首先用以恢复已受损害的公平竞争秩序，以达到保护社会公共利益这一诉讼目的；其次应当报销适格主体或相关诉讼参与人产生的诉讼费用，避免使高额的诉讼费用成为阻碍其维护社会公共利益的障碍。

五、结语

随着我国《反垄断法》的全面实施推进，公民反垄断意识亦不断觉醒、增强，越来越多遭受违法垄断行为侵害的个体或社会组织不再沉默忍受，而是积极提起反垄断诉讼。但垄断行为造成的损害结果具有显著的"涟漪效应"，被侵权人人数众多以及不确定性的特点使得大多数间接遭受侵害的主体被排除在反垄断诉讼的原告范围之外。即使有部分私人提起了反垄断诉讼，但由于我国反垄断法律司法解释规定的不完善，并且缺乏可操作性，实践中法院对私人提起的反垄断诉讼多采取不予受理、驳回起诉和原告败诉等方式结案，[①]尤其对遭受垄断行为侵害的社会公共利益没有给予有效救济，在《反垄断法》实施机制中行政机关的单一机制缺陷也日益突出。此时《反垄断法》适时修正，赋予设区的市级以上人民检察院提起反垄断民事公益诉讼的权利，在破除传统诉讼机制在反垄断领域中遭遇的适用障碍和有效解决《反垄断法》的可诉性问题上显得尤为必要。

---

① 比较典型的案例有：吴某秦与陕西某网络传媒（集团）股份有限公司捆绑交易纠纷案、唐山某信息服务有限公司诉北京某科技有限公司滥用市场支配地位纠纷案、徐某与青岛某汽车有限公司捆绑交易纠纷案、窦某林诉巩义市某公司合同纠纷案、北京某科技有限公司诉某科技（深圳）有限公司等滥用市场支配地位纠纷案等。

然则，反垄断公益诉讼作为一种特殊的诉讼程序，尤其是在引入检察机关作为原告后，亟需构建我国的反垄断民事检察公益诉讼制度。与传统诉讼机制相比较，原告资格的扩展性和复杂性绝不是反垄断公益诉讼唯一的特殊性，在诉讼模式、举证责任、激励措施以及具体的程序规则等诸多方面，其均具有特殊要求。

预防性环境公益诉讼的探索实践与完善路径
——以S省D市为研究样本

德阳市人民检察院课题组[*]

环境损害具有不可逆性、累积性、长期性等特点。近年来，中国主流环境法学界将视野从"事后救济"转向"风险预防"。这一转变在立法上也有体现，《环境保护法》确定了"预防为主"的环境保护原则，2022年修订的《四川省固体废物污染防治条例》也规定，固体废物污染环境防治坚持预防优先。基于法律法规的原则性规定，S省D市积极探索预防性环境公益诉讼，着力解决停产停工企业环境污染重大风险问题，助力人与自然和谐共生。

一、开展预防性环境公益诉讼的正当性和必要性

（一）开展预防性环境公益诉讼是落实全面依法治国决策部署的客观要求

从制度沿革来看，检察机关提起预防性环境公益诉讼是基于党和国家的重要决策部署。党的十八届四中全会审议通过了《中共中央关于全面推进依法治国若干重大问题的决定》，明确提出探索建立检察机关提起公益诉讼制度；习近平总书记在对该决定的说明中指出，该项制度主要针对一些行政机关违法行使职权或者不作为对国家利益和社会公共利益造成侵害或者有侵害

---

[*] 课题组负责人：雷秀华，四川省人民检察院副检察长；课题组成员：黄小华，德阳市人民检察院第六检察部主任；万千，德阳市人民检察院宣传教育处处长；高薇，什邡市人民检察院党组成员、副检察长。

危险的案件。可见，检察公益诉讼设计初衷是包含预防性诉讼的内容。[①]党的十九届四中全会明确提出"拓展公益诉讼案件范围"和"完善生态环境公益诉讼制度"。党的二十大报告再次提出"加强检察机关法律监督工作""完善公益诉讼制度"。最高人民检察院把预防性环境公益诉讼纳入拓展办案范围的重点内容，将其作为以最小治理成本实现最精准风险防控的重要手段。《国家人权行动计划（2021—2025）》也提出，要探索开展预防性环境公益诉讼。

从法律规定来看，《民法典》规定的"消除危险"责任承担方式是提起预防性环境民事公益诉讼的重要法律支撑，在"环境有价，损害担责"的事后救济司法体系内打开了一个口子，成为"将环境风险遏制在始端"的预防性环境民事公益诉讼的请求权基础。《环境保护法》确立了"保护优先、预防为主"原则，也为预防性环境民事公益诉讼制度的兴起奠定了基础。

（二）开展预防性环境公益诉讼是环境污染重大风险治理方式的必要补充

按照环境风险规制的行政主导性特征，应优先考虑由行政机关履行监管职能，消除环境污染重大风险。现行法律法规也赋予了行政主管部门对未依法履行环境保护责任的经营主体的监督管理职权，但实践证明，仅依赖行政监督执法不足以有效消除环境污染风险。一是停产停工企业欠缺被动整改的紧迫性和主动整改的积极性。停产停工企业长期违规贮存工业固体废物和废水，甚至危险废物等行为，违反了《固体废物污染环境防治法》关于经营主体产生、贮存固体废物应当采取"三防"措施或其他防止污染环境的措施的规定。对此，行政主管部门可以采取查封、扣押、公开信用记录，甚至行政罚款等措施，情节严重的，报请有批准权的人民政府批准后可以责令停业或关闭。但对停产停工企业而言，其已经处于停产停工状态，即使对其适用责令停业或关闭这一最严厉的行政措施，也不会对其产生更为不利的影响。因此，对行政主管部门的行政处罚措施，停产停工企业基本持漠视态度，环境污染风险消除工作停滞不前。二是当前生态环境保护以"事后救济"为主。2017年12月中办、国办联合印发的《生态环境损害赔偿制度改革方案》和《固体废物污染环境防治法》第122条规定："该条第1款："固体废物污染

[①] 最高人民检察院：《预防性公益诉讼：从"治已病"到"治未病"》，载 http://www.spp.gov.cn/spp/zdgz/202204/t20220414_553965.shtml，最后访问日期2024年1月10日。

环境、破坏生态给国家造成重大损失的,由设区的市级以上地方人民政府或者其指定的部门、机构组织与造成环境污染和生态破坏的单位和其他生产经营者进行磋商,要求其承担损害赔偿责任;磋商未达成一致的,可以向人民法院提起诉讼"。2022年4月,中央全面深化改革委员会审议通过《生态环境损害赔偿管理规定》,其第17条规定赔偿权利人及其指定的部门或机构在发现或者接到生态环境损害赔偿案件线索后,应当在30日内就是否造成生态环境损害进行初步核查。对已造成生态损害的,应当及时立案启动索赔程序。由此可见,人民政府或受指定的行政机关主导下的生态环境损害赔偿之诉重在"事后救济"而非"事前预防"。三是检察机关是生态环境公益保护适格主体。结合《固体废物污染环境防治法》《生态环境损害赔偿管理规定》和《民事诉讼法》第58条、《关于检察公益诉讼案件适用法律若干问题的解释》第13条、《最高人民法院关于审理环境民事公益诉讼案件适用法律若干问题的解释》第1条之规定,对具有损害社会公共利益重大风险的污染环境、破坏生态的行为可以提起民事公益诉讼的诉讼主体所指的"机关"为检察机关。因此,在消除环境污染重大风险案件中适当引入检察权,可以有效弥补行政监管手段的不足。

(三)开展预防性环境公益诉讼是适应经济社会高质量发展的现实需要

S省D市是长江重要支流——沱江的发源地,也是四川省工业集中之地,多数工业厂区分布在河流两侧。随着技术更新换代,以及产业结构转移、自身经营不善等因素,部分企业不能适应发展变化陷入停产停工状态。停产停工企业不仅不能创造价值,还占用大量土地,造成资源浪费,影响本地区经济发展。同时,部分停产停工企业厂区内违规贮存大量工业固体废物和废水,有些甚至是危险废物、危险化学品等有毒有害物质,虽尚未造成环境污染,但存在环境污染和安全重大风险。企业破产清算后,其本应承担的环保义务转嫁给政府"兜底",给政府造成负担,也给人民群众的生产生活安全造成隐患。S省D市存在开展预防性公益诉讼的现实需要,以破解"企业污染、群众受害、政府买单"的环保难题,消除环境污染和安全风险隐患,筑牢长江上游生态屏障。

二、S省D市预防性环境公益诉讼的有益探索

2021年8月起，S省D市检察机关开展了停产停工企业重大环境污染风险专项监督工作，摸排线索32条。对违规在其厂区内贮存有毒有害物质、工业废水、危险废物的某磷化工有限公司、某服饰有限公司、某皮革有限公司分别向市中级法院提起民事公益诉讼，诉请3家企业按照具备相应资质的机构出具的整改方案自行消除环境污染风险，若其怠于履行上述义务则分别承担代为处置所产生的费用318.52万元、233.8万元和27.5万元。经充分释法说理，检察机关分别与三家企业签订调解协议，三家企业认可检察机关提出的全部诉讼请求，自愿处置其厂区内违规贮存的有毒物质2253立方米、工业废水15118.17吨、危险废物110余吨、淤泥268.42吨，拆除厂区内废弃厂房近13000立方米，落实"三防"措施1800立方米。经生态环境主管部门验收，三家企业的整改工作已全面完成，且企业正在积极筹备上马新项目，预计盘活闲置数年、无法创造经济价值的工业土地200余亩。实践中，S省D市主要采用四项措施推进预防性环境公益诉讼。

（一）内外协作，巧用检察一体化 + "外脑"优势

检察机关开展专项调查，实地走访停产停工企业，重点摸排厂区污染物存储、处置情况，掌握案件线索。充分发挥检察纵向一体化优势，按照案件线索统一管理、力量统一调配、证据统一调取一体化工作模式，由基层检察院按照属地原则开展初查，S省D市检察院开展线索分析研判、调查核实、提起诉讼等工作。办案中，充分发挥"外脑"专业优势，组织行业专家开展现场勘查和论证分析，对是否"具有现实和紧迫的重大环境风险"出具专家组论证意见；委托S省D生态环境监测中心站等专业鉴定机构对污染物的种类、含量及可能造成的危害出具鉴定意见，确保取证的合法性与专业性；与市中级法院召开联席会议，明确法律依据、统一证据标准、诉讼程序、财产保全等办案标准，保障案件顺利办理。

（二）因企施策，确保企业真整改、见实效

检察机关与生态环境主管部门积极与停产停工企业负责人沟通交流，充分释法说理、警示引导。在精准分析企业环境污染风险点异同的前提下，对既有自行处置意愿又具备自行处置条件的企业，督促其制定风险隐患污染物

处置方案；对有自行处置意愿但不具备处置能力的企业，帮助其筛选具有资质的机构出具处置方案。目前，已有十余家类似停产停工企业完成了自行处置工作。针对提起诉讼的案件，指定检察官跟进相关企业整改落实情况，协调环境污染物处置资源。例如，"某服饰有限公司存在环境污染重大风险民事公益诉讼案"中，两级检察院积极协调生态环境、经济信息化和科学技术等部门审核整改方案、恢复必要性供电，帮助企业无害化处理储存污水。

（三）注重长效，建立常态化办案协作机制

为持续扩大个案公益诉讼效果，实现促进行业治理的目标，S省D市检察院会同相关部门联合出台《办理预防性生态环境检察公益诉讼案件协作办法（试行）》，保障预防性环境公益诉讼制度化、常态化、长效化开展。该办法明确了检察机关与行政机关在行政处理、线索移送、信息通报、调查协作、专项监督、案件处理、协商程序、效果反馈、跟进监督等方面的具体职责，共同促进依法行政和侵权责任追究；明确检察机关与人民法院在案件处理、诉讼请求、财产保全、调解告知、执行监督等方面的程序和标准，共同应对诉讼模式转变，推动形成生态环境司法保护合力。

三、预防性环境公益诉讼实践问题

（一）预防性环境公益诉讼适用范围过于狭窄

《最高人民法院关于审理环境民事公益诉讼案件适用法律若干问题的解释》明确，可以对具有损害社会公共利益重大风险的污染环境、破坏生态的行为提起诉讼，这是预防性环境公益诉讼的请求权基础。但该解释将诉讼客体局限于"重大风险"的污染环境、破坏生态的行为，又将"一般风险"和"较大风险"生态环境问题排除在预防性环境公益诉讼的监督范围之外。同样被排除在外的，还有一些违反环境保护建设国家标准、行政法规，但尚未达到行政强制标准的不确定风险。

（二）行政执法与检察公益诉讼衔接机制尚未建立

《最高人民法院关于审理环境民事公益诉讼案件适用法律若干问题的解释》规定提起预防性环境公益诉讼的"机关"仅指检察机关。而各级人民政府领导环境污染防治工作，生态环境、应急管理等部门在各自的职责范围内负责环境污染防治监督管理工作，对从事产生、收集、贮存、运输、利用、处置固体废物等活动的单位和其他生产经营者进行现场检查、环境风险排查时掌握了"第一手资料"。同时，生态环境部会同有关部门建立了全国固体废物和化学品管理信息系统，该系统覆盖各级生态环境主管部门，基本实现了固体废物等的收集、转移、处置全过程监控和信息化追溯，即各级人民政府和生态环境、应急管理等主管部门最能够掌握并发现预防性环境公益诉讼案件线索，却未被赋予提起诉讼的权利。当前，检察机关与行政机关职能上各有优势却不能相得益彰，主要原因在于没有一套完善的行政执法与检察公益诉讼衔接机制，将行政主管部门在识别环境风险、生态环境专业知识等方面的优势与司法机关在调查取证、法律事实的认定、证据采信、法律适用等方面的优势充分有机结合起来，因此，难以实现"1+1>2"的效果。

（三）"重大风险"的认定标准模糊

"具有损害社会公共利益的重大风险"是一个复杂的问题，交织着法律标准和科学判断。[①]"重大风险"没有清晰的法律量化标准，即缺乏法律论证的"规范前提"，检察官、法官无法直接对一个可能污染环境、破坏生态的行为是否具有"重大风险"作出法律判断，必须依靠专业机构的鉴定或者专家意见。司法实践中，专业的司法鉴定主要针对的是环境损害结果，而非"重大风险"，故污染环境、破坏生态的"重大风险"的认定更多依赖专家意见，但这又导致了证据效力方面的问题。专家意见不同于司法鉴定，缺乏成熟的鉴定资质和证据效力评价体系，其证明力取决于专家水平，在面对"重大风险"这一本就模糊的定义时，不同的专家可能给出截然不同的意见。面对冲突的专家意见，检察官和法官就会面临证据采信难题，也容易让当事人对司法公信力提出质疑。

---

① 宋博纳：《试论预防性环境公益诉讼重大风险认定》，载《河北广播电视大学学报》2021年第4期。

四、完善预防性环境公益诉讼制度的建议

（一）加快推进公益诉讼专门立法

目前，涉及公益诉讼制度的实体法规范散见于《安全生产法》《未成年人保护法》等单行法中，而程序规定主要借助《民事诉讼法》和《行政诉讼法》的基本规则，并辅之以司法解释，这已经不能适应公益诉讼高质量发展的需要。加快推进公益诉讼专门立法是贯彻落实党的二十大关于"完善公益诉讼制度"的务实之举。通过专门立法，将生态环境保护的端口前移，拓展预防性环境公益诉讼监督范围，扭转"事后救济"的环境保护执法、司法理念已经不能满足人民群众对环境保护的新期待；厘清行政机关、社会组织、检察机关三类主体在公益诉讼制度中的职责定位、顺位、衔接及支持协作，为调查取证提供司法保障；规范诉讼费的缴纳、鉴定费用的负担、举证责任的分配、诉讼程序设置、损害赔偿金的管理使用、代为处置的主体、执行等。在"行政失灵"和"行政失效"等情形下，由检察机关开展行政公益诉讼监督，督促行政机关依法决策和执行。同时，依据《最高人民法院关于生态环境侵权案件适用禁止令保全措施的若干规定》，检察机关作为国家规定的机关，对于可能造成环境污染的行为，可以在起诉前通过申请法院作出禁止令，及时停止侵害、消除危险，提升公益保护效率价值。

（二）建立完善环境保护行政执法与检察公益诉讼衔接机制

预防环境污染风险是行政主管部门的应尽之责，且环境行政执法具有高效性、经济性、专业性的特点。目前在行政主管部门穷尽行政手段，仍未有效消除环境风险的情况下，司法权介入进行补位，能够解决预防性环境公益诉讼领域"行政失灵"的问题。因此，行政权与司法权应各司其职并建立相应的协作机制，以确保预防性环境公益诉讼制度化、常态化、有效开展。一是建立协作配合机制。通过机制保障建设明确行政机关与司法机关在行政处理、线索移送、信息通报、调查协作、专项监督、案件处理、协商程序、效果反馈、跟进监督等方面的具体职责，促进行政执法与民事责任追究，有效消除环境风险。二是建立专业鉴定机构和专家人才共享机制。环境保护主管部门提供专业鉴定机构和专家名单供检察机关办案选择，保持重大风险认定的专业判断。环境保护等主管部门掌握了较为全面的监测数据和生态环境专

家库资源,能够在出具鉴定意见、专家意见等方面提供专业支撑。例如,S省D市检察机关办理的3起预防性环境公益诉讼案件,都是通过邀请生态环境主管部门提供的环保专家,以及应急、水利、气象等方面的专家出具专家组论证意见,证实被告企业违规在厂区内贮存工业固体废物、废水等具有重大环境污染风险隐患,为诉讼的顺利进行提供了专业支持。三是建立协同效果评估机制。S省D市检察机关办理的3起预防性民事公益诉讼案件均调解结案,当事人委托具有相应资质的第三方依法处置了违规贮存的工业固体废物、废水等,其处置是否符合法律法规的规定,是否有效消除了环境污染风险隐患,由生态环境主管部门进行了验收,确保裁判执行到位。环境保护行政执法与司法衔接机制的建立,将促使行政机关与司法机关达成履职共识,实现"行政权→司法权→行政权"各司其职、优势互补的预防性环境公益闭环管理模式。

(三)统一"重大风险"的司法认定标准

预防性环境公益诉讼的核心焦点在于"重大风险"的认定,建议通过立法或出台司法解释的方式明确认定标准,以利于司法实践操作。一是明确"重大风险"的内涵。可以考虑从风险发生的"紧迫性"与风险可能造成的"危害性"来明确"重大风险"。[1] 如果损害后果"一般"或者"较大",但发生的可能性极高或环境风险达到"极为紧急"的程度,也应当认定具有"重大风险"。同时,在认定"紧迫性"和"危害性"时,还应综合不同类型环境风险防范的难易程度、环境风险鉴定的可论证程度、违法行为人对环境风险的可预见性等因素,丰富、细化"重大风险"的认定标准。二是明确"重大风险"的外延。生态环境损害后果可以分为同时损害生态环境与人身财产权益的"混合损害"和仅造成生态环境损害的"单一损害"。[2] 德州市中级人民法院在审理中华某联合会诉某公司大气污染民事公益诉讼一案时认定,大气污染排放对该地区人体健康和财产权利构成危害性风险。故在认定"重大风险"时,适用"单一损害"和"混合损害"双重标准,有利于将更多环境风险纳入预防性环境公益诉讼的救济体系。三是构建配套的"重大风险"司

---

[1] 宋博纳:《试论预防性环境公益诉讼重大风险认定》,载《河北广播电视大学学报》2021年第4期。

[2] 张洋、毋爱斌:《论预防性环境民事公益诉讼中"重大风险"的司法认定》,载《中国环境管理》2020年第12期。

法认定体系。现阶段,"重大风险"的认定多依靠专家意见,需加强相关科研立项,加大环境风险评估、鉴定的理论和技术研究,建立起评估环境风险的科学、专业标准。引导建立专门针对预防性环境公益诉讼的司法鉴定机构及项目,填补环境风险司法鉴定的空白。

(四)推动多方参与,形成环境保护大格局

基于环境污染的隐蔽性、持续性和复杂性,环境保护工作并非某一级人民政府或某一部门能够独立胜任的工作,需要凝聚起保护合力,共筑环境保护大格局。一是加强汇报。预防性环境公益诉讼的实践探索才刚刚起步,不可避免地遇到许多困难和问题,需要地方党委政府和人大的大力支持。因此,检察机关要增强接受党委政府领导、人大监督的自觉性,积极向党委政府、人大汇报预防性环境公益诉讼工作推进情况及取得的成效,争取党委政府支持,协助人大开展立法调研,多措并举确保工作顺利开展。二是多方联动。通过行业主管部门、社会组织与司法机关各司其职、有效互动,提升公益保护质效。行业主管部门按照"三管三必须"要求,加强监督管理,督促企业落实生态环境保护、安全生产等责任,采取规范措施贮存、管理和依法处置遗存化学物质、固体废物等,消除环境污染风险。行业主管部门、网格管理人员要加强巡查,发现问题及时上报、依法处置。在具体案件的处置中,主管部门、社会组织可以向检察机关提供案件线索,检察机关也可以支持主管部门、社会组织提起诉讼。三是广泛发动。司法机关与行政主管部门、行业协会协同开展普法宣传工作,联合发布全市生态环境正反面典型案例,进一步引导企业树立经济发展与生态环境保护并重的意识,营造全民参与生态环境保护的社会氛围。邀请人大代表、政协委员、群众担任公益诉讼志愿者或参与"第三方评估",聘任行政机关专业人员担任特邀检察官助理等方式,发动更多主体参与检察预防性环境公益诉讼工作,着力提高预防性环境公益诉讼社会认可度。

检察公益诉讼助推食品安全保护研究

雅安市检察院课题组[*]

一、食品安全的定义

(一)食品的内涵和外延

"食品"一词在现代汉语语义中的含义为"经过加工和制作的在商店销售的食物"①,该定义是对食品的内涵做狭义上的界定。1994年,中华人民共和国国家标准食品用语基本术语对食品的定义是,可供人类食用或饮用的物质,包括加工食品、半成品和未加工食品,不包括烟草或只作药品用的物质。根据《食品安全法》的相关规定,关于食品的定义应当是指各种供人食用或者饮用的成品和原料以及按照传统既是食品又是中药材的物品,但是不包括以治疗为目的的药品。②从食品的定义可以看出,在我国,现代汉语词典中对食品的定义最窄,仅指经过加工的制成品,《食品安全法》中对食品概念的界定并不包括半成品,但在《食品工业术语》等相关标准中又将半成品和未加工食品均列入食品的范畴。尽管对食品定义的外延在不断扩大,但目前学界对此仍然存在争议,张明楷教授认为,"必须联系食品犯罪保护的法益对食品进行规范解释,包括那些根本不适合人食用的食品"③,比如食品添加剂本身并不适合人类食用,但是从食品犯罪保护法益角度考虑也可以认为

---

* 课题组成员:范文清,雅安市人民检察院党组书记、检察长,二级高级检察官;李诚,四川农业大学教授,雅安市政协副主席;赵学东,雅安市人民检察院党组成员、副检察长;董敏雷,雅安市人民检察院副检察长;王一薄,雅安市人民检察院第六检察部主任;张胜琴,雅安市人民检察院法律政策研究室副主任。

① 中国社会科学院语言研究所词典编辑室:《现代汉语词典(第5版)》,商务印书馆2005年版,第1239页。

② 参见中国法制出版社编:《中华人民共和国食品安全法(第六版)》,中国法制出版社2020年版,第296页。

③ 张明楷:《刑法学(第四版)》,法律出版社2012年版,第65页。

是食品。当然，从《食品安全法》的规定出发，也有很多学者认为食品添加剂、食品包装等虽然已经纳入法律规制的范围，但并不等于将他们界定为食品。《最高人民法院、最高人民检察院关于办理危害食品安全刑事案件适用法律若干问题的解释》（以下简称《司法解释》）第15条规定，"生产销售不符合食品安全标准的食品添加剂，用于食品的包装材料、容器、洗涤剂、消毒剂，或者用于食品生产经营的工具、设备等，符合刑法第一百四十条规定的，以生产、销售伪劣产品罪处罚"。因此，从《司法解释》的规定可以看出，目前我国对食品的定义倾向于狭义的概念，"食品添加剂，用于食品的包装材料、容器、洗涤剂、消毒剂"等是被认定为"产品"而非"食品"。

在本课题研究中，课题组立足于食品的广义概念，也就是从食品犯罪所保护的法益出发，将符合《刑法》关于生产销售伪劣产品罪的相关案例均纳入统计研究的范围。

（二）食品安全的内涵和外延

关于"食品安全"的定义，笔者认为是一个逐步演变和发展的过程。国际上早期对"食品安全"的认识，重点关注的是数量安全。1974年，联合国粮农组织召开的世界粮食大会将"食品安全"定义为："所有人在任何情况下维持健康生存所必需的足够食物"，强调的是食品的数量。到19世纪末20世纪初，才逐步将需求转移到"安全"上来，1996年，世界卫生组织（WTO）在《加强国家级食品安全性计划指南》中，将食品安全解释为"对食品按其预定用途进行制作、食用时不会使消费者健康受到损害的一种担保"[①]。2006年，国务院印发的《国家重大食品安全事故应急预案》将食品安全定义为："是指食品中不应包含有可能损害或威胁人体健康的有毒、有害物质或不安全因素，不可导致急慢性中毒或感染疾病，不能产生危及消费者及其后代健康的隐患。"2021年修正的《食品安全法》第150条将食品安全定义为："食品无毒、无害，符合应当有的营养要求，对人体健康不造成任何急性、亚急性或者慢性危害。"

从上述对食品安全定义的变迁可以看出，"食品安全"的标准是逐步提高的，换句话说是随着我们经济社会发展水平的提高和进步而逐步演变的，是一个从满足数量需求到营养需求再到更高标准的转变的一个过程。可以明

[①] 王帅、张水锋、王建兴等：《食品安全标准体系建设现状、存在问题及对策研究》，载《食品安全导刊》2023年第6期。

确的是，随着现代食品产业链的细化和发展，人民群众对食品生产、经营各个环节的要求也越来越高，不断地需要立法对食品安全的标准进行调整和规范，需要运用法治手段对食品安全进行保护。

二、检察公益诉讼在食品安全领域职能对接

整合已经出台的《民法典》《食品安全法》《民事诉讼法》《最高人民法院、最高人民检察院关于检察公益诉讼案件适用法律若干问题的解释》以及《人民检察院公益诉讼办案规则》等与食品安全相关的法律及司法解释，检察机关在食品安全领域公益诉讼职能对接主要体现在以下几方面。

（一）食品安全民事公益诉讼

食品领域民事公益诉讼是指检察机关在履行职责的过程中发现有食品安全领域侵害众多消费者合法权益等损害社会公共利益的行为，在没有适格的主体或者相关主体不提起诉讼的情况下，向人民法院提起诉讼的活动。在民事公益诉讼中，检察机关通过引导、支持符合条件的法定机关和社会组织及时提起诉讼，或者经过诉前程序后直接提起诉讼，形成行政机关、社会公益组织、司法机关合力保护公共利益的格局。实践中，由于客观条件的限制，民事公益诉讼的提起数量还很少。2021年3月，最高人民检察院与最高人民法院、农业农村部、海关总署、国家市场监督管理总局、国家粮食和物资储备局、中国消费者协会七部门印发《探索建立食品安全民事公益诉讼惩罚性赔偿制度座谈会会议纪要》（以下简称《纪要》）规范食品安全民事公益诉讼惩罚性赔偿实践探索。《纪要》对惩罚性赔偿制度的具体适用有一定"补白"功能，同时对于解决实践问题、指导办案起到了很强的作用，但是《纪要》终究不是司法解释、更不是法律本身，实践中，可以在司法文书中用于说理部分引用，却不能援引《纪要》作为裁判的依据，而作为专门立法的《食品安全法》尚未就食品安全民事公益诉讼问题及其惩罚性赔偿的适用规则作出直接、明确的制度规定。

（二）食品安全刑事附带民事公益诉讼

食品安全领域刑事附带民事公益诉讼是指检察机关在针对食品安全领域损害公共利益的犯罪行为提起刑事诉讼的同时，可以附带向审理刑事案件的

法院提起请求判令致使公共利益受到损害的有责主体承担民事赔偿责任的诉讼。目前，积极强化检察机关刑事附带民事公益诉讼职能的运用，是快捷高效办理食品犯罪民事损害赔偿方法之一，能够有效地实现节约诉讼资源和保护社会公益的双重目的。检察机关办理此类案件的关键在于相关证据的把握。刑事附带民事公益诉讼案件中，因为刑事案件与民事案件在证明标准、请求事项上的不同，如生产销售有毒有害食品犯罪中，刑事案件的证据不需要证明被告人造成损失的大小，公安机关在一般情况下，也不会收集相关证据，检察机关在提起附带民事公益诉讼的时候需要另行收集造成相关损失的证明材料。

（三）食品安全行政公益诉讼

食品安全领域行政公益诉讼是指检察机关在履行职责的过程中发现，对食品安全负有监督管理职责的行政机关违法行使职权或者有其他不作为行为，导致国家利益或者社会公共利益遭受侵害的，检察机关依法向行政机关提出检察建议，督促其依法履行职责，在法定期限内，行政机关不依法履行相关职责的，人民检察院依法向人民法院提起诉讼的活动。检察机关提起食品安全行政公益诉讼的焦点问题在于，其法律监督的效果需要依赖被监督机关的职能来实现。检察机关并不能直接对行政公益诉讼案件进行实体决定，只能通过督促行政机关履职来实现对公益的保护。当被监督的行政机关出现不予履行监督职能或者履职不充分、拖延履职、不当履职情况时，检察机关难以"毕其功于一役"。比如，Y市检察机关就外卖餐饮包装未有效密封可能带来食品安全隐患等问题向市场监管局制发检察建议，建议其履行法定监管职责、加大执法和宣传力度，督促餐饮服务提供者规范外卖包装，保障人民群众舌尖上的安全。检察机关收到行政机关的回复，并对整改效果进行调查核实，发现整改效果短时期内能够达到预期。但是往往时隔半年或者一年，检察机关仍然会接到群众对类似问题的反映，针对这样的情况检察机关往往无法直接采取相关措施。

三、检察机关公益诉讼助推食品安全保护现状考察及思考

近五年来，S省Y市两级检察机关共办理涉食品安全各类案件89件。其中刑事案件24件，起诉63人，民事公益诉讼类案件5件，刑事附带民事

公益诉讼 5 件，行政公益诉讼 53 件。结合案件具体情况分类进行分析得出以下结论：

（一）涉食品安全刑事案件态势分析

1. 涉食品安全刑事犯罪数量递增，食品安全形势依然严峻

近五年来，S 省 Y 市两级检察机关共办理食品安全刑事案件 24 件，具体为 2018 年 1 件、2019 年 2 件、2020 年 2 件、2021 年 7 件、2022 年 12 件。需要说明的是，2020 年系新冠疫情暴发的特殊年份，所有案件数量均有所下降，该年数据参考性不大，总体来看，食品安全刑事案件数量呈上升趋势，且增幅明显，2022 年比 2021 年同比增加 71%（见图 1）。从具体涉案罪名来看有生产、销售有毒、有害食品罪 21 件，生产、销售不符合安全标准食品罪 1 件，生产、销售伪劣产品罪 2 件。其中生产、销售有毒有害食品罪犯罪数量最多，该类犯罪以行为人向生产、销售的食品中掺入国家明令禁止的非食用物质为主要手段，如在火锅里面添加"罂粟壳"制造"毒火锅"，将竹笋用亚硫酸钠（农副产品食品添加剂）浸泡后制造"毒笋子"，又如使用 6-苄基腺嘌呤制作"毒豆芽"以及大家都熟知的"地沟油"等，严重侵害老百姓的生命健康安全，危害极大，社会关注度极高。

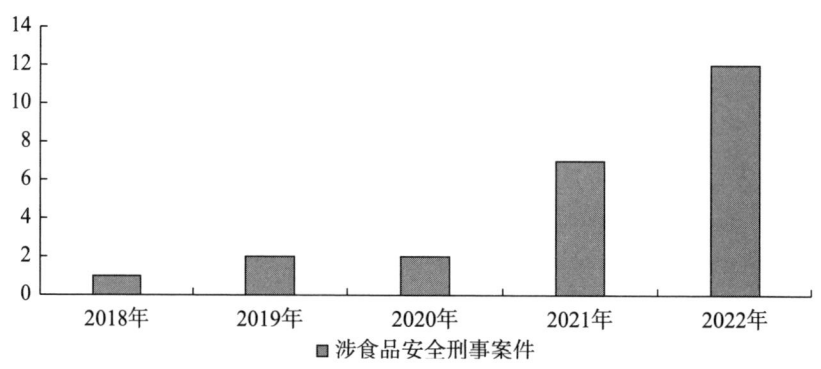

图 1　2018 年至 2022 年全市检察院办理涉食品安全案件总体情况

2. 危害食品安全案件所涉食品种类多，群众关注度高

此处所讲的危害食品安全案件所涉食品种类，主要是从近五年来查处的生产销售有毒有害食品案件、生产销售伪劣产品案件以及生产销售不符合安全标准食品案件中所涉及的食品种类，有助于明确检察公益诉讼监督的重心，即容易被犯罪人所染指的，且是人民群众所难以辨识的食品。上文提及

的 24 件刑事案件中，涉及肉类食品生产与销售的 4 件，占比 16.7%，涉及食用油（回收油）与调味油生产与销售的 7 件，占比 29.2%，涉及蔬菜 2 件，占比 8.3%，涉及面食的 2 件，占比 8.3%，涉及保健食品 7 件（主要是在保健食品中添加违禁品）占比 29.2%，涉及的 2 件销售伪劣产品主要是香烟及酒类，占比 8.3%。从涉案食品种类来看，同老百姓日常生活息息相关的肉类、食用油、蔬菜及面食占比高达 62.5%，这些领域出现食品安全问题将直接影响人民群众的生命健康安全，这些都折射出我国在食品安全监管方面的基础非常薄弱，需要运用法治方式维护食品安全的空间还很大。

3. 危害食品安全犯罪涉案金额高，造成社会经济损失大

从犯罪嫌疑人的犯罪动机来看，危害食品安全各类犯罪中，犯罪人的动机均是为了牟利。此处所讲的涉案金额，主要指案件查处过程中，犯罪嫌疑人生产或者销售有毒有害食品、假冒伪劣食品的销售金额。从上面提及的 24 件刑事案件来看，除去 5 件涉案食品尚未销售，2 件案件尚在办理中涉案金额还不能确定外，其余 17 件案件，涉案金额高达 1000 余万元。其中涉案金额在 100 万以上的 3 起案件，主要涉及地沟油、男性保健食品销售等。从客观上反映出该类案件给国家、社会及个人造成的经济损失巨大。

（二）涉食品安全公益诉讼案件态势分析

1. 公益诉讼案件数量递增，对公益损害大

近五年来，全市两级检察机关共办理涉食品安全公益诉讼案件 65 件，具体为 2018 年 0 件、2019 年 5 件、2020 年 4 件、2021 年 21 件、2022 年 35 件。可以说，自法律赋予检察机关提起食品安全公益诉讼职权之后，食品安全公益诉讼案件呈急速增长状态（见图 2）。除去 2020 年因为疫情的影响案件办理数量有所下降外，2021 年、2022 年两个年度上升速度呈井喷式，增幅非常明显。从客观上反映出检察机关公益诉讼职能的发挥对食品安全保护的作用在不断加强。但另一方面也反映出，食品安全问题对社会公共利益的危害形势还不容乐观。

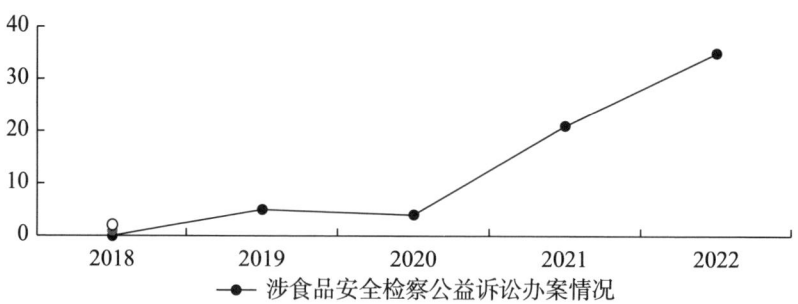

图 2　2018 年至 2022 年全市检察院涉食品安全公益诉讼案件总体情况表

2.行政诉前检察建议体量大，涉食品安全行政监管薄弱

从案件具体类型上来看，刑事附带民事公益诉讼 7 件、民事公益诉讼 2 件、行政公益诉讼 56 件。其中 56 件行政公益诉讼均为诉前检察建议，即检察机关在行使职权的过程中发现负有监管职责的相关行政机关如市场监督管理、教育、环保、水务、卫生等部门不履行职责或履行食品安全监管责任不到位而发出的检察建议，具体为发送给乡镇政府 29 件、发送给市场监督管理局 20 件、发送给街道办 3 件、发送给农业局 4 件。从发送检察建议的部门可以看出，市场监督管理局等相关部门的监管职责发挥还不到位，检察机关通过公益诉讼职能的发挥督促行政机关履职的空间还很大。

3.检察建议落实跟进监督不到位，助推食品安全溯源治理效果不佳

公益保护的最终落脚点是积极推动溯源治理，从源头解决食品安全社会治理问题。从制发的 56 件行政公益诉讼诉前检察建议的回复落实跟踪情况看，案件背后反映出的职能部门监管缺失、行业措施、行业标准等落实不力等社会治理问题突出，在检察机关的跟踪和督促下相关职能部门能够做到回复率及采纳率百分之百，但在助推行业治理，健全长效机制，推动地方党委政府建立相关制度机制，推进溯源治理的方面显然做得还不够。例如，Y 检察机关就火锅店采用"地沟油"等问题反映出的市场监管缺失、措施不力、行业标准执行不到位等问题向市场监督管理局发送检察建议，提出"开展行业整改，推进协同治理、健全监管机制"等检察建议。从监管部门反馈回来的整改效果来看，短期效果是能够达到的，但是过一段时间，同样的问题仍会反复出现，充分暴露出检察建议在助推提升社会治理效能、做好依法办案"后半篇文章"上的力度还不够。

四、对策建议

(一)建立食品安全公益保护工作联络站,构筑"检察监督+行政监管"助推模式

一是通过联合各职能部门建立食品安全公益保护工作联络站,定期或不定期协商解决区域内涉食品安全问题。检察机关可通过加强与市级市场监督管理部门沟通联系,畅通与行政机关食品安全执法信息共享,协同依法履职,强化对食品安全保护的公益保护合力,达成线索移送、庭审观摩、检测技术支撑、定期召开联席会议等共识,构建"检察监督+行政监管"的食品安全公益诉讼保护模式。双方形成常态化的工作联系,在制定协作机制的前提下,确定对口联络部门,定期对食品生产、经营等环节的行政执法与刑事司法情况进行共同分析研判,发现食品安全苗头性、倾向性问题,准确适用刑事责任追究、惩罚性赔偿等共同打击危害食品安全的违法犯罪行为。

二是与市场监督管理局共同制定并会签《关于在检察公益诉讼中加强协作配合依法保障食品药品安全的意见》,就涉食品安全公益诉讼案件线索移送、案件管辖、调查取证等建立协作机制。通过该机制规定,市场监管部门发现食品的生产、销售、使用过程中存在危害不特定消费者人身、财产安全的公益诉讼案件线索,在办理中遇到阻力,或者需要多个部门协调解决的情形的,应积极主动与检察机关沟通。

(二)建立并完善食品安全公益诉讼快速检测实验室,构筑"检察监督+科技支撑"助推模式

一是推进建立包括食品安全在内的常见专业检测门类齐全的公益诉讼快检实验室。比如,Y市检察机关快检实验室一期建设严格按照《S省检察机关公益诉讼快速检测体系建设总体方案》[①]要求,将"农药残留(有机磷及氨基甲酸酯类)、兽药残留、重金属铅(Pb)、重金属镉(Cd)、劣质食用油、地沟油、罂粟、亚硝酸盐、二氧化硫、甲醛、吊白块、硼砂、挥发性盐基

---

① 按照《四川省检察机关公益诉讼快速检测体系建设总体方案》要求,四川省检察机关公益诉讼快速检测体系建设的总体目标是分层次分阶段建立起省统筹,市级院为主体,县(区)院为补充,能满足四川省公益诉讼案件办理中对环境污染、食品药品的取样、初步检测技术需求,覆盖公益诉讼重点领域的快速检测实验室。目前,自贡、绵阳、南充、雅安四个市州已完成快检实验室建设。

氮、硫酸铝钾（明矾）、酸价、过氧化值、微生物"等指标均纳入检测范围，同时，购买了一台具备"高清摄像功能，可挂载取样、检测设备，可进行实时绘图、数据分析"的无人机。

二是优化升级，完善快检实验室建设。比如，Y市检察机关着力从Y市食品安全公益诉讼案件实际情况和工作特点出发，进一步拓展公益诉讼快速检测实验室在食品安全方面的检测功能，提出了快检实验室二期建设方案，二期方案中增加三项涉食品安全检测重要内容，包括食品安全13个大类，果蔬农残专项检测科目及保健食品安全7个大类重要内容。同时，新增一辆公益诉讼快速检测车，用于涉食品安全公益诉讼案件"现场办案、采样快检、远程会商、普法宣传、辅助办公"等，结合一期建设已经采购的无人机设备，目前该实验室已经基本实现"能够规范、准确、高效地开展空气、土壤、水体等生态环境领域和食品药品安全领域的现场勘查、样品采集保存、快速检测"[①]等技术项目。

三是挂牌建立食品安全公益诉讼保护实践基地。以样本单位为例，可依托Y市检察院公益诉讼快检实验室、四川农业大学食品学院专业实验室为"双"硬件载体，以四川农业大学食品学院专家、Y市人民检察院检察技术部门人员为软件支撑，积极开展检校合作，在Y市检察院、四川农业大学食品学院双挂牌成立"食品安全公益保护协作实践基地"，依托公益诉讼巡回工作车、无人机形成"公益诉讼快速检测工作体系"。

（三）建立检校共建机制，构筑"检察监督＋高校支持"助推模式

一是立足优势互补，携手大学食品学院建立食品安全公益诉讼检校合作机制。以Y市为样本分析，检察院、四川农业大学食品学院会签《关于建立食品安全公益诉讼检校合作机制的实施意见》，明确双方围绕食品安全公益诉讼检察工作，在智力支持、学术研究、实习基地、人才培养等方面深度开展检校合作、交流，形成专业高效、协同共治的公益保护合力。

二是检察机关在办理食品安全公益诉讼案件中，可委托大学食品安全专家围绕非法添加有毒有害物质、回收油铅严重超标等出具专家意见，开展学术研讨。如Y市某县人民检察院在办理一起某卤制品店在经营卤肉制

---

① 《四川省检察机关公益诉讼快速检测体系建设总体方案》要达到的预期效果是："具备空气、土壤、水体等生态环境领域和食品药品安全领域的现场勘查、样品采集保存、快速检测的技术手段和能力，为公益诉讼的现场勘验和初步检测提供有力技术支撑。"

品时，持续使用三无产品"食品红"为卤牛肉上色，销售金额 27900 元。经检测，其所称"食品红"中检测出酸性橙Ⅱ，酸性橙Ⅱ是化工染料，属非食用色素，依据规定属于禁止加入食品中的物质。为准确界定在食品中违法添加酸性橙Ⅱ对人体的伤害，检察机关依托食品安全公益诉讼检校合作机制，委托四川农业大学食品学院两名专家审查后，出具专家意见，认定：在食品加工中添加酸性橙Ⅱ，人食用后可能会引起食物中毒，可能对将来生育造成影响，长期食用会致癌，严重危害消费者身体健康。据此，检察机关根据《食品安全法》第148条第2款"生产不符合食品安全标准的食品或者经营明知是不符合食品安全标准的食品，消费者除要求赔偿损失外，还可以向生产者或者经营者要求支付价款十倍或者损失三倍的赔偿金；增加赔偿的金额不足一千元的，为一千元"之规定，以销售金额27900元为赔偿基数，向人民法院诉请要求该卤制品店及其经营者十倍的赔偿金，共计279000元，得到人民法院判决支持，违法行为人也服从该结果。

（四）制定考核机制，实现"检察监督＋市域治理"助推模式

为了真正实现食品安全助推市域治理的效果，检察机关应将涉食品安全社会治理检察建议工作紧紧嵌入全市经济社会发展全局，不断更新监督理念、创新监督机制、用好监督手段、凝聚监督合力，务实推动检察建议工作取得实效。在前期调研的基础上，将涉食品安全社会治理检察建议制发情况、各行政单位收到社会治理检察建议以后的回复情况、整改情况及推进建章立制情况纳入市委平安建设考核。

五、成效：助推食品安全保护问题从源头得到解决

（一）以强化执法办案监督为抓手，实现"治罪"与"治理"效果并重

一是严厉打击危害食品安全刑事犯罪。以样本单位为例进行分析，年度内，Y市检察机关共起诉涉食品安全各类刑事犯罪案件10余件，犯罪嫌疑人均被人民法院作出有罪判决，形成震慑效应。二是以公益诉讼履职为切入点，守护食品安全底线。Y市检察机关共依托示范基地办理"回收油重金属超标""毒豆芽""违法添加有毒有害物质"等食品安全民事公益诉讼

案件9件，全部适用惩罚性赔偿，让违法者付出高昂代价，"痛"到不敢再犯。例如，办理的全市首例火锅店制售"铅超标回收油"案，认定某县某火锅酒楼经营者为了降低经营成本，提升火锅口感，安排相关人员将废弃油脂回收过滤掉食物残渣后掺入牛油、香料等材料，再次加工熬制火锅底油（俗称"回收油"）并销售给广大消费者食用，涉案"回收油"销售金额为147万余元。依托"创新示范基地"邀请四川农业大学食品学院专家检验鉴定，涉案回收油中铅含量超过国家规定标准29倍，对消费者尤其是孕妇、儿童的身体伤害极大。检察机关依法提出适用十倍赔偿金，要求违法行为人支付赔偿金1477万余元，得到法院支持。对潜在违法者产生警示作用，有效解决火锅行业违法使用回收油等顽固问题，对于维护社会公共利益具有重要意义。

（二）以实践基地为支撑，检察公益诉讼诉前预防功能有效发挥

结合样本单位实践分析，Y市检察机关一年之内共办理食品安全行政公益诉讼22件（其中14件案件线索均通过公益诉讼工作联络站以及与行政机关开展联合执法获取），行政机关全部接受检察建议并在2个月内整改完毕，同时推动行政机关积极建立食品安全整治长效机制，定期开展"回头看"，有效筑牢食品安全底线，形成保护合力。如，Y市检察机关办理的督促履行饮用水水源一级保护区监管职责行政公益诉讼案中，检察机关发现位于某区某镇某村的饮用水水源一级保护区，存在农村生产生活用水未接入污水处理站进行处理，家庭生活污水及人畜粪污经雨水渠直排入青衣江饮用水水源一级保护区内饮用水取水口附近水域的情况。市区两级检察院联合开展调查，通过走访周边群众、实地勘察、无人机航拍、公益诉讼快速检测取证等方式查明：殷家村四组的36户农户因"最后一米"污水管未入户，造成农业种植、人畜粪污、生活污水由露天雨水渠直排入青衣江饮用水水源一级保护区内饮用水取水口附近水域，现场目测水体发黑、臭气熏天，当地群众也不堪其苦。经Y市检察院公益诉讼快速检测实验室现场取样并快速检测，结果显示，直排口水质总磷、化学需氧量、氨氮分别超过《城镇污水处理厂污染物排放标准》1级标准B类限值的10倍、5倍、17倍。检察机关依法向相关行政机关发出诉前检察建议，督促依法履职，推动相关行政主管部门7日内投入10万元专项费用完成污水管入户，有效守护城区群众饮用水安全。同时，Y市检察院对全市214处饮用水水源地开展专项监督，发出检察建议9件，推动地方政府投入专

项资金 220 余万元，会同相关行政机关组织村组干部、党员志愿者 150 余人开展饮用水水源地保护区垃圾清理，发放饮用水水源地保护宣传资料 1500 余份，助推效果显著。

（三）以典型案例培育为引领，食品安全公益诉讼警示功能有效彰显

一是注重典型案例的培育，形成案例示范效应。一个好的案例，胜过一打文件规定。助推食品安全保护，打击是手段，预防和减少危害食品安全的违法犯罪行为才是目标。检察机关在食品安全公益诉讼案件办理中，注重对已办案件的总结提炼，加强典型案例培养，是彰显警示教育功能的有益举措。以样本单位为例，Y 市检察机关办理的食品安全公益诉讼案件被最高人民检察院选编为优秀案例 2 件，被省检察院采纳为典型案例 1 件，被评为 Y 市政法系统"五年十佳"案例 2 件。例如，办理的某县"毒笋子"案件，彭某某、李某某夫妻二人在位于四川某县的家中收购竹笋，将竹笋通过加食盐蒸煮或用食品添加剂焦亚硫酸钠浸泡后销售给竹笋加工企业，检察机关准确界定违法使用硫黄熏制竹笋对人体的危害，通过专业检验，查获的竹笋中二氧化硫残留量严重超标，同时，因为 Y 市的"某竹笋"是获国家农产品地理标志登记保护的品牌，为打消竹笋生产、销售企业的担忧和消费者的质疑，检察机关邀请当地部分人大代表、政协委员、竹笋生产、销售企业及消费者代表旁听庭审，促使当地竹笋生产销售企业加强对农产品质量安全的认识，自觉合法经营。

二是依托案例示范，开展法律适用研究。依托与四川农业大学食品学院的合作，将检察机关办理的食品安全案例，引入四川农业大学食品学院课堂，并进行讨论，推动理论和实践进一步融合。如在办理火锅店违法熬制并使用"回收油"相关公益诉讼案件中，围绕对《食品安全法》第 148 条第 2 款的理解，检察公益诉讼是否需要根据违法犯罪情节、危害后果，比如回收油是否重金属超标等，在 1 倍至 10 倍间确定不同的赔偿倍数，开展讨论并进行课题延伸研究。最终达成共识，检察公益诉讼在主张食品安全公益诉讼赔偿时，不能机械适用上述法律条文，也应当依据危害食品安全的违法犯罪情节、危害后果，合理确定赔偿倍数，达到罪责刑相适应，并与人民法院取得初步共识，有效推动食品安全治理的规范化。

（四）以监督职能延伸为抓手，助推食品安全溯源治理现代化

坚持治罪的同时，积极依托检察公益诉讼职能，推动社会治理，努力实现食品安全公益诉讼"治罪+治理"并重，推动食品安全溯源治理，完善食品安全监管体系，推动食品安全公益诉讼被市委政法委列为2023年市域社会治理创新项目，助推食品安全国家治理体系和治理能力现代化。如，Y市检察机关办理的"马肉冒充牛肉售卖"案中，某牛肉馆长期从他人处购入活马在某肉业有限公司宰杀后，在检验检疫程序不规范的情况下，以销售牛肉的名义，向M县相关中小学、企业等单位批发马肉冒充的牛肉，并在市场摊位向散客销售马肉冒充的牛肉，有票据载明的销售金额达8万余元。检察机关在办案中，不仅关注案件中相关违法行为人以假充真的违法犯罪行为，对该部分马肉冒充牛肉进入市场后的潜在危害进行调查，而且对马肉的来源进一步调查核实，通过讯问等方式最终查明进货渠道后，依法将相关违法犯罪线索移送相关部门，该案正在依法处置中，推动对存在食品安全隐患的制品从源头加强监管治理。

食药领域检察公益诉讼惩罚性赔偿金确定问题研究

魏小玥*

一、食药领域检察公益诉讼惩罚性赔偿金确定的现状分析

近年来，检察机关在大量食药领域检察公益诉讼案件中提出了惩罚性赔偿金的诉讼请求。2017~2019 年，全国检察机关在食品安全民事公益诉讼中共提起惩罚性赔偿公益诉讼 800 余件，共提出惩罚性赔偿金诉讼请求 11 亿余元。①2020、2021 两年时间里，全国检察机关食药领域提起民事公益诉讼 3200 余件。其中，提出惩罚性赔偿诉求的占起诉案件总数的 80%以上。②

（一）检察机关确定惩罚性赔偿金的司法实践

笔者在中国裁判文书网以"公益诉讼""检察""惩罚性赔偿"为关键字进行搜索，共搜索出 723 份裁判文书。通过整理归类，共有 192 件为检察机关提起的食药领域民事公益诉讼案件，其中，184 件案件提出了惩罚性赔偿金的诉讼请求。

在 184 件案件中，159 件系检察机关参照《食品安全法》《药品管理法》《消费者权益保护法》等法律规定采用"计算基数乘以计算倍数"的计算模式确定赔偿金额，16 件案件系检察机关运用自由裁量权确定金额。另外，有 9 件案件因涉案金额过少或无法确定涉案金额，检察机关以《食品安全

---

* 魏小玥，四川省乐山市人民检察院副检察长、民建乐山市委副主委、四级高级检察官。

① 孙永立：《规范食品安全民事公益诉讼惩罚性赔偿实践探索 最高检第八检察厅负责人解读〈会议纪要〉》，载《中国食品工业》2021 年第 11 期。

② 《最高检发布"3.15"检察机关食品药品安全公益诉讼典型案例——最高检第八厅负责人就相关问题答记者问》，载微信公众号"最高人民检察院"，2023 年 3 月 15 日。

法》《药品管理法》确定的"一千元"最低金额为索赔金额。通过对相关裁判文书的逐份研读梳理，发现食药领域检察公益诉讼惩罚性赔偿的计算标准五花八门。

1.惩罚性赔偿金计算基数不统一

在159件采用"计算基数乘以计算倍数"模式确定赔偿金额的案件中，以销售价款为计算基数的有138件，占比86.79%；以支付价款为计算基数的有10件，占比6.29%；以涉案货值为计算基数的有8件，占比5.03%；以涉案商品进价为计算基数的有3件，占比1.89%。

上述数据呈现出三个特点：

第一，虽然《食品安全法》《药品管理法》规定惩罚性赔偿金为"支付价款十倍或者损失三倍"，将损失金额明确为计算基数之一，但检察机关很少采取此种做法。

第二，虽然《食品安全法》《药品管理法》《消费者权益保护法》均未将销售价款确定为计算基数，但检察机关在司法实践中较为普遍地如此运用，最高人民检察院发布的典型案例大多也以销售价款作为计算基数。

第三，司法实践中出现了突破法律规定以查扣货值、涉案商品进价等作为计算基数的案件。

2.惩罚性赔偿金计算倍数不统一

在159件采用"计算基数乘以计算倍数"模式确定赔偿金额的案件中，以"十倍"系数为计算倍数的有120件，占比75.47%，以"三倍"系数为计算倍数的有27件，占比16.98%，以"八倍""五倍""二倍""一倍"等其他系数为计算倍数的案件有12件，占比7.55%。

上述数据呈现出三个特点：

第一，参照适用《食品安全法》《药品管理法》，以十倍作为计算倍数的案件占绝大多数。

第二，参照适用《消费者权益保护法》，以三倍作为计算倍数的案件有一定数量。

第三，以"十倍""三倍"以外的其他倍数索赔惩罚性赔偿金时有发生。

3.惩罚性赔偿金确定的自由裁量权不统一

在184件案件中，共有16件案件系检察机关运用自由裁量权确定惩罚性赔偿金。

首先，自由裁量的第一种类型为任意确定型，即检察机关没有依据现行法律规定确定金额，这种任意确定方式既不合法也不合理。

其次，自由裁量的第二种类型为突破限额型，即适用《食品安全法》《药品管理法》规定的"计算基数乘以计算倍数"规则却突破两部法律规定的一千元最低赔偿限额，作为形式当事人的检察机关无权请求低于法定限额的赔偿金。

最后，自由裁量的第三种类型为调解降低型，即通过与被告人达成调解协议的方式降低请求赔偿金额。《人民检察院公益诉讼办案规则》第99条规定，调解的前置条件是不得减免诉讼请求载明的民事责任，故调解内容应当为赔偿金支付的期限、方式的调整等，而非金额的减免。

（二）惩罚性赔偿司法金确定司法实践产生的问题

1. 类案不同诉问题

同类案件索赔惩罚性赔偿金诉求差异大是当前食药领域检察公益诉讼案件办理中的突出问题。以四川省犍为县、沐川县两件"地沟油"火锅刑事附带民事公益诉讼案件为例，两县地理位置相邻，两起案件时间相近、性质相似、销售金额接近，犍为县检察院要求违法行为人支付销售价款44.7万元的十倍赔偿金447万元，而沐川县检察院却要求违法行为人支付销售价款34.36万元的三倍赔偿金103.08万元。

这种情况在全国不是个例。最高人民检察院在2023年3月15日发布的检察机关食品药品安全公益诉讼典型案例中，4起民事公益诉讼案件提出惩罚性赔偿金的请求，其中2起案件提出了销售价款十倍的惩罚性赔偿诉讼请求，2起案件提出了销售价款三倍的惩罚性赔偿诉讼请求。①

2. 赔偿金畸高畸低问题

在检察机关提起的食药领域民事公益诉讼案件中，索赔的惩罚性赔偿金数额差异大。有的案件索赔金额过高，如史某等四人生产、销售有毒、有害食品刑事附带民事公益诉讼案，绵阳市三台县人民检察院请求判令支付赔偿金2289.3万元。有的案件索赔金额过低，如李某某销售有毒、有害食品刑事附带民事公益诉讼案，北海市海城区人民检察院请求判令支付的赔偿金仅为300元。

差异巨大赔偿金带来的后果也有极大差异。有的违法行为人无力支付高

---

① 《最高检发布"3.15"检察机关食品药品安全公益诉讼典型案例》，载中国长安网，https://baijiahao.baidu.com/s?id=1760407388585856556&wfr=spider&for=pc，2024年1月4日访问。

额赔偿金，商户、企业破产倒闭，生效判决成为一纸空文。有的违法行为人支付数额极小甚至可以忽略不计的赔偿金，无法起到惩罚目的，可能因违法成本过低再次违法。

二、食药领域检察公益诉讼惩罚性赔偿金确定的困境成因

（一）检察机关确定惩罚性赔偿金欠缺法律依据

检察机关在食药领域民事公益诉讼中索赔惩罚性赔偿金的主体资格未得到法律的明确授权，适用于检察机关确定惩罚性赔偿金的法律依据欠缺。

1. 我国尚未进行专门的检察公益诉讼立法

目前，涉及检察公益诉讼的法律规定主要为《民事诉讼法》第55条第2款和《行政诉讼法》第25条第4款及《安全生产法》等单行法律中的相应条款，主要解决的是检察公益诉讼制度的合法性和检察机关作为诉讼主体的适格性问题。检察公益诉讼专门立法缺失，导致食药领域检察公益诉讼惩罚性赔偿无明确法律依据。

2. 检察机关是否具有惩罚性赔偿主体资格的法律规定不明确

《最高人民法院关于审理食品药品纠纷案件适用法律若干问题的规定》第17条第2款为检察机关索赔惩罚性赔偿提供了一定依据，《人民检察院公益诉讼办案规则》第98条亦明确检察机关在食药安全领域案件中可以提出惩罚性赔偿等诉讼请求，但《民法典》第179条第2款规定，"法律规定惩罚性赔偿的，依照其规定"，通过效力等级较低的司法解释来获取惩罚性赔偿主体资格并不恰当。

3. 检察机关参照适用现行法律于法无据

《食品安全法》《药品管理法》及《消费者权益保护法》的相关规定将索赔主体明确限定为"消费者""受害人或者其近亲属"，检察机关参照适用无充分的法律依据。

（二）现行法律规定的计算标准适用于公益诉讼存在难度和争议

1. 现行法律规定了不同的计算标准

《食品安全法》和《药品管理法》规定惩罚性赔偿金的计算基数为"支付价款"或"损失"，《消费者权益保护法》规定为"购买商品的价款"，故

惩罚性赔偿金的计算基数有"支付价款""损失""购买价款"三种类型。

《食品安全法》和《药品管理法》规定的计算倍数为"支付价款十倍或者损失三倍",《消费者权益保护法》为"购买商品的价款的三倍",故检察机关能够选取的计算倍数为十倍或三倍。

2. 现行法律规定的计算基数难以调查核实且适用于公益诉讼不合理

首先,检察机关对损失金额难以调查核实,一般不以损失金额为计算基数。检察机关并非真正的消费者及其近亲属,要确定因食品药品不合格造成的损失金额难度大且缺乏必要性。第一,产生损失并非公益诉讼的前置条件,只要对社会利益存在潜在损害就能起诉。第二,检察机关很难没有遗漏地找到所有消费者统计因不合格食药品受到的损失。第三,证明遭受损失的具体金额及受到的损失与不合格食药品之间有因果关系举证责任过重。

其次,检察机关对购买、支付价款难以全面地调查核实,往往以销售价款作为计算基数的替代。一方面,消费者为不特定的多数人,且一般没有保存发票的习惯,加之"在线+线下""实体+电商"等多种销售形式的流行,难以精确统计购买、支付价款。另一方面,检察机关可通过销售记录、银行流水、账本、口供等证据确定较为精准的销售价款。购买与销售是相互依存的两面,销售价款与购买、支付价款基本对应。但是,相较于针对消费者个体的销售价款,销售价款总和要庞大得多,且包含了必要生产经营成本,全部作为计算基数不合情理。

最后,鉴于部分案件中法律规定的计算基数难以查清,出现了以涉案货值、涉案商品进价等作为计算基数的做法。涉案货值、涉案商品进价无论与购买、支付价款还是损失都没有关联性,未流入市场的涉案商品不会对消费者产生实际损害,也不会对社会公共利益造成潜在损害,不应成为惩罚性赔偿的标的。

3. 现行法律规定的计算倍数适用条件不明确且适用于公益诉讼不合理

《食品安全法》《药品管理法》规定的惩罚性赔偿适用于生产者和经营者,客体是食品或药品,主观方面要求经营者明知是不符合安全标准的食药品。《消费者权益保护法》规定的惩罚性赔偿适用于经营者,客体是商品,主观方面要求进行欺诈。上述法律适用的前置条件不完全相同。生产者生产不符合安全标准的食品、药品只能适用《食品安全法》《药品管理法》,即按照价款的十倍确定惩罚性赔偿金。经营者明知商品质量不符合安全标准进行经营也可以理解为提供商品有欺诈行为，既可以适用《食品安全法》《药品管理法》规定的十倍惩罚性赔偿，也可以适用《消费者权益保护法》规定的三倍惩罚性赔偿，法律并未规定适用条件。

在一般性消费活动中，消费者所支付的金钱对价一般较小、损失不大，而消费者若提起诉讼则会耗费较多的时间、精力、金钱，法律规定高倍数惩罚性赔偿的目的是鼓励消费者对违法行为进行检举、控告、索赔，且真正提起诉讼的消费者数量有限，一般不会出现赔偿金过高的情形。检察机关索赔惩罚性赔偿金，因对价基数大，计算出的赔偿金可能数额过大，出现过罚不相当的情形，加之违法行为人往往还需承担刑事罚金和行政罚款，这将远远超出其赔付能力。

（三）检察机关运用自由裁量权缺乏规范性

《探索建立食品安全民事公益诉讼惩罚性赔偿制度座谈会会议纪要》指出："办理食品安全民事公益诉讼惩罚性赔偿案件，要准确把握惩罚性赔偿制度惩罚、遏制和预防严重不法行为的功能定位，应当根据侵权人主观过错程度、违法次数和持续时间、受害人数、损害类型、经营状况、获利情况、财产状况、行政处罚和刑事处罚等因素，综合考虑是否提出惩罚性赔偿诉讼请求。"[1] 检察机关可以根据案件情况综合考虑是否提出惩罚性赔偿要求，但没有自由裁量确定金额的权限。

从法学理论和司法实践看，虽然检察机关办案拥有一定的自由裁量权，但这种自由裁量权应当有限度和边界，应在依法的前提下行使。检察机关在法律框架内可以进行自由裁量，例如，计算基数选择购买、支付价款还是损失金额，计算倍数选择十倍还是三倍，虽然这种选择有一定争议，但至少有一定法律依据可循。司法实践中，存在检察机关没有法律依据不规范行使自由裁量权的情形，有不当处分社会公共利益的嫌疑。法无授权不可为，这是当前食药领域检察公益诉讼惩罚性赔偿问题产生的主要原因之一。

---

[1] 《最高检等七部门印发〈会议纪要〉规范食品安全民事公益诉讼惩罚性赔偿实践探索》，载最高人民检察院官方网站，https://www.spp.gov.cn/xwfbh/wsfbt/202106/t20210608_520675.shtml#1，2024年1月4日访问。

三、优化食药领域检察公益诉讼惩罚性赔偿金确定制度的建议

(一)完善立法,保障法律供给

1. 制定公益诉讼专门立法

当前,检察公益诉讼专门立法的呼声越来越高,应当借助专门立法契机进行食药领域公益诉讼惩罚性赔偿制度的完善,对诉讼主体资格、赔偿金计算标准、自由裁量权行使等焦点问题予以明确。

2. 修订《食品安全法》《药品安全法》等相关法律

我国对食药领域惩罚性赔偿的相关规定主要散见于《食品安全法》《药品管理法》等单行法律,检察机关索赔惩罚性赔偿金正是参照适用了上述法律。在尚未制定检察公益诉讼专门立法之前,建议尽快修订《食品安全法》《药品管理法》等单行法律,在其中新增检察公益诉讼提起惩罚性赔偿的专门条款,以区别于性质完全不同的消费者个人诉讼,确保惩罚性赔偿金的确定合法、合理、易于操作。同时,可以配套修订《民事诉讼法》,完善相应诉讼程序。

3. 出台配套司法解释

制定检察公益诉讼专门立法或修订单行法律程序严格、耗时较长,在此之前,可以制定专门性司法解释或完善现有司法解释,对检察机关索赔惩罚性赔偿金相关实体问题和程序问题进行明确,以解决法律依据不足而司法实践紧迫的燃眉之急。

(二)充分研判,合理确定标准

检察机关参照现行法律规定确定惩罚性赔偿金,虽然简便可行、易于操作,但毕竟不是针对检察公益诉讼制度而设计,难免水土不服。完善食药领域检察公益诉讼惩罚性赔偿制度的当务之急是科学合理制定与检察公益诉讼相匹配、相适应的惩罚性赔偿金计算标准。

1. 合理确定计算基数

笔者认为,可以参考借鉴德国收缴违法行为人不法利润的做法,以非法利润作为检察公益诉讼惩罚性赔偿的计算基数,这相较于销售价款而言更为合理,理由如下:

第一,追求利润是违法行为人实施违法行为的根本驱动力,通过收缴不

法利润让违法行为人无利可图,以此实现阻止其再犯的目的。实施不法行为的根本目的是降低生产成本以获得不法利益,这种不法利益一定程度上可以视作由不特定消费者和全社会承担的公共利益损失;当惩罚性赔偿完全剥夺了不法收益,甚至超额剥夺时,违法行为人便会丧失追逐不法利益的动力。

第二,销售价款包括了原材料、税金等必要的经营成本,并非全部为违法所得,将正常的经营成本纳入惩罚性赔偿计算基数会打击过重。非法利润为销售价款减去经营成本之差,比销售金额小,剥夺非法利润更能体现精准打击。

第三,不同类型食药品的价值不同,仅以销售价款无法体现实质危害程度。贵重食药品成本高、价值高、销售价格高,但对人体的危害并不一定高于成本低、价值小、销售价格低的普通食药品,如,在燕窝中超量使用食品添加剂的危害并不大于在饺子中加入工业用盐。以销售价款为计算基数,商品价值较大时容易惩罚过重,商品价值较小时可能惩罚不足。生产、经营非法利润高的食药品,违法手段往往更恶劣,对社会公益的危害程度更大,生产、经营非法利润低的食药品则反之,以非法利润作为计算基数更能体现惩罚的精准性。

第四,食药品的生产、销售涉及多个环节,生产商、批发商、零售商在不同环节的销售价格显然不同,不同流通环节中间商的销售价格也不同,以销售价格为计算基数,可能出现同一案件中对不同环节违法行为人惩罚的差异,且这种差异不具有合理性。在生产、销售的各环节,以各自的非法利润分别计算违法行为人的惩罚性赔偿金,虽然也存在金额差异,但这种差异与违法行为人的违法性质相对应。

第五,非法利润是销售价款减去成本之后的金额,与特定消费者的损失额不构成重叠,即便检察机关已通过公益诉讼索赔惩罚性赔偿金,消费者个人仍可以损失为基数索赔惩罚性赔偿金而不构成重复追责。

第六,检察机关有能力通过调查生产销售记录、成本开支记录、缴纳税款记录等方式对非法利润数额进行确定;实在无法查清的,可以通过销售金额乘以行业平均利润的方式得出非法利润金额,以非法利润作为计算基数具有可操作性。

2. 合理确定计算倍数

现行法律规定的十倍和三倍计算倍数是刚性倍数,虽然适用起来操作简单,但可能导致检察机关忽略案件情节机械办案。笔者认为,我国可以借鉴域外国家的做法，参照我国在知识产权领域的模式，不设置惩罚性赔偿金的固定倍数，在限定范围内设置弹性计算倍数，考虑到我国的国情和检察公益诉讼的特殊性，可将计算倍数确定为一到十倍不等的区间为宜。十倍最高倍数与国际通行做法一致，既能体现对违法行为的严肃惩处，也可避免倍数过高出现天价赔偿金；一倍最低倍数即可剥夺违法行为人的全部非法收益，适用于情节轻微的违法行为，避免不论青红皂白一律严惩。同时，检察机关即使索赔一倍赔偿金也可剥夺全部非法收益，可不设置最低赔偿金额。

相比计算基数，计算倍数更能体现对违法行为的惩戒。不同类型的不合格食药品对人体生命健康安全及社会公共利益的损害存在差异，生产销售不同类型的不合格食药品反映违法行为人违法程度的不同。建议参照刑事处罚的分档次量刑做法，制定分类型的计算倍数规则，在区分不合格食药品类型确定倍数幅度的基础上，根据具体违法情节在倍数幅度范围内确定一个计算倍数，具体做法如下：

首先，按照不合格食品的危害程度，将食品分为有毒、有害食品和不符合安全标准食品两种类型。《刑法》根据不合法食品的类型，将食品犯罪区分为生产、销售有毒、有害食品罪和生产、销售不符合安全标准的食品罪，前罪的量刑重于后罪。有毒、有害食品的危害程度一般重于不符合安全标准食品，对生产销售有毒、有害食品行为提起的惩罚性赔偿一般应重于生产、销售不符合安全标准食品行为。笔者认为，从食品违法行为的危害性和司法实践的操作性出发，对生产销售有毒有害食品违法行为设置2~10倍惩罚性赔偿倍数区间比较适宜，其中：情节轻微的设置为3倍以下，对人体健康造成严重危害或者有其他严重情节的设置为4~6倍，后果特别严重的设置为7~10倍；对生产销售不符合安全标准食品违法行为设置1~7倍惩罚性赔偿倍数区间比较适宜，其中：情节轻微的设置为2倍以下，对人体健康造成严重危害或者有其他严重情节设置为3~5倍，后果特别严重的设置为6~7倍（见表1）。

表1 食品安全违法行为惩罚性赔偿计算倍数设置

	生产销售有毒有害食品（2~10倍）	生产销售不符合安全标准食品（1~7倍）
情节轻微	3倍以下	2倍以下

续表

	生产销售有毒有害食品 （2~10倍）	生产销售不符合安全标准食品（1~7倍）
对人体健康造成严重危害或者有其他严重情节	4~6倍	3~5倍
后果特别严重	7~10倍	6~7倍

其次，按照不合格药品的危害程度，将药品分为假药和劣药两种类型。《刑法》根据不合法药品的类型，将药品安全犯罪区分为生产、销售假药罪和生产、销售劣药罪，前罪的量刑重于后罪。生产、销售假药的危害程度一般重于生产、销售劣药，对生产、销售假药行为提起的惩罚性赔偿一般应重于生产、销售劣药行为。笔者认为，从药品违法行为的危害性和司法实践的操作性出发，对生产、销售假药违法行为设置2~10倍惩罚性赔偿倍数区间较为适宜，其中，情节轻微的设置为4倍以下，对人体健康造成严重危害或者有其他严重情节的设置为5~7倍，后果特别严重的设置为8~10倍；对生产、销售劣药违法行为设置1~8倍惩罚性赔偿倍数区间较为适宜，其中，情节轻微的设置为3倍以下，对人体健康造成严重危害或者有其他严重情节设置为4~5倍，后果特别严重的设置为6~8倍（见表2）。

表2　药品安全违法行为惩罚性赔偿计算倍数设置

	生产、销售假药 （2~10倍）	生产、销售劣药 （1~8倍）
情节轻微	4倍以下	3倍以下
对人体健康造成严重危害或者有其他严重情节	5~7倍	4~5倍
后果特别严重	8~10倍	6~8倍

3.合理行使自由裁量权

我国应在食药领域检察公益诉讼惩罚性赔偿中给予检察机关一定的自由裁量权，并对自由裁量权进行规范和限制，具体做法如下：

首先，明确自由裁量权行使的幅度范围。检察机关行使自由裁量权的主要方式是选取赔偿金计算倍数,一般应限定在相对应的倍数幅度范围内,特殊情况下才能审慎地在下一个档次确定,确实需要降低档次确定的,应向上级检察机关请示报批后执行。如,生产、销售假药违法行为对人体健康造成严重危害或者有其他严重情节的,检察机关原则上可在 5~7 倍之间自由裁量选取一个倍数;若有特殊情况,按审批程序向上级检察机关请示报批获同意后,才能降档在 4 倍以下选取倍数。

其次,明确自由裁量权行使需考虑的情形。《探索建立食品安全民事公益诉讼惩罚性赔偿制度座谈会会议纪要》罗列了可以提出惩罚性赔偿的情形,即综合考虑侵权人主观过错程度、违法次数和持续时间、受害人数、损害类型、经营状况、财产状况、行政处罚和刑事处罚等因素。上述因素刚好比较完整地涵盖了检察机关办案时需要酌情考虑的情形,适合作为"一案一策"确定惩罚性赔偿金的考虑情节。如,同样是在油条中添加明矾,A 明知食用添加明矾的油条对人体有害而故意添加,B 不知食用添加明矾的油条对人体有害,只是按照流传的传统配方添加,A 的主观过错程度明显严重于 B,对 A 的惩罚性赔偿应适当重于 B。

最后,明确通过和解、调解方式行使自由裁量权的范围和方式。虽然调解不得减免诉讼请求载明的民事责任,在食药领域公益诉讼案件中即为不得降低索赔金额,但刑事案件尚且可以认罪认罚从宽,民事公益诉讼又为何不能进行一定的让渡?笔者认为,不应过分强调惩罚性赔偿金的不可降低性,检察机关根据具体情节适当降低惩罚性赔偿金金额亦无不可,但需注意控制降幅,在尽可能保障社会公共利益最大化实现的同时确保办案效果。当然,为了避免检察人员不当办案,调解降低赔偿金额可以采取公开透明的方式进行,由检察机关、审判机关、被告人、律师、行政机关及其他社会人士共同参加、见证,确保内容和程序的公正、合法、合理。和解协议作出后,可以通过公开渠道向社会公示,并设置异议期,异议期结束之后再予执行。

(三)统一司法,规范办案实践

《人民检察院组织法》第 10 条第 2 款规定:"最高人民检察院领导地方各级人民检察院和专门人民检察院的工作,上级人民检察院领导下级人民检察院的工作。"针对食药领域检察公益诉讼惩罚性赔偿案件中出现的类案不同诉、计算标准不统一、自由裁量权行使不规范等问题,检察机关应当规范办案尺度、统一检察实践。

1. 修订检察公益诉讼办案规则

《人民检察院公益诉讼办案规则》于 2021 年 7 月 1 日正式实施之时，食药领域检察公益诉讼惩罚性赔偿工作尚处于初步探索阶段，办案规则只原则写明检察机关可以提出惩罚性赔偿的诉讼请求，对具体问题并未予以明确。时隔三年，检察机关对食药领域公益诉讼惩罚性赔偿积累的工作经验越来越多，办案中遇到的问题也越来越多，确有必要修订办案规则、明确办案标准。

2. 出台专门性工作指引

最高人民检察院出台针对专项工作的工作指引，是统一规范办案活动的有效途径。人民检察院制定的工作指引虽然不属于法律或司法解释范畴，只是内部的规范性文件。但若能够及时制定适用于全国的工作指引，必定对规范食药领域公益诉讼惩罚性赔偿工作具有推动作用。

3. 发布指导性案例

判例在我国并不是法律渊源，但最高人民检察院发布的指导性案例在司法办案中可以参照、借鉴、示范、指导，对于解决同案不同诉问题具有积极作用。最高人民检察院可以收集、整理、总结一批检察机关在食药领域公益诉讼案件中确定惩罚性赔偿金的有益经验和做法，对具有合法性、科学性且可复制和可借鉴的，通过发布指导性案例的方式提炼可参照适用的规则，以统一办案尺度、明确价值导向。

知识产权检察公益诉讼的实证研究与路径探析
——以三起典型案例为研究样本

夏国伟 官多奎[*]

一、问题的提出

自2017年《行政诉讼法》《民事诉讼法》修改后,法律正式确立了检察机关提起公益诉讼制度,办案领域从法律明确规定的生态环境、国有资产、国有土地出让、食品药品安全等领域,拓展到单行法赋权的英烈保护、未成年人保护、安全生产、军人权益保障、个人信息、反垄断等领域。2017年7月至2022年6月底,全国检察机关共立案公益诉讼案件67万余件,[①] 公益诉讼案件办案数逐年增加,办案领域得到不断延伸,检察公益诉讼制度为解决"公地悲剧"提供了"中国方案"。近年来,全国检察机关从服务保障创新型国家建设出发,组建知识产权检察办公室,强化刑事、民事、行政、公益诉讼一体化综合履职。公益诉讼制度作为法律赋予检察机关保护国家利益和社会公共利益的专门制度,在服务保障创新型国家建设上,具有天然的制度优势和法律基础。

然而,我们必须清晰地看到,知识产权检察公益诉讼仍然是一个全新的课题,理论界既缺乏系统的讨论,实践上也没有达成共识。围绕知识产权的私权属性与公益保护之间的界限、知识产权检察公益诉讼的适用原则不明确、办案领域狭窄以及如何从顶层设计的高度推动知识产权检察公益诉讼制度的体系化和规范化发展等问题,亟待理论和实务予以阐释解决。

---

[*] 夏国伟,四川省宜宾市叙州区人民检察院第四检察部主任、二级检察官;官多奎,四川省宜宾市叙州区人民检察院第三检察部主任、一级检察官。

[①] 闫晶晶:《最高检发布检察机关全面开展公益诉讼五周年工作情况》,载《检察日报》2022年7月1日。

本文从知识产权检察公益诉讼的制度渊源出发，选取三件典型案例，试图从个案与实践的角度，分析知识产权检察公益诉讼的运行逻辑和实践选择，指出面临的主要困境和问题，为知识产权检察公益诉讼制度的构建提出若干拙见。

二、知识产权检察公益诉讼的三个发展阶段

通过梳理现有文献可以发现，知识产权检察公益诉讼是近年来才关注的问题，其研究伴随着司法实践需求和我国公益诉讼检察制度的发展而不断深入。在公益诉讼制度尚未正式建立前，学者们呼吁建立公益诉讼制度，弥补知识产权公益保护漏洞，最高人民检察院知识产权综合性司法保护的提出后，知识产权检察公益诉讼制度的发展进入了法治的快车道，自上而下的推动、司法解释的出台、典型案例的发布，客观上促进了知识产权检察公益诉讼制度的长远发展。

（一）理论争鸣阶段：知识产权公益诉讼"第一案"背后的制度探讨

2005年12月，北大教授张平针对飞利浦在DVD领域名为"编码数据的发送和接收方法以及发射机和接收机"的专利在中国范围内无效，向国家知识产权局专利复审委员会提出公益无效申请，随后另外四位知识产权专家提出相同公益无效申请。经过一年多的诉讼和谈判，该案最终和解，飞利浦将该专利从许可专利清单中撤出。① 该专利无效案被誉为全国知识产权公益诉讼"第一案"，由此，学术界对知识产权公益诉讼展开了理论探讨和制度构建。学者们从知识产权与公共利益的冲突、公益与私益的平衡等角度，指出我国民事诉讼制度在公共法益上存在的难题，进而提出要突破传统的诉权理念，② 探索构建我国的知识产权公益诉讼制度。③

知识产权的独占性和公共利益存在着天然冲突，当知识产权人过度滥用自身权利，无限制追求其独占利益时，必然对公共利益造成损害。在上述知

---

① 闫文锋：《北大学者兴起首例知识产权公益诉讼》，载《中国知识产权报》2005年12月9日。
② 黄汇：《论知识产权公益诉讼制度的构建》，载《江西社会科学》2008年第6期。
③ 刘友华：《我国知识产权公益诉讼制度之构建——从知识产权公益诉讼"第一案"谈起》，载《学术论坛》2007年第2期。

识产权公益诉讼"第一案"中,张平等教授以个人身份提起有关专利权无效宣告请求的诉讼,打破提起专利权无效宣告请求要与被请求的专利权有利害关系的单位或者个人这一规定,是对知识产权权利滥用进行的一次实践探索,也为维护知识产权中的公共利益提供新的路径思考。

(二)试点推动阶段:加强知识产权综合性司法保护

2020年11月,最高人民检察院在全面分析全国检察机关知识产权检察存在的履职不均衡、专业能力欠缺、队伍建设薄弱、参与社会综合治理有限等问题的基础上,以内部综合办案组织形式,整合刑事、民事、行政检察职能,从顶层设计的高度建立知识产权检察办公室,专门从事知识产权检察工作,推进知识产权检察综合履职,为解决知识产权案件专业性问题提供机制保障。①

在建立知识产权检察办公室的同时,最高人民检察院决定在北京、天津、江苏等九省(市)检察院开展知识产权检察职能集中统一履行试点工作。各地在探索知识产权检察综合履职新机制中,打破"四大检察"工作壁垒,对知识产权案件实行"一案三查",同步审查刑事追诉、行政违法和民事追责,并实现专业人员的统筹调配。从最高人民检察院公布的数据来看,2021年至2022年4月,全国检察机关办理的知识产权民事行政诉讼监督案件数量同比增加3倍,②在此阶段,知识产权综合性司法保护的以检察职能集中统一履行,实现了由分散履职方式向刑事、民事、行政综合司法保护的发展。在知识产权检察办公室设置之初,由于公益诉讼作为一项全新的制度,尚处于探索拓展阶段,故暂未被正式纳入知识产权综合性司法保护制度的范畴。

(三)稳步探索阶段:发布知识产权案件工作指引

2022年3月1日发布的《最高人民检察院关于全面加强新时代知识产权检察工作的意见》(以下简称《意见》),明确提出"稳步开展知识产权领域公益诉讼""更新履职理念,强化刑事、民事、行政、公益诉讼等多种检

---

① 郑新俭、刘小艳、樊雪:《加强知识产权检察工作 服务保障创新型国家建设》,载《人民检察》2021年第6期。
② 徐日丹、常璐倩:《打好综合履职组合拳 知识产权检察跑出"加速度"》,载《检察日报》2022年4月26日。

察职能综合履行"。2023年4月26日,最高人民检察院发布《人民检察院办理知识产权案件工作指引》(以下简称《指引》),对检察机关办理知识产权公益诉讼案件作出规定,明确检察机关通过办理知识产权公益诉讼案件,督促行政机关依法履职,支持适格主体依法行使公益诉权,维护国家利益和社会公共利益。

制度的创新来源于实践的探索,知识产权检察公益诉讼制度,随着最高人民检察院《知识产权意见》及《知识产权指引》的下发,检察机关赋予了知识产权工作新的职能和内涵。《知识产权意见》首次将公益诉讼正式作为知识产权"四大检察"综合履职的职能范围,并明确检察机关依托法定领域积极稳妥拓展知识产权领域公益保护,即立足生态环境、食品药品、英烈保护、文物和文化遗产等法定领域,办理知识产权中涉国家地理标志产品、种业、英烈商标权、著作权损害、传统文化、民间艺术等领域案件,在法律尚未明确赋权的基础上,稳步开展知识产权领域公益诉讼。《知识产权指引》对知识产权公益诉讼案件办理的检察建议、提起诉讼、支持起诉等方式进行规定,一定程度上弥补知识产权检察公益诉讼缺乏正式制度的空白,回应检察实践的需求。

三、从个案分析知识产权检察公益诉讼中检察机关的运行逻辑和实践选择

本文从民事、行政、刑事附带民事公益诉讼案件类型出发,选取最高人民检察院①、甘肃省高级人民法院②、安徽省人民检察院③发布的三起知识产权公益诉讼案件典型案例作为研究样本,分析知识产权检察公益诉讼中检察机关的运行逻辑和实践选择。

(一)检察机关以"诉讼+建议"开展知识产权公益诉讼综合性司法保护

《知识产权指引》第5条规定:"人民检察院应当充分发挥知识产权检察综合履职……通过提出检察建议、提起诉讼和支持起诉等方式,履行知识产

---

① "白蕉海鲈"地理标志保护行政公益诉讼案:2022年全国检察机关知识产权保护典型案例。
② 霍某某、薛某某销售假冒注册商标刑事附带民事公益诉讼案:2022年甘肃省法院年度知识产权司法保护十大典型案例。
③ 张某龙等七人生产、销售假冒注册商标化肥民事公益诉讼案:2022年安徽省检察机关知识产权保护典型案例。

权公益诉讼检察职能。"可以看出，知识产权检察公益诉讼的履职方式主要是检察建议、提起诉讼、支持起诉。

在"白蕉海鲈"地理标志保护行政公益诉讼案中，广东省珠海市斗门区人民检察院以市场监督管理局在履行对"白蕉海鲈"地理标志知识产权保护的行政职责中存在不到位为由，发出行政公益诉讼诉前检察建议，督促行政部门依法全面履职，加大侵权打击力度，健全监管机制。该案件中，检察机关还通过磋商、公开听证、联席会、调研报告等方式对地理标志进行综合保护，体现检察权的司法属性、行政色彩以及行政公益诉讼诉前程序倒逼依法行政的制度优势。

在霍某某、薛某某销售假冒注册商标刑事附带民事公益诉讼案和张某龙等七人生产、销售假冒注册商标化肥民事公益诉讼案中，针对同一类型生产销售假冒注册商标的犯罪，检察机关采取了刑事附带民事公益诉讼和民事公益诉讼两种不同的方式，对侵害商标的公益损害进行民事责任追究，这两起不同类型的典型案例为今后知识产权检察公益诉讼案件办理的实体和程序方面起到了很好的示范作用。同时，安徽省滁州市人民检察院在支持省消保委起诉中，对案件暴露出的行业监管漏洞，以社会治理检察建议方式予以纠正，体现"刑事追责+支持起诉+检察建议"的综合性司法保护。

（二）知识产权检察公益诉讼的司法权威与制度优势

我国《宪法》第134条规定："中华人民共和国检察院是国家的法律监督机关。"检察机关提起公益诉讼是在我国这样一个典型行政国家，增设了一种通过法律监督权和审判权协调配合来制衡过于强大行政权的机制。[1] 知识产权制度具有天然的私权属性，但在法定交叉领域及反垄断、反不正当竞争等领域方面，与公共利益有着天然的冲突和联系。面对知识产权领域大量的公益侵害，检察机关作为利害关系人的第三方主体，其相对的"独立性"在维护国家利益和社会公共利益中具有独特的制度优势，更能客观公正地实现公益保护的目的。

在三件典型案例中，"白蕉海鲈"地理标志保护不到位、销售假冒注册商标的五粮液、剑南春等白酒及生产、销售假冒注册商标化肥均针对的是不特定的多数人，而公益受损又无法通过正常的诉讼程序得到保护。为此，通

---

[1] 刘艺：《检察公益诉讼的司法实践与理论探索》，载《国家检察官学院学报》2017年第2期。

过发出诉前检察建议督促行政机关加强地理标志保护、提起刑事附带民事公益诉讼请求承担惩罚性赔偿以及支持省消保委提起民事公益诉讼请求承担赔偿金，知识产权检察公益诉讼的制度优势得到了体现，以提起行政诉讼作为制度支撑的诉前检察建议，在督促行政机关依法全面履职上具有刚性保障，提起附带民事公益诉讼体现出同一案件同时审查，在惩罚犯罪的同时可以兼顾落实恢复性司法。

（三）知识产权检察公益诉讼中检察机关能动性弥补能力不足

从这三件典型案例可以看出，检察机关作为公共利益代表人的身份对侵害知识产权行为予以监督纠正、提起诉讼或支持起诉，体现检察机关在保护知识产权的能动性和主动性，弥补其他诉讼主体能力不足的问题。

在"白蕉海鲈"地理标志保护行政公益诉讼案中，检察机关通过调研走访发现案件线索，在开展"白蕉海鲈"地理标志的一系列保护工作中，以检察建议形式推动行政机关依法履职，并召集相关职能部门综合施策，推动地方立法，形成对该地理标志一整套的保护机制。在张某龙等七人生产、销售假冒注册商标化肥民事公益诉讼案中，检察机关在办理刑事案件的同时，将该案涉及的侵犯农资产品知识产权线索移送省消保委并出庭支持起诉，在举证能力、法律适用、调查取证等方面予以支持协助，弥补了省消保委在提起知识产权民事公益诉讼中的能力不足困难，以公权力介入的方式，实现对知识产权公共利益的保护。

四、知识产权检察公益诉讼的路径探析

任何一项正式制度的形成，都必然经历一个自上而下的顶层设计与自下而上的实践探索。知识产权法设立的目的，旨在激励知识创造和对知识产品需求的社会利益之间实现理想的平衡。① 检察机关作为公共利益的代表，在强化知识产权司法保护、平衡知识产权人与社会公共利益、促进科技创新的过程中，公益诉讼检察不能缺位，理应及时予以立法赋权，明确范围程序，完善配套建设。

---

① 冯晓青：《利益平衡论：知识产权法的理论基础》，载《知识产权》2003年第6期。

（一）推动公益诉讼专门立法为知识产权检察公益诉讼赋权

作为一项中国特色司法制度，检察公益诉讼制度全面实施六年多来，在维护国家利益和社会公共利益、促进依法行政上展现了独特的制度优势。当前运行的检察公益诉讼规范对司法实践具有一定的指导意义，但必须看到其规范层级较低、内容散乱等问题，难以为检察公益诉讼提供有效的法律供给，制定《检察公益诉讼法》势在必行。[1]

为此，建议在《检察公益诉讼法》中明确检察机关在知识产权中的公益诉讼主体地位，赋予检察机关提起公益诉讼的权利。一是规定人民检察院对于侵犯知识产权、损害公共利益的行为，可以向人民法院提起民事公益诉讼或者对于适格主体提起的知识产权民事公益诉讼案件出庭支持起诉；二是规定人民检察院对负有知识产权监督管理职责的行政机关怠于履行监管职责的行为，可以发出诉前检察建议，督促依法履职，对未依法履职且符合起诉条件的，依法向人民法院提起行政公益诉讼；三是在现有法定领域中增加著作权、商标权、地理标志等知识产权领域作为知识产权检察公益诉讼的办案范围，并保障检察机关办理知识产权公益诉讼案件的调查取证权。

（二）出台专门指引明确知识产权检察公益诉讼案件范围和程序

检察机关发挥公益诉讼职能维护知识产权受损的公共利益，这是健全我国知识产权检察体制机制的重要内容，也是中国特色知识产权司法制度的必然要求。针对当前知识产权检察公益诉讼存在的办案范围不明确、办案标准不统一、办案程序不规定等问题，有必要由最高人民检察院专门出台《人民检察院办理知识产权公益诉讼案件工作指引》。

具体而言，建议从案件范围、管辖立案、调查取证、检察建议、提起诉讼、举证责任等方面，对知识产权检察公益诉讼办案规则进行细化明确。一要明确办案范围。人民检察院办理的知识产权公益诉讼案件，是指侵害著作权、专利权和商标权等知识产权，损害社会公共利益的案件，包括民事公益诉讼案件和刑事附带民事公益诉讼案件。鉴于知识产权的私权属性，对检察机关提起知识产权公益诉讼的范围应坚持"国家利益或社会公共利益遭受侵

---

[1] 孙佑海、张净雪：《检察公益诉讼专门立法的理论基础和法律框架》，载《国家检察官学院学报》2023年第3期。

害"的实质标准,严格控制在损害社会公共利益的知识产权案件、滥用知识产权损害社会公共利益的知识产权案件、不当使用造成公共利益受到侵害的知识产权案件及国家和社会重点关注的国家地理标志产品、种植业、英烈权益、传统文化、民间艺术等领域的知识产权案件。① 二要探索集中管理。在案件管辖方面,结合人民法院知识产权民事、刑事、行政案件审判"三合一"改革试点,探索建立知识产权检察公益诉讼集中管辖制度,特别是检察机关在提起反垄断知识产权公益诉讼中,严格遵守《反垄断法》及《人民检察院公益诉讼办案规则》,由违法行为发生地、损害结果地或者违法行为人住所地设区的市级以上检察院管辖。三要合理配置责任。在举证责任方面,加强对检察机关诉前调查取证权的保障,合理配置公益诉讼的举证责任,解决诉讼证据的倾向性与举证难问题。②

(三)立足知识产权检察办公室发挥检察机关一体化办案机制效能

知识产权司法保护是一个整体工程,涉及方方面面,在打击知识产权犯罪,维护审判公正之外,作为国家利益和社会公共利益的代表,公益诉讼检察制度为知识产权保护制度创新提供新的"中国方案",促进知识产权执法水平的提升。随着知识产权检察公益诉讼制度不断向前推进,全国检察机关在机构设置、人员保障、能力建设、信息衔接等方面不断完善,为知识产权公益诉讼行稳致远提供坚强的机制保障。

当前,随着最高人民检察院设立知识产权检察办公室,各地均成立了知识产权检察部门,特别是知识产权案件办理较多的上海、江浙等地,专门的知识产权检察部门已设置到基层检察院。③ 在推进知识产权检察公益诉讼过程中,一要发挥好检察一体化办案机制效能。立足知识产权检察办公室及专门部门,加强刑事、民事、行政、公益诉讼"四大检察"协调联动,建立知识产权"一案四查"机制,重点办理群众关心关切的知识产权公益损害案件,实现知识产权综合司法保护。二要健全知识产权内外线索移送机制。检察机关内部要畅通线索渠道,对办理的知识产权刑事案件及民事、行政监督案件中涉及的公益损害线索要及时移送,一体化

---

① 崔汪卫、唐朝霞:《知识产权检察公益诉讼法理基础与制度构造》,载《阜阳师范大学学报(社会科学版)》2021年第4期。
② 朱铁军、李碧辉:《多元化路径推进知识产权检察保护》,载《检察日报》2023年7月12日。
③ 张羽:《高质效办好每一个知识产权检察案件——写在第23个世界知识产权日》,载《检察日报》2023年4月27日。

办理。建立有效的司法行政衔接机制，畅通司法单位之间信息共享机制，实现知识产权全链条保护。三要积极借助外脑弥补专业能力不足。检察机关在认定知识产权公共利益受损时存在调查取证难、损失认定难、赔偿标准难等问题，可以通过建立专家库，邀请专家协助参与公益诉讼诉前程序及刑事附带民事公益诉讼的调查核实、损失评估，为知识产权检察公益诉讼提供智力支持。

| 下篇 |
检察改革与法律监督能力现代化

嬗变与融合：数字检察模型化监督路径之优化

朱建华[*]

一、问题提出及文献述评

党的二十大报告提出，要加快建设"数字中国"。[①]《中共中央关于加强新时代检察机关法律监督工作的意见》（以下简称《检察监督工作意见》）也强调，加强检察机关信息化、智能化建设，增强改进新时代法律监督工作。[②]最高人民检察院印发《2023—2027年检察改革工作规划》提出，积极构建"业务主导、数据整合、技术支撑、重在应用"数字检察工作模式，创新大数据赋能检察监督范式。[③]数智化浪潮下，检察机关加快推进数字检察战略。以大数据法律监督模型研发应用为代表的新型监督模式在全国铺展开来，并形成以模型化为特征的检察监督新范式。学界对此予以关注：或认为数字检察推动检察监督范式转变，实现监督质效跃升，助推国家治理现代化；[④] 或认为大数据战略的核心关键是大数据法律监督模型，其底层在于演绎逻辑，与法律哲学的底层方法论一致，最能匹配一线检察官的思维方式和办案模式；[⑤] 或从监督模型创建思路出发，探寻"个案解析、规则提炼、模型创建"思路；[⑥] 或从大数据法律监督中提炼规律，关注异常案件特征并归纳总结，转

---

[*] 朱建华，绵阳市涪城区人民检察院，员额检察官。
[①] 习近平：《高举中国特色社会主义伟大旗帜 为全面建设社会主义现代化国家而团结奋斗——在中国共产党第二十次全国代表大会上的报告》，人民出版社2022年版，第30页。
[②] 中共最高人民检察院党组：《加强新时代检察机关法律监督工作 更实担起党和人民赋予的更重责任》，载《人民日报》2021年9月2日。
[③] 最高人民检察院网站，https://www.spp.gov.cn/xwfbh/wsfbt/202308/t20230807_624017.shtml#2，2023年9月10日访问。
[④] 贾宇：《论数字检察》，载《中国法学》2023年第1期。
[⑤] 鲁建武：《大数据战略背景下检察监督能力提升路径探索》，载《科技与法律》2023年第1期。
[⑥] 贾宇主编：《大数据法律监督办案指引》，中国检察出版社2022年版，第14页。

换为数据模型，实现多案监督；①或从检察监督智能化发展角度，提出需重点关注大数据建模及方法理论体系建构；②或从实践剖析模型与应用系统的主要样式及数据模型运行流程，③提出大数据法律监督模型可能面临的业务模型融合不足、监督代码障碍等问题；④或认为构建数字检察"模型化"理论以及实践运作探寻，推进数字检察建设。⑤

上述研究成果，主要围绕大数据法律监督模型以及数字检察发展为主题展开。学界虽对检察机关运用大数据法律监督模型的正当性及运行机理进行探讨，但对当前模型化监督范式转型研究和理论性提炼不足，也未专门对破解模型化监督困境，探讨可能的优化路径。当前，数字检察正借力大数据法律监督模型应用，以模型化监督范式推动法律监督提质增效。正如应勇检察长强调，法律监督应用模型是数字检察落地见效的重要体现和突破口。⑥为此，有必要从数字检察理论和模型化监督实践出发，全面审视数字检察模型化监督的动因缘起、价值意蕴、现实困境、优化策略，探寻数字检察模型化监督发展路径，助力数字检察战略深入实施，以数字赋能检察监督主责主业推进检察工作现代化，助推国家治理能力和治理体系提升。

二、动因分析：数字检察模型化监督的归因起点

模型化监督作为数字检察发展的一种改革范式，其内涵可具象化为大数据法律监督模型、类型化监督、数字信息耦合等诸多方面。本文探讨的数字检察模型化监督，即以大数据法律监督模型为载体，遵循"重在应用"为旨意，从应用监督模型实践出发，归类的一种监督思路、手段、范式。即遵循"规则—要素—模型—应用"的逻辑思路，提炼类型化监督场景，运用技术化手段耦合监督要素，发现提升检察监督质效的着力点，实现更为智能化、深层次、高质效监督模式。模型化监督顺应了时代之需、法治之需、人民之需，契合数字检察发展规律。

---

① 刘品新：《论大数据法律监督》，载《国家检察官学院学报》2023年第1期。
② 谢君泽：《检察监督智能化的理论建构》，载《人民检察》2022年第11期。
③ 高景峰：《法律监督数字化智能化的改革图景》，载《中国刑事法杂志》2022年第5期。
④ 高景峰：《数字检察的价值目标与实践路径》，载《中国法律评论》2022年第6期。
⑤ 褚尔康、彭瑞峰：《以"模型化"深入推进数字检察建设》，载《检察日报》2022年11月26日。
⑥ 应勇：《加快推进数字检察战略赋能法律监督》，载《法治日报》2023年6月20日。

（一）时代之需：技术支撑加速范式变革

数字检察模型化监督有赖于信息化发展和数字化转型。检察信息化发展三十年，信息化系统工程加速改革，前沿技术探索和应用不断转化为成果。全国检察业务应用系统创建及迭代升级，即是检察信息化发展的缩影，使得办案、管理、统计三项功能得以一体化运行，办案业务数据在系统中流转，大大提高了办案效率、管理能力。然而，仅有检察信息化建设难以激发其本身所具有的巨大潜力。在数字时代背景下，以人工智能、区块链、云计算为代表的新兴科技融入检察监督，在检察信息化发展的加持下，催生出数字检察监督理念，以数字检察改革为核心范式，[1]推动检察监督转型升级。也使得凝聚司法经验的具有类型化特征的模型化监督成为数字检察发展的重要方式和内容。

（二）法治之需：数字赋能激活监督效能

数字是模型监督的基础，也是监督效能发挥的源泉。检察机关牢牢把握《宪法》定位，通过模型化监督，更能实现多层次、全面性监督。与数字检察模型监督相比，传统检察监督模式在监督范围、手段运用、时空格局等方面受限，难以发挥深层次监督效果。数字时代发展，为实现广域监督提供了条件。数字可以是证据，也可以提供知识的手段和管理方法，与检察监督结合，可实现数字增益、数字检验和数字预防效果。[2]数字意识、思维和认知能充分激发大数据对法律监督工作的放大、叠加、倍增等作用，使得线索发现难、工作碎片化、实效不明显等问题有了有效的解决方法，助力检察监督更为精准、有力、高效。[3]数字与数据相勾连，通过信息碰撞、筛查，找关联、查异常，以个案典型特征为分析对象。通过对批量异常案件特征的归纳总结，转化成数据模型，进行自动化发现，完成从个案监督到多案监督的转型。[4]简言之，数字特性有助于突破传统就案析案的局限，以数据分析为基础，通过数据建模挖掘有用信息，更能实现多维场景监督。

---

[1] 卞建林：《论数字检察改革》，载《华东政法大学学报》2023 年第 5 期。
[2] 钱昌夫、赵少岸：《数字检察范式的实践应用》，载《中国检察官》2022 年第 3 期。
[3] 刘庆杰、刘朔、吴一戎等：《大数据技术赋能法律监督》，载《中国科学院院刊》2022 年第 12 期。
[4] 刘品新：《论大数据法律监督》，载《国家检察官学院学报》2023 年第 1 期。

（三）人民之需：需求倒逼监督层次跃升

《检察监督工作意见》指出，坚持以人民为中心的发展思想，以法律监督维护社会公平正义。以人民为中心是检察监督的核心价值和理念。面对可能存在的执法不严、司法不公等难题，亟需以一种更为客观、全面、系统的监督模式治理，而数字检察模型化监督，本身所具备的中立性、全局性、深层次，为破解此类难题提供了可能。检察监督质效是检验检察监督能力的试金石。最高人民检察院党组强调，要坚持司法公正、司法为民，把高质效办好每一个案件，维护公平正义。高质效办案有着质量好、效率高、效果佳等多重内涵。① 与当下依托大数据、人工智能等技术开展的检察模型监督有着共同的价值追求和目标。以模型化监督为载体的检察监督，通过提质量、增效果，增强法律监督韧性与活力，让公平正义"看得见""感受到""可评价"，开创数字检察监督时代新境界。

三、理论溯源：数字检察模型化监督的价值意蕴

数字特性与技术融合，让检察监督视域更为广阔，激发监督潜力，监督质量得以提升，展现出新时代法律监督价值。

（一）监督规范化：从"监督差异"到"统一标尺"

检察机关是《宪法》规定的国家法律监督机关，保障法律正确统一实施。受制于传统检察监督模式影响，案件数据信息难以实现关联碰撞，异常要素不易被发现。加之，案件事实认定、法律适用本身不可避免介入人的主观因素，尤其是涉及案件价值判断问题，更是仁者见仁智者见智，监督标准尺度或多或少存在一定差异。此外，传统被动式监督导致监督范围过窄，无法回应现实所需解决的问题难点、痛点、堵点。监督范围存在"空白地带"，也容易陷入选择性监督困境。而数字检察模型化监督契合能动检察价值理念，其所具备的多跨性、中立性、类型化等特点，使得监督范围、领域更为广阔，有助于共性问题梳理和监督标准统一。同时，数字检察模型化监督与检察履职横纵一体化监督相适应，对于统一检察监督标准，保障和实现法律

---

① 叶伟忠：《深悟"高质效办案"价值意蕴创新监督力提升路径》，载《检察日报》2023年6月26日。

统一适用,具有重要意义。

(二)监督层次化:从"个案纠偏"到"社会治理"

数字技术赋能检察办案,开辟出由线性监督向多线性、协同式、系统性监督转向的全新治理格局。从最高人民检察院到各省市级检察机关,规划建立智能办案平台、综合管理平台,统筹监督模型研发、管理、应用,推动检察业务、管理、服务、领域智能化水平,探索出"个案监督—类案监督—社会治理"新型路径,监督效果实现跃升。从个案监督来看,模型化监督易于实现信息链条比对、关联性分析,助力检察办案人员从更为广域视角发现深层次监督线索,对案件作出全面、系统分析,保障监督案件质量。从监督效能来看,借助大数据、人工智能技术支撑,通过数据筛查、碰撞、挖掘与关联比对,归纳创建监督办案模型,深入研判与查找案件线索,实现类型化问题发现、集聚、研判,推动类案监督办理。从社会治理来看,通过探索、创新、优化数据监督模型,归集、碰撞相关数据,以检察监督优化检察机关溯源治理制度体系,促进解决法治领域深层次问题,推动执法司法权运行机制建设与改革。[①] 形成多层次、联动式现代化检察监督格局。

四、路径完善:数字检察模型化监督的提升之道

数字检察模型化监督具备协同、多维、综合、层次性系统履职特征,有助于"四大检察"一体化融合发展。目前,尽管数字检察模型化监督取得一定成效,但离数字检察推动检察工作现代化发展目标仍有较大差距。准确把握数字检察模型化监督本质及运行机理,全力发挥数字赋能检察监督作用。可以从数字思维强化、模型监督点位识别、数据分类治理、人机协同调适、应用效果评估方面提出突围之策。

(一)数字思维强化:数智理念与模型监督相适应

思维是行动的先导。数字检察模型化监督,与传统监督方式的重要区别在于是否以数字思维助力检察办案。类型化监督本身包含聚类、排异、重组要素,识别可能运用的监督场景,借助模型对数据进行筛查分析,获取成案关键要素,对破解法律监督难题发挥重要作用。强化数字检察思维,需要进

---

① 高景峰:《法律监督数字化智能化的改革图景》,载《中国刑事法杂志》2022年第5期。

一步增强数字检察赋能检察监督的认同感。在检察办案中,主动融入以数据为基础的模型化监督应用场域,充分运用数字本身特性,满足办案所需。数字思维运用,并非高深的技术"玄学",部分地区检察机关运用 Excel 表格等简便实用方式实现数据碰撞,查找办案所需信息,而非必须搭建技术平台和开发重量级或复杂模型实现。

数字检察意识的培养,可从理念、思维、技能等方面强化认知。一是强化业务主导思维,克服技术依赖主义。技术介入司法一定程度上影响监督范式转变,易产生技术依赖风险。①模型化监督体现出以数字化方式思考问题、分析问题和解决问题。在业务主导模式下,主动探索数智化手段赋能检察监督,发现传统监督手段难以发现的监督盲点、社会痛点、治理堵点,避免滑入技术万能主义陷阱。二是加强数字检察学习培训,强化检察人员数字思维。培养数据驱动思维能力,以数字检察推动新时代检察人员法律监督理念、本领的革新和跃迁,不断提高其对现代化、数字化的把握能力、引领能力、驾驭能力。②三是培育融合性监督思维,以数字检察革新监督理念。以融合性监督思维审视"四大检察"业务融通性,提升数字赋能检察监督能力,实现从个案办理到社会治理,促成办案"三个效果"有机统一。

(二)监督点位识别:切入角度与服务大局相匹配

数字检察模型化监督,以模型创建及应用为基础,而建模的底层逻辑是业务逻辑。因此,在模型构造上,以"小切口"建模应用为重点,③统筹"四大检察"业务,着重关注检察业务需求和构造方向,善于从个案中发现监督点位,梳理监督逻辑规则,并应用实践。例如,浙江省嵊州市检察院办理的"非标油"系列公益诉讼案,就是从黑加油点案件角度为切入口,找准办案角度,创建法律监督模型,推动成品油消费端市场秩序和销售端源头治理。④同时,将数字检察模型化监督落实到为人民司法、为大局服务、为法治担当的过程中。在模型构建上围绕当下亟待以法律监督方式解决的重点、难点问题,回应社会关切,用更小的颗粒度要素,去构建模型化监督场景,使得监督更为严谨、具体、精准,服务保障经济社会发展。

---

① 张凌寒:《智慧司法中技术依赖的隐忧及应对》,载《法制和社会发展》2022 年第 4 期。
② 贾宇:《论数字检察》,载《中国法学》2023 年第 1 期。
③ 窦立博:《"小切口"精准识别模型监督点》,载《检察日报》2023 年 5 月 24 日。
④ 孙风娟、常璐倩:《赋能新时代:从检察监督走向社会治理》,载《检察日报》2022 年 6 月 29 日。

具体可从以下几点把握。其一，强化监督模型创意点位挖掘。充分发挥基层检察机关在实际办案中"智囊"作用，发现和识别可能的监督点位、研判思路和规则，真正强化以"业务主导"的建模导向，以业务需求引领模型开发、技术辅助、实践应用，而非被技术"牵着鼻子走"。其二，夯实模型监督履职能力。坚持以人民为中心思想，在检察监督办案中，从个案中发掘社会关切和人民群众法治需求，从类案监督视角挖掘执法司法、社会制度等方面存在的普遍性问题，结合检察监督职能，找到履职方向和模型创建源泉。其三，紧贴服务司法大局目标。坚持模型化监督的根本目标是实现公平正义，摒弃为了监督而监督，为了创新而创新的机械式建模监督方式，而应当从服务于检察事业现代化，推动国家治理体系和治理能力现代化角度思考，以"小切口"建模，实现社会"大治理"。

（三）数据分类治理：数据融通与数据安全相衡平

数据是数字检察模型化监督的基础，需在"内融外通"上发力。其一，以建设数据应用中心为基座，在内部数据上进一步融通。通过对检察办案、管理、服务等方面数据资源进行结构化整合利用，唤醒"沉睡"数据。其二，畅通外部数据。打通数据壁垒，实现数据融通、共享。[①]着重在推进政法协同、执法信息、政务信息公开等共享平台建设，以检察业务需求为参考，强化多元化数据归集能力。其三，重视对外围数据的采集挖掘。可通过中国裁判文书网、执行信息公开网等公开信息平台获取相关诉讼、执行材料，归集互联网外部信息等资源，并对上述数据通过技术手段进行整合，形成全面、权威的数据集，通过数据清洗、标注，提升数据的准确度和可靠性。

数据安全是模型化监督过程中关注的重要内容。寻求数据安全与数据利用之间的平衡，需要在数据的分级管理上进行区分，依据数据类别采取不同的治理流程和措施，甚至可引入数据安全刑法分级保护规则。[②]例如，检察内部数据严格按照检察机关内部信息数据管理规定进行管理，并从正向激励和反向惩戒方面保护数据安全。对于外部数据，则应当在《个人信息保护法》等数据领域法律法规框架之下合理利用。对于涉密数据确有必要调查，应当严格遵守调查核实或侦查权力范围，避免侵犯他人数据权益。此外，关

---

① 贾宇主编：《大数据法律监督办案指引》，中国检察出版社 2022 年版，第 21 页。
② 刘艳红：《健全体系强化数据安全司法保护》，载《人民检察》2023 年第 13 期。

注数据解析和数据治理工作,搭建公共数据可信治理框架,①保障数据的可靠性、可维护性、安全性,为模型化监督提供保障。

(四)人机协同调适:技术支撑与复合人才供给

数字检察模型化监督需要建立在运用大数据、人工智能技术之上,而技术本身并不天然地与业务办案存在必然联系。这就需要在业务、技术、数据之间搭建融合"桥梁",而人机协同共治是搭建"桥梁"的重要手段。②同时,突出业务部门主导地位和检察官作用,辅之必要技术人员,才能汇集模型化监督共治力量。模型创建思路一般源自检察官办案实践,其实质是检察办案经验的程式化表达。因此,压实业务主导主业,激发检察官的主导性,在技术支撑下,把更多管用、务实的办案经验转换成可供机器识别的语言或算法,挖掘出更多深层次线索。人机协同的前提是人机相适应。因此,需加强对数字检察人才培养,持续供给模型化监督必备力量。

针对人才供给问题可考虑多维度培养。其一,加强复合型人才培育。可从检察办案人员入手,在其本身具备专业法律素养和办案技能的基础上,培养其数字思维和技术认知,更容易实现业务主导下的模型化监督创建与应用。其二,强化模型化监督规范指引。通过制定模型创建、应用、验证、推广等方面规程,形成规范化的模型化监督管理体系,通过发布办案指引、典型案例等形式,帮助检察人员学习、领悟模型化监督要领。其三,加强检察人员与科研院所、技术人才的交流合作。通过与科研院所合作,以借"外脑"之力推动数字平台、法律监督模型等方面建设应用。

(五)应用效果评估:反馈验证与校正机制管理

数字检察模型化监督效能发挥与监督模型应用成效相关。模型本身并不等于现成的线索,需通过对相关数据进行筛查、碰撞,输出相应线索。尔后,通过调查、侦查等手段予以核验,并通过异地实验,检验其复用性、有效性,确保模型可推广、可应用、有成效。同时,模型本身需要在实践应用中不断调试,以应对监督对象、场景枯竭问题。例如,针对法院审理的以伪造借条方式虚构债务关系的民间借贷纠纷,检察机关通过大数据法律监督模型,对该地区人民法院过往审理的民间借贷纠纷进行筛查,识别出涉嫌虚假

---

① 徐珉川:《论公共数据开放的可信治理》,载《比较法研究》2021年第6期。
② 帅奕男:《数字时代的司法范式转型》,载《求是学刊》2021年第6期。

诉讼案件，以监督促成该领域问题治理，形成震慑和预防作用。其后该同类情形虚假诉讼案件数量或趋于低位，则需要考虑调试监督要素、规则、场景，以适应监督诸如虚假仲裁、虚假公证等其他领域的案件需要。

为了提升模型应用效果，可考虑优化模型管理思路。其一，规范模型一体化发展。要统筹规划好全国四级检察机关在模型化监督过程中的基本思路、工作重心，统筹推进一体化模型开发、验证、应用、推广工作，尽可能避免模型重复开发，可实行模型研发报备制度，以便于掌握模型创建情况，统筹重点模型创建，推动模型有序开发。其二，增强模型质效激励作用。对效果好、复用性强的模型，可从冠名、嘉奖等方式给予研发者奖励。[①]其三，注重模型库完善和更迭。对特定时段的应用成效较好的模型进行分级分层分类管理，可从适用范围广度、当前热度、应用效果等要素，进行重点模型、常规模型、热度模型等方面进行位阶排序和动态调整，不断增加应用效果好的新模型，更迭旧模型，实现模型库动态管理，持续发挥模型化监督效能。

五、结语

数字社会背景下，数字检察模型化监督发展仍面临诸多风险挑战。以经验为基础的监督模型拟制，难以涵摄全面监督场景，容易陷入选择性监督泥淖。司法逻辑与数字逻辑之间存在张力，技术难以支撑监督模型多维融合。数据共享及数据治理现实困境，掣肘模型实际应用和推广验证，创新成效难以兑现。以数据为基础的监督模型激进主义，追求案件数量办理，检察权运行边界模糊。[②]未来，数字检察模型化监督仍需从数据治理与安全、业务与技术融合、建模方法与重点场景等微观方面突破，并从宏观层面把握顶层设计与数字改革要义衡平，技术理性与检察权运行协同，推动模型化监督渐进调适，并不断完善。

---

① 翁跃强、申云天：《数字检察工作中的十个关系》，载《人民检察》2023第1期。
② 余钊飞：《数字检察的梯次配置及纵深功能》，载《法律科学（西北政法大学学报）》2023年第4期。

省级检察院检察官助理到下级院初任入额的现状、堵点及其路径完善*

四川省人民检察院政治部课题组**

检察官逐级遴选司法体制改革以来，制度设计总体上要求"上级院检察官助理到基层院初任入额，检察官从下级院逐级遴选到上级院"①。相关政策和工作渠道并无障碍，但在实践层面，落实省级院检察官助理到下级院参加检察官初任入额遴选（以下简称"向下初任入额"）却存在困难。②坚持正确方向、疏通难点堵点、推动检察官助理队伍建设、为检察官逐级遴选建好"蓄水池"，是深化司法体制改革、促进检察权更好运行的重要工作。现以四川省人民检察院有关情况为例，开展专题调研分析。

一、检察官助理"向下初任入额"的制度内涵

（一）价值目标和总体设计

司法体制改革的制度设计，主要服务于司法责任制改革的发展需求。由于上级检察院有权在诉讼后环节评判甚至否定下级院的司法意见，有权研究确定司法标准并领导下级院开展业务工作，为保障上级院行使检察权的正

---

* 本文系 2023 年度四川省人民检察院检察理论研究课题"促进省级院检察官助理有序入额问题研究"（项目编号：[CJ2023C01]）的阶段性成果。

** 课题组成员：付全忠，四川省人民检察院政治部主任、党组成员；许昌荣，四川省人民检察院二级巡视员；周辉炬，四川省人民检察院政治部干部一处处长；李崇涛，四川省绵阳市人民检察院党组副书记、副检察长；郭路科，四川省人民检察院政治部干部一处干部。

① 为避免表述用语繁复，本文一般用"省级院""省院""市县院""上级院""下级院""基层院"代称相应检察机关。

② 本文所涉省级院"检察官助理"，均指不具备原有检察员、助理检察员等司法体制改革前的"老检察官"身份，按政策不能在省级院直接初任入额的检察官助理。

确性、权威性，就需要上级院的检察官熟悉下级院办案一线情况，具备更加丰富的办案经验和较高的业务水平。为此，在检察官遴选的问题上，本轮司法体制改革作出了检察官"初任遴选在基层，逐级遴选到上级"的框架性设计。对于省级院而言，除司法体制改革前具备检察员、助理检察员等"老检察官"身份的人员外，检察官助理需到基层一线初任入额，上级院的员额检察官需通过逐级遴选产生。

（二）遴选制度的有关要求

围绕上述改革精神，《检察官法》和中央司改办、最高人民检察院、省级司改办有关文件，进一步制定了若干具体规则。① 其中，两项内容对省级院检察官助理初任入额有较大影响：一是明确了硬性要求。即省级院检察官助理"一般到基层院入额"；省级院"一般面向市级院逐级遴选检察官，经最高人民检察院批准可以面向市县两级院择优遴选检察官"。二是设置了参加遴选的任职年限。一方面，检察官助理初任入额须从事法律工作满一定年限（本科学历者须满5年，硕士、博士学历者可分别放宽到4年、3年）；另一方面，任检察官也要满一定年限才能参加逐级遴选（基本要求是5年，荣记二等功或者获得省部级以上单位表彰奖励可适当放宽）。②

（三）深化改革的发展方向

近年来，关于"助理向下初任入额，检察官向上逐级遴选"的顶层设计，政策导向非常明确，总体要求不容改变。但为推动制度运行、促进改革精神落地，上级机关也在考虑有关情况和现实需要，对操作层面的部分政策作出适当放宽调整。如：（1）关于省级院检察官助理参加初任遴选的层级，此前严格把握为初任入额须到基层院任职，2022年1月以后调整为经最高人民检察院批准可到市级院任职；（2）关于初任入额的法律工作年限，此前把握为仅限于在司法机关业务部门工作的时间，2021年以后放宽为可计算在综合部门工作的时间。总的来看，坚持基本方向、优化操作举措，努力打

---

① 这些规则包括参加初任遴选、逐级遴选需要具备的学历学科、职业资格、政治素质、辅助办案工作质效等基本要求，对于省级院检察官助理"向下初任入额"没有特殊影响，不再专门列出，具体可参见《检察官法》《最高人民检察院人民检察院检察官遴选办法》《中央组织部、最高人民法院、最高人民检察院关于建立法官检察官逐级遴选制度的意见》有关规定。

② 设置这些年限也是为了贯彻改革精神，力求检察官助理具备足够的司法实务经验才能入额独立办案，力求员额检察官具备足够的基层工作经验才能遴选到上级院行使更高层面的检察权。

通省级院检察官助理"向下初任入额"的"最后一公里",是下一步工作的重要任务。

二、四川省院检察官助理"向下初任入额"的现状及其影响

（一）队伍群体逐年增长

检察官助理是落实司法责任制改革和员额制改革精神、协助检察办案的重要力量。按照有关政策，四川省院可配备检察官助理133人。2019~2023年，[①]四川省院通过公招、选调、考调、接收军转干部等渠道，引进了检察官助理21人。目前全院实配检察官助理64人，需要到下级院初任入额者57人，其中2023年5月已达到政策要求的法律工作年限、符合报名资格条件者34人（以下简称"目前符合条件的34名检察官助理"），其他23人在2024年7月后将陆续具备报名资格。随着老一批的政法编书记员、检察官助理退休离职，四川省院还将持续招录年轻检察官助理，需要"向下初任入额"的人数会进一步增多。

（二）入额实例极其有限

一方面是市县院提供的名额极少。截至2022年，四川省院在全省检察官初任遴选工作中，先后两次动员组织市县院面向上级院初任遴选检察官，但仅有1个基层院（四川省院的派出机构）、2个市级院（达州、眉山市院）分别提供了1个名额，用于四川省院检察官助理报名参加初任入额遴选。导致这一现象的主要原因有：一是受此前国家监察体制改革和派驻纪检监察体制改革影响，一些院长期超编运行导致暂时无法引进新人。该问题正在逐步缓解。二是多数基层院员额职数紧缺，尚有本院检察官助理等待入额。从解决遗留问题、减少内部矛盾、鼓舞本院年轻干部的角度出发，各院也倾向于先面向本院遴选。另一方面是四川省院报名的检察官助理极少。针对上述两次机会，第一批次1个基层院的名额仅有2人报名（最终1人初任，1人考试成绩未达到分数线），第二批次2个市级院的名额仅有1人报名（最终眉山市院1人初任，达州市院1个名额"流标"）。期间经反复动员，绝大多数检察官助理都不愿意报考，竞争机制和"择优遴选"无从谈起。

---

① 数据统计截至2023年6月。

（三）现实选择不如人意

现有政策下，对于省级院的检察官助理而言，在省级院业务岗位工作，职业发展会受到很大限制，不仅不能入额，还不具备提任业务部门领导的资格。[①] 四川省院近年来新招的公招、选调生，有的还是清华大学、中国人民大学、南京大学、上海交通大学等国内知名高校的研究生，到岗之后也被用人部门发现是"好苗子"，综合素质较高，业务可塑性强，但是如果不到下级院初任入额，摆在其面前的职业前景不外乎三种选择：一是离开检察系统。有的是辞去公职从事律师等职业；有的是把握机会调到其他党政机关。二是离开业务岗位。即在本院转任司法行政人员，不再受司法体制改革政策的限制，凭自己的功劳苦劳、能力水平去争取应有、能有的职业发展。三是从此安于现状。即甘愿一直担任检察官助理，出于职业操守会做好相关工作，预期到一定年龄可晋升一定职级。总的来看，前两种选择是少数情况，绝大多数检察官助理容易在观望中沦为第三种状态。

（四）长远影响堪忧

省级院检察官助理不到下级院入额而留在本院，会逐渐带来更多的衍生性问题。一是人才流失、队伍不稳、干劲不足。有魄力、有机会的选择离职，有能力、有想法的希望转岗，无所求、无所望的容易"躺平"。无论哪种情况，都是检察队伍建设的损失。二是"检—辅"办案模式落空、人力资源浪费、业务工作受阻。目前四川省院检察官与检察官助理的人数比例偏低，与辅助办案的需求有较大差距；与之相应的是，司法行政人员占比过高，不太符合司法体制改革的精神。优秀的检察官助理希望转为司法行政人员以获得职业发展，势必进一步造成辅助办案力量不足，省级院为此不得不严格掌控；但是现有制度机制难以催生检察官助理的工作责任心、进取心，又容易架空预想的"检—辅"办案模式。此外，逐级遴选到四川省院的检察官一般在35~40岁，若干年后，来自下级院且相对年轻的检察官要靠诸多资历老、年龄大的助理协助办案，也会面临较大困难。

[①] 按照要求，检察机关业务部门的负责人应当由员额检察官担任。参见最高人民检察院《关于完善人民检察院司法责任制的若干意见》（高检发〔2015〕10号）有关内容。

三、省级院检察官助理"向下初任入额"的主要心理障碍

目前来看,"市县院提供初任遴选名额少"的问题较易施策缓解,现有政策导致省级院检察官助理"向下初任入额"意愿不强、参与度不高,是制度运行遭遇难点堵点的关键原因。①

(一)担心"回不来"

相比市县院,省级院的检察官助理普遍在进院时门槛条件更高、考录竞争更大、区域优势更好,到院工作多年后习惯了省级机关的工作模式和环境氛围,加上"人往高处走"的传统思维,导致绝大多数人希望留在省级院工作。对于"向下初任入额",他们最担心的就是最终待在基层"回不来",毕竟省级院会在何时、拿出多少名额逐级遴选检察官并不可控,而自己即便报名参加考试也无必胜把握。如果最后是留在基层院工作,不如一开始就去报考基层,竞争小些,人生也没走弯路。回省级院的期待可能,是他们最关注的问题。

(二)考虑"天花板"

四川省院目前符合条件的 34 名检察官助理,工龄均在 7 年以上,绝大多数是一级检察官助理,3 人已晋升四级高级检察官助理。②坚持待在省级院工作,哪怕是终此一生担任辅助人员,不久的将来也可期待正常升任四级、三级高级检察官助理,职业的终点可期待升任二级、一级高级检察官助理;期间如能转到司法行政岗位,或许还有机会升任处级以上领导职务。相比之下,如果最终留在了市县院"回不来",四级高级检察官(基层院)、三级高级检察官(市级院)就要面临职数限制,而且除非能够成为院领导,这也就是其职业终点。在"能否回来"前景不明的情况下,他们很难下决心去"冒险"。

---

① 一般来讲,检察官助理(特别是法学科班人员)最大的心愿就是"入额",比如,四川省、江苏省的调研问卷显示,受访检察官助理中,职业愿景为遴选入额的占比分别高达 83.2%、86.8%。但是,对于需要到市县院入额的省级院检察官助理而言,这种意愿就变为了"想入额但不想下去",有学者对此归纳为"司法助理视基层入额为'畏途'"。参见龙宗智、吕川:《检察机关人员分类管理的问题、矛盾与应对》,载《国家检察官学院学报》2022 年第 4 期;朱建华等:《检察官助理职业发展实证分析》,载《人民检察》2022 年第 8 期。

② 目前,检察官助理序列与司法行政序列的职级可谓是"两类名称,拉通使用",一至四级高级检察官助理分别相当于行政序列的一至四级调研员。

（三）排斥"周期长"

按照现有规定，省级院检察官助理（普遍为研究生学历）一般需工作满4年才能参加检察官初任遴选，任检察官满5年、具有遴选职位3年以上相关工作经历的人员才能报名参加逐级遴选。如果考虑有关工作的程序耗时，"单程周期"还要再附加约半年的时间。四川省院目前符合条件的34名检察官助理平均年龄36岁，其中35岁以上的占比76.47%，最大的已满40岁。一些人坦诚表示，"一下一上"6年多的时间，周期太长、变数太多、到时候自己年龄太大，恐怕已经无力考试、无心"折腾"了。

（四）畏惧"地方远"

四川省院目前符合条件的34名检察官助理，普遍已经安家成都且子女偏小；即便是将来应届毕业的硕士选调生，进院年龄一般也在26岁左右，待工作4年、具备"向下初任入额"资格条件时约30岁，普遍处于谈婚论嫁、成家生子的阶段。在"回不来"和"回来周期长"的情况下，离开成都、与家庭分居两地的局面进一步增加了大多数人及其亲属的畏难情绪，进而产生了"非成都不考虑"的思想。目前四川省院唯一报名到成都以外地区初任入额的检察官助理，就是当时单身尚无对象。

（五）期待"有转机"

四川省院不少检察官助理对"政策放开、可在省级院直接入额"仍抱一定期望，特别是2014年、2015年以助检员身份招录进院但恰逢改革而暂停任命"老检察官"身份、不能在省级院直接入额的人员，以及2019年作为公务员考调入院、此前在下级院已具备员额检察官身份的人员，更是希望"老人老办法"的政策能够出台。"再观望一阵"，或是"赌一把看政策放不放开，最后没放开就算了"，是一些人的现有心态。

四、检察官助理"向下初任入额"的路径完善

针对"基层院拿不出名额，省院检察官助理不愿下去"的问题，2023年，四川省人民检察院采取了一系列鼓励措施，着力打通工作堵点。经协调，成都市人民检察院报成都市委、市委组织部同意，研究确定了4个基层院分别面向四川省院遴选初任检察官1名；经充分动员，四川省院有9人报

名。由此可见，如能给予鼓励政策、提供较好区域，省级院检察官助理"向下初任入额"的工作可预期向好发展。

（一）坚定信心决心，加强思想引导

省级院"检察官助理向下初任入额离院，检察官逐级遴选进院"，是遵循司法规律、符合司法体制改革精神、有助于推动队伍建设和提高检察业务工作整体水平的制度要求，应当坚定不移认真落实。当前的困难属于改革的阵痛，一些检察官助理是在刚改革后入职，对"在省级院直接入额"预期较大、对改革走向观望过久，导致目前年龄偏大、"向下初任入额"的动力魄力不足。相比之下，2020年以来新入职的公招、选调人员，对于"符合任职年限就报名参加下级院入额遴选"没有太多包袱。对此需要加强思想引导：一是自始鲜明正确导向。省级院在检察官助理入职时就要统一、公开讲清政策规定，借助已有成功先例，明确其职业发展路径，促进形成"早规划、早选择、早下去、早回来"的思想认识和行为趋势，让省级院检察官助理"向下初任入额"成为常态。二是及时宣讲上级新政策和省级院新举措。禁令坚持不放松的，及时宣讲破除有关人员的侥幸心理、观望态度；施策推动有进展的，及时宣讲促成助理群体把握机会、有所行动。

（二）用好统筹职数，缓解基层压力

市县院公招、选调新进人员，招录周期、培养周期较长，入院门槛相对偏低，得到的培养锻炼偏弱。相比之下，省级院检察官助理一般是硕士研究生，在省级机关工作一定年限后，政治素养、眼界视野、工作能力得到了较好熏陶培养，到市县院不但能够迅速成为工作骨干力量，其在省级院的背景资源也有利于市县院将来加强联络协调、寻求帮助指导。所以，只要是有编制空余，单纯从用人需求来讲，下级院总体上对省级院检察官助理到本院入额持欢迎态度，现实障碍主要是员额职数及其带来的本院人员入额冲突。对此可按照四川省院本年度打通成都市基层院的成功经验，让省级院检察官助理"带着员额职数"到下级院入额，即以全省员额检察官统筹职数为保障，对于面向省级院初任遴选检察官的市县院，专门给予1：1的员额职数调配，不仅不挤占该院人员的入额机会，还让其得到额外红利。

（三）打通往返渠道，解决根子问题

强化"下得去、回得来"的信心，是改变省级院检察官助理现有选择方向的关键所在。有学者提出了"带帽任职＋直接调回"的建议，即允许省级院检察官助理到基层入额并在工作一定时限后，直接调回原单位而不必经过逐级遴选。①但是，这一做法是对现有检察官逐级遴选制度的直接突破，短期内难以实现。对此可探索建立"先调后考"机制——省级院检察官助理到下级院初任入额并符合逐级遴选条件之后，可按照统一的标准、程序参加检察官逐级遴选，未能通过遴选回到省级院的，经本人申请，可由省级院考察其现实表现后决定转任省级院检察官助理，此后可在省级院报名参加本院逐级遴选。该举措对于消除有关人员的最大顾虑、从根子上扭转现有局面能发挥较好效益，目前急需顶层设计出台制度文件，以便各地有据可依。省级院在执行时需要做好统筹规划，确保编制、员额职数科学使用，力争人员往返梯次合理。

（四）缩短循环周期，科学设定年限

目前来看，担任员额检察官满5年才能参加逐级遴选的规定，仅出自《关于建立法官检察官逐级遴选制度的意见》（2016年印发）。此后出台的《检察官法》《人民检察院检察官遴选办法》对此均未提出明确要求，《人民检察院检察官遴选办法》只是原则性地提出"应当具备《意见》规定的任职条件"。从工作实际出发，5年的周期过长且无太大必要，相关人员在省级院工作4~5年后，如果扎根基层、潜心业务，2年即能成为"熟手"，3年能有较深积累。考虑遴选程序还有半年左右的工作周期（此时有关人员仍在下级院工作），建议调整原有规定，允许省级院检察官助理到下级院初任入额2~3年后，即可报名参加省级院的检察官逐级遴选。为保障相关人员在下级院得到充分锻炼，可考虑提出以下配套要求：一是明确省级院检察官助理到下级院初任入额后，应当在业务部门持续从事案件办理工作，被借调到非办案单位或部门以及因病假、脱产学习等原因超过一个月未办理案件的，不计入检察官逐级遴选的报名工作年限。二是安排有关人员在任省级院检察官助理期间下派实习锻炼，提前熟悉基层业务工作。其中，选调生没有基层工作

---

① 参见龙宗智、吕川：《检察机关人员分类管理的问题、矛盾与应对》，载《国家检察官学院学报》2022年第4期。

经历，按政策需下派基层 2 年且其中 1 年必须到村工作，对于此类人员，第二年一般安排到基层院业务部门工作；公招生如果不具备基层法律工作经历，[①]可结合实际情况，在一定年限内，安排到基层院业务部门工作 1 年。

（五）加强统筹协调，优化区位组合

"'向下初任入额'但不离开省会城市，把对家庭生活的影响降到最低"，是省级院检察官助理的普遍需求。目前，四川省院已获得成都市委和市委组织部的支持，形成了常态化机制，每年度选择一定数量的成都市基层院，提供 4~5 个名额，由四川省院检察官助理报名参加初任入额遴选。对于成都以外地区检察机关面向四川省院开展初任入额遴选的，为避免与成都之间的报考失衡及资源浪费，可结合党中央关于在边远地区锤炼干部的要求，设置相应鼓励措施，动员有发展潜力的年轻检察官助理积极报名。如，可在前述"先调后考"和干部使用等方面，给予一定政策优惠。

---

① 按照现有政策，省级检察院的公招生在进院时都已具备 2 年以上的基层工作经历，但未必是基层法律工作经历。

检察监督视域下行刑反向衔接机制完善研究

史戈茵　潘雅裙*

一、检察监督视域下行刑反向衔接机制的解构

（一）行刑反向衔接机制的提出背景及基本内涵

2021年6月，党中央印发《中共中央关于加强新时代检察机关法律监督工作的意见》（以下简称中发28号文件）对健全行政执法和刑事司法衔接机制提出了明确要求。2021年9月，最高人民检察院印发《关于推进行政执法与刑事司法衔接工作的规定》（以下简称2021年《规定》）对检察机关开展行刑双向衔接工作提出了更加详尽的要求。所谓行刑双向衔接，即指行政执法与刑事司法的衔接，它既包括从行政执法向刑事司法移送的正向衔接，又包括从刑事司法向行政执法移送的反向衔接。虽然在中发28号文件出台前，行刑反向衔接的原则性内容已经在法律法规及政策文件中分散规定，其在实务中也有所进行，但尚不成体系、未形成机制。且在过去，虽然行刑衔接本身包含了双向衔接之意，但因改革开放初期打击经济违法犯罪的需要，行刑衔接更强调向刑罚渠道的正向衔接。[1] 而中发28号文件和2021年《规定》明确同步重视开展刑事司法向行政执法移送的行刑反向衔接，各级检察机关也对此进行了积极探索，这一工作开始逐步系统化、机制化、重点化。

对于"行刑反向衔接"的内涵界定，在过去的法律和政策文件中并没有

---

*　史戈茵，成都市金牛区人民检察院第四检察部（行政检察）检察官助理；潘雅裙，成都市金牛区人民检察院第四检察部（行政检察）主任。

[1]　柳慧敏、高景峰、刘艺等：《行刑双向衔接的内在逻辑与有效运用》，载《人民检察》2023年第3期。

使用"反向衔接"或者"反向移送"等专用称谓，这类用词很大程度上从学术界起源，并逐渐应用到实务中。① 而在2023年7月最高人民检察院印发的《关于推进行刑双向衔接和行政违法行为监督构建检察监督与行政执法衔接制度的意见》（高检发办字〔2023〕102号，以下简称2023年《意见》）中，首次明确在官方文件中提出"反向衔接"这一概念，明确两法衔接包括正向衔接和反向衔接。其中将行刑反向衔接界定为"司法机关向行政执法机关移送行政处罚案件"。因此，我们可以把行刑反向衔接的内涵定义为——由司法机关向行政执法机关移送行政处罚案件的衔接机制，其与行刑正向衔接作为两条主脉络共同构成行刑双向衔接机制。

（二）检察监督视域下行刑反向衔接机制的基本内容

目前检察机关行刑反向衔接机制工作由行政检察部门牵头负责，工作内容主要包括以下三点：

与行政执法部门共同做好案件信息通报、数据信息共享、组织联席会议等衔接工作。这些衔接工作贯穿整个行刑反向衔接机制，是检察机关和行政执法机关之间案件衔接通畅的基础。

在依法拟作出不起诉决定的同时，审查是否需要对不起诉人给予行政处罚，如应行政处罚则提出检察意见，并移送行政主管机关处理。根据2023年《意见》的规定，检察机关行刑反向衔接工作的内部分工为刑事检察部门应当在作出不起诉决定之日起3日内提出是否需要对被不起诉人给予行政处罚的意见，并移送行政检察部门审查。行政检察部门审查后，认为需要给予行政处罚的，经检察长批准，提出检察意见，移送行政主管机关处理。而在该《意见》下发前，实务中行政处罚检察意见往往是由承办案件的刑事检察部门在拟作出不起诉决定的同时审查提出的，并不由行政检察部门提出。笔者认为，这一变化主要是考虑到监督链条的完整性，由行政检察部门提出检察意见能更好地与后期跟踪督促行政机关依法行使职权形成监督闭环。

行政检察部门对行政主管机关的回复和处理情况要加强跟踪督促，发现行政主管机关违法行使职权或不行使职权的，可依法制发检察建议等督促其纠正。检察实务中，部分干警对检察机关行刑反向衔接工作的内涵和外延认识存在偏差，认为只要涉及"刑"转"行"就属于行刑反向衔接，如刑事检

---

① 邓翡斐、王春丽：《"两法衔接"背景下反向移送机制的立法探析及完善路径》，载《上海法学研究》2023年第7卷。

察部门向行政检察部门移送行政机关违法行使职权或不行使职权监督线索，由行政检察部门制发检察建议等进行监督，也属于行刑反向衔接机制的内容，并将其纳入本院行刑反向衔接机制的构建中。笔者认为这种观点有待商榷，行刑反向衔接的主体要件应是由司法机关向行政执法机关移送案件，而刑事检察部门向行政检察部门移送行政违法行为监督线索的行为属于检察机关的内部行为，并不涉及行政执法机关。下文的研究讨论也基于笔者的这一认识。

（三）同步重点发展行刑反向衔接的重要意义

1. 从内涵和行刑关系上看，同步发展行刑反向衔接是行刑衔接的应有之义

行刑衔接是行政权与司法权共同参与社会治理的一项制度，是行政执法和刑事司法相互连接的过程，这一概念本身就有双向衔接的内涵。并且中发28号文件和2021年《规定》及现行的《刑事诉讼法》和《行政处罚法》也为同步发展行刑反向衔接提供了法律和政策支持。[1]

而从行刑关系上看，我国长期采用行刑二元制裁模式，构建行政处罚与刑事处罚二元接续的惩戒机制。[2] 二者由于责任竞合和属性趋同，因而存在着复杂的交叉关系，且虽然存在折抵情形，但本质上并不能互相替代。实务中也存在过度适用刑罚的片面化倾向，如果没有完善的行刑反向衔接机制，则可能出现处罚过重或者行政相对人处于"真空"状态的问题，因此，为实现行政执法和刑事司法的无缝衔接，同步发展行刑反向衔接才能满足现实需求。

2. 从刑事犯罪结构现状上看，同步发展行刑反向衔接是落实宽严相济刑事政策的路径体现

过去二十年来，我国犯罪结构已然发生变化，重罪持续下降，轻罪持续上升。据2023年最高人民检察院工作报告，2022年检察机关起诉的严重暴力犯罪和涉枪涉爆、毒品犯罪比前五年下降31.7%。2022年杀人、放火、爆

---

[1] 高景峰、李文峰、王佳：《〈最高人民检察院关于推进行政执法与刑事司法衔接工作的规定〉的理解与适用》，载《人民检察》2021年第23期。

[2] 赵宏：《行刑交叉案件的实体法问题》，载《国家检察官学院学报》2021年第4期。

炸、绑架、抢劫、盗窃犯罪案件量达20年来最低。①在我国犯罪结构出现轻罪化趋势的现实背景下，各级检察机关深入落实宽严相济的刑事司法政策，运用不起诉裁量权的能力和水平不断提高，全国不起诉率逐年上升。而实务中"不刑不罚"的做法，一方面会造成违法行为人不用承担任何法律责任这样显失公平的局面，甚至引发放纵犯罪的风险；另一方面也会引发群众对不起诉的误解，认为犯罪情节轻微就可以"无罪释放"，同时与群众对公平正义的向往和对法治社会的期待相违背。因此，轻罪案件不起诉后检察权的运行显得尤为重要。如何有效发挥检察机关的法律监督职能以实现行政处罚和刑事处罚的良好衔接，成为当下亟待研究的问题。②

3. 从检察机关的职能发挥上看，同步发展行刑反向衔接是加强新时代法律监督工作的内在要求

中发28号文件、2021年《规定》、2023年《意见》以及《及行政处罚法》等均对行刑反向衔接作出了一定要求，这种由过去单向关注行刑正向衔接到强调同步发展行刑反向衔接的转变，是新时代检察监督制度深化发展的必然结果，也是新时代检察机关依法能动履职的重要体现。但目前检察机关"两法衔接"工作仍存在不少不足，如长期对行刑反向衔接重视不足，不刑不罚、应移未移、应罚未罚问题突出。检察机关作为保障国家法律统一正确实施的国家法律监督机关和司法机关，是行刑双向衔接的重要推动者。因此，为适应全面依法治国、建设法治中国的新形势新要求，同步发展行刑反向衔接，丰富完善行政监督维度，成为当下加强新时代法律监督工作的内在要求。

二、检察监督视域下行刑反向衔接机制的现状检视

（一）检察机关在行刑反向衔接中发挥法律监督作用的现行依据

本文所梳理总结的现行依据，主要指有关检察机关在行刑反向衔接机制中的职责部分，对广义上检察机关法律监督职责的依据不进行梳理（见表1）。

---

① 《最高人民检察院工作报告（第十四届全国人民代表大会第一次会议）》，载中华人民共和国最高人民检察院网站，https://www.spp.gov.cn/spp/gzbg/202303/t20230317_608767.shtml，2023年3月17日访问。

② 王军：《不起诉后检察权规范运行问题研究——以行政执法和刑事司法衔接为视角》，载《时代法学》2022年第3期。

表 1 检察机关法律监督职责的依据

时间	现行依据	具体条款
2011年2月	《中共中央办公厅、国务院办公厅转发国务院法制办等部门关于加强行政执法与刑事司法衔接工作的意见》	第1条第5款
2014年10月	《中共中央关于全面推进依法治国若干重大问题的决定》	第3款
2018年10月	《刑事诉讼法》	第177条第2款
2019年2月	《最高人民检察院人民检察院检察建议工作规定》	第12款
2019年12月	《人民检察院刑事诉讼规则》	第373条第2款
2021年6月	《中共中央关于加强新时代检察机关法律监督工作的意见》	第5条
2021年7月	《行政处罚法》	第8条第2款、第27条
2021年9月	《最高人民检察院关于推进行政执法与刑事司法衔接工作的规定》	第3条、第8条、第9条、第10条、第11条、第14条、第15条、第16条
2023年7月	《最高人民检察院关于推进行刑双向衔接和行政违法行为监督 构建检察监督与行政执法衔接制度的意见》	第3条

从上述梳理中可以看出，行刑反向衔接的现行依据多为党政机关文件和司法解释类文件，且多为原则性规定。其中，2021年《规定》和2023年《意见》较过去作出相对细化的规定，但仍有许多空白有待明确。需要注意的是，虽然现行2021年《规定》中，将检察机关送达行政处罚检察意见的具体期限规定为"自不起诉决定作出之日起三日以内"。[①] 但根据2023年《意见》中对反向衔接的规定，承办案件的刑事检察部门应当在作出不起诉决定之日起3日内提出是否需要对被不起诉人给予行政处罚的意见，并移送行政

---

① 《最高检关于推进行政执法与刑事司法衔接工作的规定》第8条第1款规定："人民检察院决定不起诉的案件，应当同时审查是否需要对被不起诉人给予行政处罚。对被不起诉人需要给予行政处罚的，经检察长批准，人民检察院应当向同级有关主管机关提出检察意见，自不起诉决定作出之日起三日以内连同不起诉决定书一并送达。人民检察院应当将检察意见抄送同级司法行政机关，主管机关实行垂直管理的，应当将检察意见抄送其上级机关。"

检察部门审查，由行政检察部门提出检察意见。① 这显然与上述2021年《规定》中的送达规定相冲突。又因2023年《意见》第11条规定，"最高人民检察院原有相关规定与本意见不一致的，按照本意见执行"。故2021年《规定》中关于行政处罚检察意见送达期限的规定自2023年《意见》施行起无效，目前行刑反向衔接中关于行政处罚检察意见送达期限没有明确规定。

（二）检察机关行刑反向衔接机制实务落实现状

以S省C市J区人民检察院行刑反向衔接和行政违法行为监督的实务数据为例，自2022年1月至2023年6月，J区人民检察院共作出不起诉案件共计428件，笔者对这些不起诉案件制发检察意见和检察建议的情况进行了数据化分析，得出如下情况：

1. 制发检察意见和检察建议的不起诉案件类型

样本中作出不起诉决定后发出检察意见和检察建议的占比为28.7%，且主要针对酌定不起诉后的被不起诉人。主要原因在于一方面刑事案件作法定不起诉的数量本身很少；另一方面对于存疑不起诉案件，侦查机关尚有继续侦查的空间，若此时对被不起诉人的部分违法事实作出行政处罚，待继续侦查后查清事实，对于已行政处罚部分是否再纳入刑事评价范畴，是否有对同一行为重复评价的嫌疑，存在争议。故为稳妥起见，暂未对存疑不起诉案件制发检察意见（见表2）。

表2 制发检察意见和检察建议的不起诉案件类型

不起诉案件类型	制发检察意见和检察建议（单位：件）
法定不起诉	0
存疑不起诉	0
酌定不起诉	123

---

① 最高人民检察院《关于推进行刑双向衔接和行政违法行为监督构建检察监督与行政执法衔接制度的意见》规定："反向衔接工作由行政检察部门牵头负责。检察机关决定不起诉的案件，承办刑事检察部门应当在作出不起诉决定之日起3日内提出是否需要对被不起诉人给予行政处罚的意见，并移送行政检察部门审查。行政检察部门审查后，认为需要给予行政处罚的，经检察长批准，提出检察意见，移送行政主管机关处理。"

2. 制发的检察意见和检察建议的内容类型

制发的检察意见和检察建议从内容上可分为四类：第一类是建议政务处分，占0.8%；第二类是建议没收违法所得，占17.07%；第三类是建议社会服务，占39.85%；第四类是建议行政处罚，占42.28%（见图1）。因涉政务处分类主要是涉及有某种身份且一般是有固定单位的当事人，这类案件占比最小；其次是没收违法所得，主要集中于经济类犯罪案件中对赃款的处理；建议社会志愿服务则主要针对危险驾驶罪案件；本文探讨的重点则是第四类不起诉后行政处罚的相关问题。

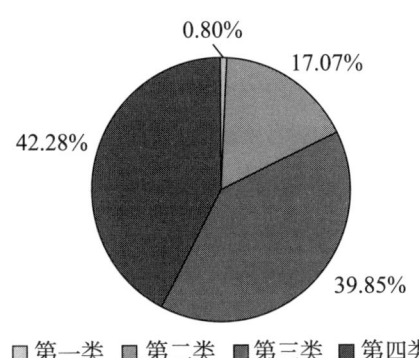

图1 检察意见和检察建议的内容类型

3. 制发行政处罚类检察意见和检察建议的案件所涉罪名分布

在不起诉后制发行政处罚检察意见和检察建议的案件中，第一大类案件所涉罪名集中在盗窃罪，主要原因在于近年来检察机关全面贯彻宽严相济刑事政策，加上认罪认罚从宽制度的适用率越来越高，故盗窃这类普遍存在于基层检察机关的轻罪案件不诉率也越来越高。第二大类主要为诈骗和故意毁坏财物两大涉财产类犯罪。第三大类为危害国家重点保护植物和非法捕捞水产品两大涉环境保护类犯罪。第四大类则散见于其他类犯罪，包括非法拘禁、敲诈勒索、寻衅滋事及协助组织卖淫等罪名（见图2）。

4. 行政处罚类检察意见和检察建议制发后的回复及处罚情况

样本数据中J区人民检察院发出行政处罚类的检察意见和检察建议共计52件，其中检察意见50件，直接发出公益诉讼类检察建议1件，通过跟进检察意见，督促行政主管机关履职发出检察建议1件。第一类行政主管机关回复采纳并作出行政处罚的案件为34件，占65.4%；第二类行政主

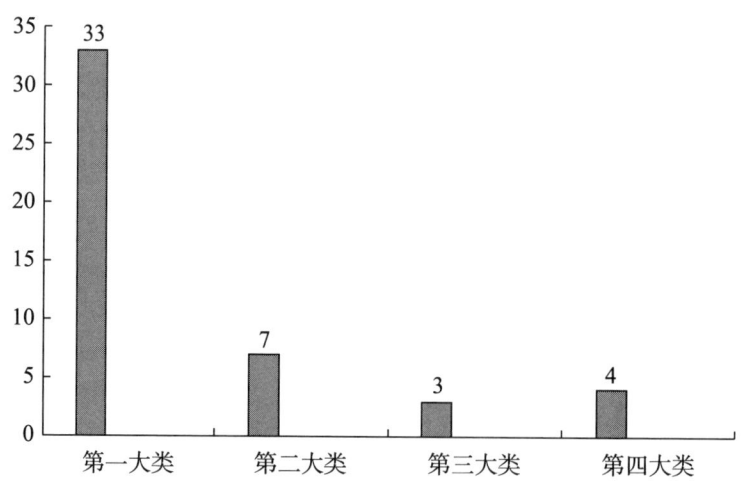

图 2 制发行政处罚类检察意见和检察建议的案件所涉罪名分布

管机关尚在回复期内的案件有 8 件;第三类案件为行政主管机关未主动回复是否采纳,检察机关亦暂未跟进监督,共计 10 件,究其原因主要为部分案件被不起诉人已在侦查阶段被刑事拘留 15 日以上,若行政主管机关对其作出行政处罚决定,疑虑会因刑行折抵而导致行政处罚决定书沦为纸面决定,故对此类案件应否认定为行政主管机关怠于履职尚存在争议(见图 3)。

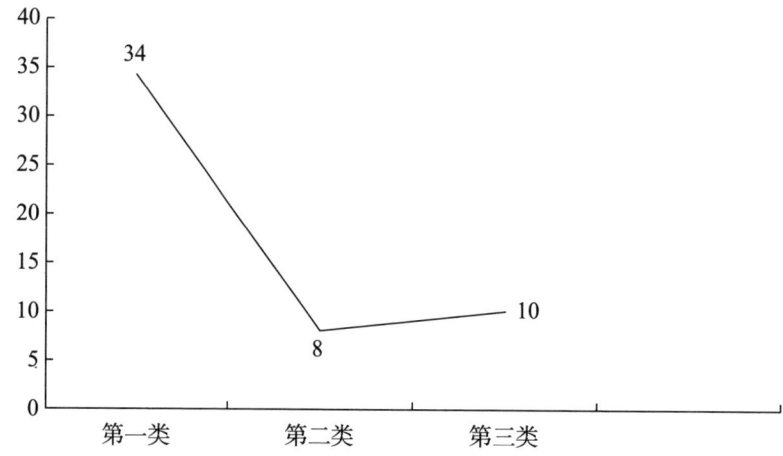

图 3 行政处罚类检察意见和检察建议制发后的回复及处罚情况

综上所述,目前检察机关行刑反向衔接机制的实务落实取得一定进展,但在落实中发现的关于反向移送实践标准的争议性问题有待解决。

三、检察监督视域下行刑反向衔接机制中存在的主要问题

（一）现行主要依据立法位阶过低

行刑衔接在效力层级上存在的问题被实务界和学术界广泛提及，而这一问题在行刑反向衔接机制中尤为突出。从前文的梳理中不难看出，虽然《刑事诉讼法》和《行政处罚法》在法律层面对行刑反向衔接作出规定，但毕竟只是原则性规定，缺乏可操作性。而满足实务需求的只有表1中的文件，欠缺法规层级的指引和规范。这导致反向衔接各环节中的其他主体对最新规定中自己应尽的职责和检察机关的监督情形不清楚，在对行刑反向衔接的贯彻落实中配合度不高。因此，在缺乏刚性且稳定的法律约束力下，行刑反向衔接工作落实效果低于预期。

（二）缺乏可操作的配套细则

根据上文的现行依据梳理可以看出，最高人民检察院出台的行刑反向衔接机制的现行依据多为原则性规定，只有2021年《规定》和2023年《意见》有所细化，但这种程度的细化对于检察实务而言尚且不够，仍有许多问题没有给出可操作性的答案。例如，反向移送的具体案件范围、检察意见的具体内容、检察意见的送达期限、向行政主管机关移送的材料内容、移送的具体期限、制发行政处罚和没收违法所得的检察意见如何协调、后期跟踪督促的具体程序等。其中，行政处罚检察意见、没收违法所得检察意见和不起诉决定书的制发协调问题值得关注。其一，当有关主管机关为公安机关时，刑事检察部门在作出不起诉决定后即会送达公安机关，而现有规定要求检察机关要将检察意见连同不起诉决定书一并送达，故可能造成不起诉决定书重复送达的情形。其二，目前行政处罚检察意见、没收违法所得检察意见分别由行政检察部门和刑事检察部门作出，因此行政主管机关又会收到两份检察意见，造成衔接环节的不畅。目前，不少地方检察机关对行刑反向衔接的配套细则进行了探索，例如S省C市检察院于2023年9月印发了《关于规范不起诉案件适用意见工作指引（试行）》，但缺乏最高人民检察院层面对行刑反向衔接机制的运行进行细化统一规范。

（三）反向移送案件的实践标准存在诸多分歧

由于行刑反向衔接现行依据的过于原则化，仅用"不起诉后应当给予行政处罚的"来限定反向移送的案件范围，这一衔接标准缺乏可操作性，导致实务中办案人员对反向衔接的案件范围存在认识分歧，处理时往往带有较大的主观色彩。例如前文中提到的实务中被不起诉人在侦查阶段已被拘留15日以上，此时检察机关是否还需要制发检察意见存在争议。再如，存疑不起诉后能否提出行政处罚的检察意见在实务中也不明确。这就导致同一情况的案件，有的检察机关作出检察意见并反向移送，被不起诉人受到行政处罚，而有的却没有。这种同案不同处理的现象背后是精细化立法和实践配套工作机制的欠缺，不利于两法衔接机制的统一有序运行。

四、检察监督视域下行刑反向衔接机制的完善路径

（一）出台效力层级较高的精细化配套细则

即使已有法律层面的原则性规定，但如若缺乏强有力且精细化的配套细则，法律层面的规定可能也会"束之高阁"。目前检察机关行刑反向衔接机制的配套细则精细度不足，且缺乏对外效力，易导致反向衔接后端堵塞。行政执法机关与司法机关同为行刑反向衔接中的关键角色，如若不能充分调动双方的积极性，则很难做到无缝衔接。因此，所出台规定的效力层级应能覆盖反向衔接各环节主体。此外，为提升配套细则的精细化和可操作性，应以"应当"这样明确的立法表达，以避免实务中出现可做可不做、模糊不清的困境。综上所述，建议出台效力层级较高、更具操作性的配套细则，以为实务工作提供可行依据。

2023年《意见》将反向衔接的牵头部门确定为行政检察部门，因此可以考虑从行政法方向提供配套细则。建议对《行政处罚法》第27条规定出台行政法规或者司法解释进行细化规定，以明确行刑反向衔接机制法律依据、移送标准、具体程序、法律后果等方面的具体内容。也可以参考行刑正向衔接出台《行政执法机关移送涉嫌犯罪案件的规定》的做法，由"两高一部"牵头联合其他行政机关制定行刑反向移送的相应规定。

在效力层级较高的配套细则出台前，可以先在基层进行试点，及时整理分析试点中出现的问题及采取的有效对策；同时在2023年《意见》发布后，

全国各级检察机关正在积极展开尝试探索，对 2021 年《规定》和 2023 年《意见》进行细化，并起草关于行刑反向衔接的工作指引等文件，这也是可供配套细则参考的样本。

（二）发挥检察官联席会议制度作用以化解实践标准分歧

实务案件千变万化，即使出台配套细则尽量明确反向移送标准，立法的逐步完善也不能完全解决实务中实践标准的分歧。因此，有必要在配套工作机制上予以探索。检察官联席会议制度作为检察机关司法责任制度改革的重要配套制度，可以为疑难复杂案件凝聚集体智慧，避免个人主观偏差和认识上的不足。但过去行刑衔接的联席会议更多关注于正向衔接，且开展实质性联席会议的次数较少。因此，完善并充分发挥联席会议制度作用不失为一个化解实践标准分歧的探索方向——利用联席会议的优势，集思广益，通过观点的碰撞和充分讨论，厘清争议本质，以帮助化解反向衔接实践标准分歧；同时缓解当前行政检察人员知识结构和办案经验储备不足等问题。

关于行刑反向衔接联席会议制度具体的完善路径。其一，行政检察部门在审查反向衔接案件时，应当召开检察官联席会议进行充分讨论，并做好会议记录。通过日常案件的办理，于实践中发现反向移送标准可能存在的实务争议，并探索解决方案。且为使行政检察部门全面了解相关案情，确保处理正确、适当且必要，刑事检察部门应当指派员额检察官列席联席会议。其二，应以半年或年度为周期，对周期内反向衔接联席会议的数据进行整理分析，对不起诉案件反向衔接中的重难点问题分类再次进行讨论，形成文本化的问题反映、倾向观点和对策建议，并向上级检察院进行专题报告。对于成熟化的反向移送实践标准，应当由上至下予以推广，确保行刑反向衔接统一正确运行。

而对于前文中提到的反向移送实践标准争议，笔者在实务中通过检察官联席会议形成了一致的经验观点：

1. 关于"实务中被不起诉人在侦查阶段已被刑拘 15 日以上，检察机关是否还需要制发行政处罚检察意见"的争议

实务中，有观点认为被不起诉人在侦查阶段已被刑拘 15 日以上，即已超出可对其行政拘留的最长期限，即使行政机关再对其行政拘留，也会因折抵而无需实际执行，因此为避免行政处罚决定成为"一纸空文"，不应再将这类不起诉案件反向移送并制发行政处罚检察意见。笔者对此持有不同观点，认为应结合具体案情进行差异化处理。首先，尽管刑事拘留与行政处罚

中的行政拘留存在行刑折抵的情形,但二者本质上不能互相替代,且行政处罚不仅包括行政拘留这一人身罚,还包括财产罚、行为罚和声誉罚等。再者,对于涉"受过行政处罚再犯入罪"类型罪名的不起诉案件,即使被不起诉人侦查阶段已被刑拘 15 日以上,也仍有对被不起诉人进行行政处罚的必要性。"受过行政处罚再犯入罪",即将行为人曾经受过行政处罚的事实纳入犯罪成立的考量中,在一定条件下发挥定罪功能,该类型已成为我国刑事立法与司法解释的一大趋势,[①] 如盗窃罪、非法行医罪、抢夺罪、生产不符合食品安全标准的食品罪等。以行刑反向衔接案件中的常见罪名盗窃罪为例,根据《最高人民法院、最高人民检察院关于办理盗窃刑事案件适用法律若干问题的解释》之规定,一年内曾因盗窃受过行政处罚的,再次盗窃公私财物的"数额较大"标准可以按照规定标准的 50% 确定,即"数额减半入罪"。故是否对被不起诉人的盗窃行为进行行政处罚将影响其再次实施盗窃行为后入罪的数额标准,因此即使因为折抵后行政处罚无需实际执行,此类罪名案件仍有反向移送并制发行政处罚检察意见的必要性。

2. 关于"存疑不起诉后是否可以反向移送"的争议

笔者认为存疑不起诉是有反向移送的可能性的。首先,存疑不起诉并未被排除在行刑反向衔接"不起诉"范围之外。现行规定中对行刑反向衔接案件范围表述为"不起诉后应当给予行政处罚的",并没有限定具体的不起诉类型。再者,即使被不起诉人之后因为新证据而被处以刑罚也不违反一事不再罚原则,因为同是人身罚或财产罚的行政处罚和刑事处罚可以进行折抵,而不同种类和功能的行政处罚和刑事处罚本身不适用一事不再罚原则。[②] 最后,刑事处罚的证据标准高于行政违法的证明标准,故存疑不起诉中的案件证据是有达到行政违法标准的可能的。当然,也不是所有的存疑不起诉都需要进行反向移送。对于违法行为本身存疑的情形,则不适于作出行政处罚的检察意见。而对于违法行为本身证据充分,只对其是否构成犯罪存疑的情形,则应依法进行反向移送并提出检察意见。

---

① 段阳伟:《行刑衔接视角下"受过刑事或行政处罚入罪"规定的适用》,载《刑法论丛》2021年第 2 期。

② 林丹、毛静妮:《存疑不起诉仍需同步审查行政处罚必要性》,载《检察日报》2022 年 12 月 6 日。

（三）明确并重视对法院行刑反向衔接的检察监督

从行刑双向衔接机制的立法构建上来看，检察机关理应对法院行刑反向衔接进行检察监督。法院作为审判机关，其应当按照法律规定正确开展行刑反向衔接，不遗漏应当移送的案件，以使无需或免于承担刑事责任的违法人员受到应有的行政处罚。为保证行刑双向衔接机制全面有序推行，法院的这一工作应予以开展。中发28号文件第5条规定，完善检察机关与行政执法机关、公安机关、审判机关、司法行政机关执法司法信息共享、案情通报、案件移送制度，实现行政处罚与刑事处罚依法对接。检察机关作为我国的法律监督机关，其有监督法院司法活动的职责和职权。此外，行刑正向衔接中，检察机关作为承担监督责任的主体，对行政执法机关向公安机关移送涉刑案件以及公安机关对被移送的涉刑案件的立案情况进行检察监督。同理在行刑反向衔接中，检察机关也应当承担相应的监督职责，不仅应当对行政执法机关职权行使情况进行监督，也应当对法院反向移送案件情况进行监督，以保证反向衔接从"头"到"尾"全面顺畅。

从实际推行的可行性上来看，检察机关开展对法院行刑反向衔接的检察监督具备现实条件。刑事案件由检察机关向法院提起公诉，由法院限期将判决送达提起公诉的检察机关，故检察机关可以在第一时间获知人民法院是否作出了无罪判决或者免予刑事处罚，其具备获取法院反向衔接线索的有利条件。

因此，建议在明确法院行刑反向衔接具体工作内容的基础上，明确检察机关应当对法院行刑反向衔接工作进行有效监督。当被作出无罪判决或者免予刑事处罚的犯罪嫌疑人应当受到行政处罚，而法院未反向移送该行政处罚案件时，检察机关应当通过制发检察建议等方式予以纠正，并对后续行政主管机关违法行使职权或不行使职权的行为进行检察监督。现有规定中均没有涉及检察机关对法院行刑反向衔接的监督工作，故建议将检察机关的这一监督内容纳入行刑反向衔接工作内容中，并在配套细则中予以明确和细化，以形成统一明确、全面高效的行刑反向衔接长效机制。各级检察机关也应当积极开展对法院反向衔接的检察监督工作，更好发挥检察机关在行刑衔接中的积极推动作用。

（四）多渠道助力检察机关行刑反向衔接工作

1. 加强行政检察队伍专业化建设

一方面，应加强行政检察队伍的专业素养培养。内部开展行刑反向衔接机制专题培训，强化检察人员对行刑衔接的重视和理解，充实行政检察人员相关专业知识储备；可联合行政执法机关开展同堂培训，加强检察人员和行政执法人员的业务交流，不断总结实践经验，实现与行政执法机关的双赢。另一方面，引进具有丰富行政法理论和实践经验的行政执法人员、律师、学者等参与行政检察工作，例如开展行政机关专业人员兼任检察官助理工作，或者互派干部挂职交流。引进行政执法人员等参与行政检察工作，可以帮助检察人员更加熟悉导向政策和本地行政执法现状，避免其发出的检察意见与行政执法尺度不一，造成行政机关实际落实困难。

2. 联合多部门制定常见犯罪案件行政处罚指引

联合多部门制定常见犯罪案件行政处罚指引，汇总相关刑事、行政法律规定以及审查要点，有效发挥各部门的专业能力并固定成文本，一方面可将检察人员从繁杂的法律法规查询中解脱出来，为检察机关审查对被不起诉人是否需要行政处罚提供参照，减轻办案负累；另一方面也便于行政检察部门后期跟踪督促，按照指引及时发现行政违法行为线索，形成监督闭环。实务中也有检察机关对此进行了探索，例如，J 省 G 市检察院于 2023 年 7 月印发了《常见犯罪案件行政处罚审查指引》，对危险驾驶、交通肇事、诈骗等 16 个常见犯罪案件制作了行政处罚审查指引。S 省 L 市人民检察院也结合本市不起诉案件情况，针对 26 个重点罪名汇总了制作了重点罪名审查实用手册。

笔者认为可以由最高人民检察院下发可适用全国范围的《常见犯罪案件行政处罚审查指引》，再由各地检察机关结合本地区不起诉案件情况，针对重点罪名，联合公安机关以及食品药品监管、税务、环保、国土等部门逐级细化完善，形成符合地方实际的审查指引，以服务于各级检察院行刑反向衔接工作的开展。另外，各地检察机关在制定常见犯罪案件行政处罚指引时，应将"有关主管机关"清单包含在内予以明确。各地行政执法机关在层级和管理上不统一，特别是具体到区（县）一级时，各行政执法机关的权责分工比较复杂，检察办案人员难以迅速准确判断应实施行政处罚的"有关主管机关"。因此在之后常见犯罪案件行政处罚指引的制作中，有必要将"有关主管机关"清单细化明确。

3. 大数据赋能行刑反向衔接

一方面，应当健全并充分应用信息共享平台。虽然信息共享平台启动之初，主要是借助行政机关发布的执法数据开展行刑正向衔接的工作，但已有的信息共享平台可以在行政执法机关和司法机关之间建立信息互通关系，故行刑反向衔接工作也可以借此更加快捷高效。但目前大部分的检察机关并未接入信息共享平台，应当加速信息共享平台的接入，同时增设刑事案件移送行政执法机关板块。检察机关将拟反向移送的刑事案件通过信息共享平台移送行政执法机关，并同步上传检察意见，方便行政执法机关及时查收并作出反应；行政执法机关将行政处罚的处理情况及时同步到平台上，方便检察机关的跟踪督促。

另一方面，发挥法律监督模型优势发现反向移送线索。法律监督模型能够实现检察机关工作的智能化、主动化和类案化，大幅度提高监督效率和监督效果。建议构建检察机关行刑反向衔接法律监督模型，首先将检察机关不起诉数据与行政执法机关行政处罚案件的立案和处罚数据进行一次碰撞，以批量发现不起诉后无行政处罚记录的案件线索。再将此线索同检察机关已制发检察意见的数据进行二次碰撞，以实现对检察机关应进行反向移送而未移送的内部核查，以及发现行政机关收到检察意见后怠于履职的行政违法行为监督线索。巧妇难为无米之炊，法律监督模型的应用离不开基础数据的获取。对于行政机关执法数据的获取，除了其属于政府信息公开的部分和已上传信息共享平台的部分外，还需要检察机关加强与行政执法机关的沟通合作。实务中行刑反向衔接的大部分落实工作在基层，但如果单靠基层检察院来协调行政机关获取数据，则存在推行难度大、数据收集不全面等问题，[①] 因此建议由设区的市级检察院牵头推进法律监督模型数据的获取。通过大数据挖掘线索，提升检察机关行刑反向衔接监督效能。

---

① 胡静：《大数据法律监督赋能行刑衔接工作路径研究》，载《湖北警察学院学报》2023年第3期。

需求与回应：新时代"枫桥经验"在息诉罢访工作中的检察实践

南充市嘉陵区人民检察院课题组 [*]

检察信访工作，是指人民群众通过各种途径向检察机关反映情况，提出建议、意见或者控告、举报和申诉后，依法由检察机关处理的活动。这是检察机关依法履行法律监督职责的应有之义，是践行党的群众路线，将群众信访纳入法治轨道解决的重要途径，直接关系着人民权益的保障落实及社会公平正义的实现。

一、理论视域：新时代"枫桥经验"与检察信访工作的关联逻辑

（一）检察信访工作与新时代"枫桥经验"的内在价值需求高度契合

1. 根本出发点——以人民为中心

"枫桥经验"自20世纪60年代诞生至今其内涵不断完善丰富，其核心及本质要求始终是坚持以人民为中心，始终把实现好、维护好、发展好人民群众根本利益作为出发点和落脚点。这与检察机关"立检为公、执法为民"的宗旨高度契合。检察机关的根本属性是人民性，检察权的行使和运行

---

[*] 课题组负责人：邹刚，南充市嘉陵区人民检察院党组书记、检察长。成员：张丽，四川省南充市嘉陵区人民检察院党组成员、副检察长；黄成业，四川省南充市嘉陵区人民检察院第三检察部四级高级检察官；周帅，四川省南充市嘉陵区人民检察院第二检察部副主任；江小东，四川省南充市嘉陵区人民检察院第三检察部五级检察官助理。执笔人：周帅。

都必须坚持司法为民、服务人民的宗旨。① 人民利益是检察工作的根本出发点，人民群众是检察信访工作优劣的第一评判者，只有坚持"以人民为中心"的发展理念，才能充分发挥检察信访功能，积极推进国家治理和维护社会稳定。

2. 工作理念——走群众路线

"枫桥经验"坚持一切相信群众、一切依靠群众、一切为了群众，群众路线是新时代"枫桥经验"的制胜法宝，"枫桥经验"已经成为践行好、贯彻好党的群众路线的成功典范。检察信访工作是检察机关与人民群众沟通的桥梁和纽带，要求检察机关以人民群众"看得见"的方式真正化解矛盾纠纷、实现公平正义。时代在出卷，人民在阅卷。② 这也意味着，检察机关在信访工作中必须重视人民群众的参与度，践行全过程人民民主理念，坚持把信访工作与群众路线相结合，贯彻好走群众路线的工作理念。

3. 直接目标——化解和预防矛盾纠纷

新时代"枫桥经验"是以维护社会稳定为目标，以依靠基层广大群众参与为特征，以多元化解决社会矛盾为手段的一种基层社会治理成功模式。追求"小事不出村，大事不出镇，矛盾不上交"，其不仅仅注重及时解决现有的矛盾纠纷，更注重修复社会关系和深入社会治理，避免类似矛盾纠纷再次发生。检察信访工作的直接目标亦是化解和预防矛盾纠纷，实现民主、法治、公平、正义。其不仅仅需要因案制宜，化解信访积案旧案，解决好"治标"的问题，更要注重风险研判，立足国情，强化源头预防治理，解决好"治本"的问题，真正实现检察信访矛盾"化旧止新"的目标，达到"办理一案、治理一片"的社会效果，进一步增强人民群众对检察信访的信心和认同。

（二）新时代"枫桥经验"是检察信访工作的有效手段

2023 年系毛泽东同志批示学习推广"枫桥经验"60 周年暨习近平总书记指示坚持和发展"枫桥经验"20 周年。经过 60 年的发展创新，"枫桥经验"结合了习近平法治思想在国家治理中的生动实践，其内涵价值不断丰

---

① 曹骥：《检察机关创新运用"枫桥经验"在完善城乡基层社会治理方面问题研究》，载《法治与社会》2018 年第 27 期。

② 最高人民检察院控告检察厅编：《检察机关涉法涉诉信访改革问答》，中国检察出版社 2015 年版，第 2 页。

富完善,"党政动手、依靠群众、源头预防、依法治理、减少矛盾、促进和谐"是其化解矛盾的重要经验。正是通过依靠群众就地解决矛盾,多元多部门联动妥善化解矛盾,全面排查预防遏制矛盾苗头,实现以"非诉"的方式化解矛盾纠纷及达成社会良性治理。可以说"枫桥经验"最初主要表现为以价值理性为核心的乡村治理经验,新时代"枫桥经验"则融合价值理性与工具理性,顺应法治国家、法治政府、法治社会一体建设的总体布局和发展大势。①

当前检察信访工作任务艰巨、形势严峻,新时代"枫桥经验"为检察机关参与基层社会治理、化解信访矛盾纠纷提供了可借鉴可推广可创新的宝贵经验和手段。2021年《中共中央关于加强新时代检察机关法律监督工作的意见》明确要求:"坚持和发展新时代'枫桥经验',健全控告申诉检察工作机制,完善办理群众信访制度,引入听证等方式审查办理疑难案件,有效化解矛盾纠纷。"检察信访工作和"枫桥经验"内在价值需求高度契合,检察信访工作中必须创新和发展"枫桥经验",借鉴"枫桥经验"把握信访矛盾新规律,研究解决矛盾新方式,完善工作制度,运用多种手段,引入多方力量,结合"诉与非诉"的方式,争取将矛盾解决在当下,化解在基层,促使社会治理现代化、科学化、法治化、民主高效化。②

二、现实困境:当前基层检察信访工作存在的主要困难

(一)当前基层检察信访工作的难点

1. 信访件数量大、范围广

统计显示,近年来检察机关办理的信访案件数量逐年上升,且越级上访、重复上访、多头上访的情况时有发生。信访内容涵盖了检察工作多方面内容,既包括民事诉讼监督、行政诉讼监督、刑事案件监督、执行事项监督,又涉及工作作风、廉政问题等,其中民事诉讼监督占比较大。其原因在于,一是社会矛盾突出,侵犯人民权益的情况时有发生,群众维权意

---

① 张晓东:《新时代"枫桥经验"激发"案例法治"创新动能》,载《检察日报》2022年11月3日。

② 孙会岩:《群众路线与法治思维融合:基于"枫桥经验"的探讨》,载《理论建设》2014年第1期。

识增强，希望诉诸法律解决矛盾纠纷，对司法公正的诉求更加迫切；二是检察机关信访案件的办理更加规范，受理渠道更加多样，信访途径愈加便利。

2. 信访诉求交织且多聚焦社会热点矛盾

涉法涉诉信访者主体往往具有多元性，其诉求亦具有多样性。因大量社会矛盾以案件形式进入司法程序，检察信访工作越来越聚焦于社会突出热点矛盾。主要集中在三大方面：一是民事案件当事人诉求未得到满足或者执行未到位，比如一些拖欠欠款、非法集资或者农民工讨薪等纠纷，往往因执行不能从而引发集体上访事件；二是行政诉讼当事人未得到司法机关支持，比如涉及土地征收、房屋拆迁安置补偿等方面因历史遗留或政策问题导致信访人的诉求难以得到实质解决；三是不服刑事判决的被告人及家属、未得到合理赔偿的被害人及家属，对刑事立案监督、侦查监督、审判监督等方面有异议从而长期信访。

3. 信访矛盾化解难度增大

信访人随着其维权意识的增强，经过对信访事项作出充分调查准备后往往对其诉求有着强烈的期待，一旦检察机关在信访处理过程中不能满足其内心期待就有可能进一步激化矛盾，导致信访人持续信访、越级信访或者重复信访。部分信访人"信访不信法""信上不信下"，坚持"大闹大解决、小闹小解决、不闹不解决"，认为只要通过不停缠访或者上访，有理无理的诉求最终都能得到满足。部分信访人认为检察机关监督全部、管辖万能，即使为其指明正确的信访或者救济渠道，但信访人执意对不属于检察机关管辖范围的事项仍诉诸信访。部分已经穷尽检察监督程序的信访人，因其权益受到侵害又不能按照其意愿得到赔偿，长期坚持申诉信访，矛盾难以化解。

（二）新时期检察机关信访申诉工作趋势

1. "以人民为中心"的理念愈加凸显

江山就是人民，人民就是江山。新时期人民群众在民主法治、公平正义、安全环境等方面有着更高要求。最高人民检察院反复强调，要始终坚持"以人民为中心"的改革价值取向，始终站在人民的立场把握和处理检察改革的重大问题。积极推动"群众信访件件有回复"制度落实落细即为生动例证。

2. 多主体参与化解的方式愈加明确

新时代,多主体参与逐步成为检察机关信访申诉工作化解矛盾纠纷的重要方法。其一,检察机关内部各部门间各司其职、相互配合,共同推进信访矛盾全面化解;其二,检察机关与其他部门之间形成合力,与政法委、公安、法院、信访等部门协力化解社会矛盾;其三,检察机关与社会力量同向发力,邀请人大代表、人民监督员、律师、社区干部等共同参与检察机关信访申诉案件处理,在实质性化解纠纷方面起到一定效果。

3. 彰显司法温度的要求愈加明晰

最高人民检察院要求,检察机关决不能只守住形式"不违法"底线,机械办案,必须将天理、国法、人情融为一体,情同民心,通过强化释法说理,让人民群众在每一个案件中不仅感受到公平正义,还要能够感受到检察机关的司法温度。具体而言,一方面要求检察机关在办案中既要忠于法律法规,也要遵从内心的"人性法",本着司法良知办好群众身边的每个小案。另一方面,在案件办结后,检察机关则要聆听民"声",走进民"心",充分了解人民群众面临的现实困难,综合运用司法救助等各种方法,帮助人民群众切实解决实际难题,真正做到案结事了人和。

三、检察回应:从新时代"枫桥经验"角度寻求化解涉法涉诉信访的工作机制

基层是信访问题的源头,也是解决信访问题的主体。① 基层检察院是直面一线群众、解决群众诉求的主要力量。新时代"枫桥经验"作为化解矛盾纠纷、和谐治理社会的特色经验,是基层社会治理的创新样本,以人民为中心是其根本立场,群众路线是其精髓所在,预测预警预防是其根本任务,从源头防范矛盾风险是其重要内涵。借鉴新时代"枫桥经验"的重要内涵经验,对于检察信访化解工作,要不断减少存量并遏制增量,做到"源头止新""存量化旧",笔者认为可以从以下角度探寻息诉罢访的检察经验。

(一)以完善风险评估预警机制为依托,打造检察信访源头治理

要建立健全检察信访风险评估预警机制,就是在检察机关执法办案的过程中,通过提前评估案件的背景、性质、可能造成的影响、是否存在不稳定

---

① 徐向春:《加强新时代控告申诉检察工作的思考》,载《中国检察官》2019年第9期。

因素、是否存在激化社会矛盾等办案风险点，进行分析研判，评估论证后及时发出预警，制定处置预案，来应对可能发生的各种信访活动，从而及时预防和化解矛盾，早发现、早研判、早处置，从源头防范和减少信访事件发生。

首先，要综合分析查找执法办案各个环节中比较集中的信访关键节点和风险因素。比如，办案人员追求办案质效忽视释法说理导致当事人质疑办案公正性；检察处理决定可能对当事人不利导致当事人持续上访等。其次，根据分析所得的关键节点和风险因素，制定相应的预警指标和标准阈值。如将案件性质、社会关注度、对当事人的影响程度等作为风险识别指标，并根据指标分为严重风险、较大风险、一般风险和无风险四个等级。再次，各检察办案部门应当在风险等级研判后，及时启动预警工作，分级评估，分级防控，对有较大或严重信访风险的及时上报分管领导或者检察长。最后，对办案部门提交的风险案件实行全程监测、动态评估，并进行风险化解预处置。根据案件办理过程中发现的信访风险点，针对性制定稳控化解预案，通过提前干预或者沟通协调，启动信访矛盾化解程序，实现相关责任部门和协作部门对办案风险的联动化解处理。

另外，要严格落实检察官风险评估预警的责任，把排查评估、预防研判、风险报备和化解矛盾纳入司法办案的各个环节，对风险评估过程中出现重大失误失职或者造成严重影响的，还应该落实责任追究。比如，对应当评估而未评估风险，或者发现风险但防控不及时，导致当事人因缠访、闹访等引发不良后果的，应当纳入领导干部或者检察官绩效考核。

（二）以健全内外衔接联动机制为重心，打造一体化大信访格局

控申检察窗口不是万能的，我管并不是独管，而是要以我管促进有关各方都管。要健全信访内外衔接联动机制，综合运用行政、司法和社会等多种手段，打造出党委、政府、司法和社会信访综合治理的大信访格局。

1.对内，完善内设部门联动办理机制

检察机关内部应当高度重视信访和稳定工作，落实党组、各级领导干部、控申和各业务部门等各个层次的信访责任，推动信访问题及时、妥善和就地解决。建立由院领导包案、控申部门牵头、业务部门承办的联动办理信访案件机制。检察机关各部门之间应当协调联动形成化解矛盾的合力，涉及多元多部门信访问题时，各业务部门应当与控申部门协调联动，通过"联合

接访""信访联席会"等工作机制,共同接访厘清关系并制定解决问题的方案措施,有效处置信访疑难问题。

2. 对外,建立信访信息共享联动处置平台

不断加强信息化、智能化建设,推动检察信访信息与公安机关、法院、政府信访部门等互联互通,实现协调办案和信访数据共享利用。通过各个部门之间横向通力合作和信息共享,形成信访联治、矛盾联调、工作联动、齐抓共管的大信访工作格局。对于检察信访处理过程中发现的司法、行政等信访风险点或者一些社会治理中存在的薄弱环节,应当及时归纳汇总后以检察建议的方式告知法院、公安机关和相关职能部门,以便于各部门制定预案化解信访矛盾,从源头减少同类信访案件的发生。对于一些穷尽法律救济途径的涉法涉诉信访案件,应当及时借助党委政府的力量化解处置矛盾纠纷,有序合法引入政府帮扶机制,促进司法办案向化解矛盾延伸,切实解决好有关群众切身利益和公平正义等问题。对于一些重复信访、多头信访案件,要加强与原办机关的沟通协调,共同召开信访案件协调会或联席会,建立调查核实互相配合支持机制,保证司法执法标准、信访处理意见、信访答复口径"三统一"。

(三)以多元实质化化解为目标,建立信访矛盾综合治理机制

1. 设立信访"案—件比",压实首办责任,化解重复信访

"案—件比"是最高检确定的案件质量评价体系的核心指标。[①] 检察实践中,信访程序空转的情况较为明显,大量案件已经穷尽了司法程序,但上诉人仍然不断信访;还有部分案件因信访部门受理办理时仅仅程序上办结,但案结事未了,当事人的合理诉求没有得到真正解决,进一步激化了矛盾,重复信访。"办信接访就是办案",鉴于此,有必要设立信访"案—件比","案"是指一个信访案件,"件"是指针对这个信访案件重复信访的次数,重复信访越多,信访"案—件比"就越差。设立该评价指标后,必然会引导检察人员在办理信访案件时,压实信访首办责任,积极主动作为,减少程序空转,积极公开听证或者导入司法救助,力争在每一个环节都做到极致,最大限度化解信访纠纷,避免或者减少重复信访的发生,真正实现案结事了人和。

---

① 李轩甫、姜宾:《完善机制促"案—件比"降低》,载《检察日报》2020年6月21日。

2. 借助第三方力量，搭建矛盾多元化解平台

一是加强检调对接。充分发挥检察调解力量和人民调解组织的配合协作，通过行政调解、司法调解、人民调解等多元调解平台发挥调解在信访矛盾纠纷解决中的正面作用。二是借助第三方力量。比如，探索邀请人大代表、政协委员、人民监督员、村社干部等第三方人员共同参与信访化解工作，尤其是在听证程序中，邀请这些人员以及其他信访人信任的人员共同参与听证，可以进一步提升群众对听证结果的认同感。三是实行律师介入制度。一般而言，律师参与诉讼过程中为委托人提供法律服务的情况较多，但信访中律师介入的情况却极为少见。实行律师介入信访，可以更好地解决群众因为不信任公权力而导致的矛盾纠纷，实现与信访人有效沟通，切实提升司法办案效率。比如，信访人对检察机关在案件受理条件、管辖范围、程序适用等方面的答复不满时，检察机关可引导其咨询法律援助律师，与律师共同解答信访人的疑问，更能安抚其情绪并使其心服口服。四是引入心理疏导。部分信访人性格偏激、固执己见，检察人员反复释明后仍不停缠访、闹访。对此，可以对这些信访人引入心理疏导，及时调整信访人的心理状态，扭转其错误思想，引导信访人以合理合法的方式解决矛盾。

3. 加强信访释法说理

检察人员在对信访案件作出处理结果判断时，要进一步增强释法说理，应当做到说理充分、论证严密，全方位展示检察机关在证据采信、事实认定和法律适用上的全过程，详细阐述论证作出处理意见的理由及依据，绝不能仅仅是简单机械化地描述处理结果。只有这样，才能真正做到以理服人、以法服人，增强信访人的认同感和获得感，也能在追求法律效果的同时获得更好的政治效果、社会效果，实现"三个效果"之统一。

4. 公开听证"应听尽听"

信访难以化解的一大原因是当事人缺乏一个真正了解案件、正确认识案件的平台，公开听证弥补了这一缺陷。坚持公开听证、简易听证，做到"应听尽听"，通过听证规范化、常态化、程序化，以人们看得见的方式实现公平正义。承办检察官在公开听证前，应当对案件开展必要性、可行性评估，研判听证风险，做好处置预案；听证中明确听、辩、析、答四个环节，确保法律事实正确、权益保障到位；听证后及时总结经验，收集整理听证员的意见建议，确保落实并及时回复。力争在听证中汇聚法治力量，引入第三方评判及群众见证的合力，以更加鲜活的方式让人民群众可感、可触，以更加透

明的方式让人民群众感受到公平正义。

5. 司法救助兜底帮扶

在一些难以化解的信访积案中，精准合理运用司法救助，体现检察机关充分关注弱势群体，运用法律智慧避免信访案件久拖不决，更增强了被救助人的获得感和幸福感。提升司法救助质效应当从以下几方面着手：一是办案部门要准确把握是否需要开展司法救助，并及时移送控申部门调查核实，对于符合救助条件的一定要"应助尽助"，让司法救助成为一项民心工程；二是建立常态化、动态化的司法救助经费保障机制，可以适当提高财政支付以及动员社会力量捐助；三是司法救助和社会帮扶相衔接，合理借助社会或政府帮扶力量，形成长效工作机制；四是强化司法救助监督检察，保障司法救助经费合理运用、正当运用。

（四）以全面提升信访质效为追求，打造检察信访高素质队伍

1. 强化对检察信访工作的思想认识

应当提高思想政治站位，从讲政治的高度深刻认识检察信访工作的重要性，准确把握控告申诉工作定位，在检察信访工作中践行初心使命，办好检察为民实事，努力让人民群众在每一个司法案件中感受到公平正义。

2. 坚持"以人民为中心"的工作理念

要在检察信访工作中加强宗旨意识和群众意识，充分认识信访化解就是要为人民群众排忧解难，信访绝不是简单的回复答复、就案办案，而是真正化解矛盾纠纷，解决疑难问题，做到案结事了、息诉罢访。要综合运用法治意识和法治思维，多措并举实质化解决矛盾纠纷，达到"三个效果"的有机统一。

3. 提升信访队伍素质能力

做好检察信访工作，既要懂检察监督办案，还要善于做群众工作，既要有丰富的法律知识储备，又要有灵活的应变能力以及高超的沟通技巧。应当将更多精英力量调配到控申检察岗位，同时要加强业务培训，通过开展信访素能提升培训班、举办业务竞赛、交流学习等方式，全面提升办信接访、案件办理和释法说理的业务能力，培育出优秀的检察信访团队。

四、结语

随着司法体制改革逐步走向"深水区",党和国家赋予检察机关的职责更加重大,法律监督职能从刑事为主不断向更深更广领域拓展。[①] 基层检察信访更应当及时更新工作理念,全面贯彻习近平法治思想和习近平总书记关于坚持和发展新时代"枫桥经验"的重要论述精神,坚持人民至上、以人民为中心,聚焦检察职能,加强协同协作,着力构建检察机关信访工作大格局,深化信访诉源治理、涉法涉诉矛盾实质性化解,为推动建设平安中国、法治中国贡献检察力量。

---

① 陈鸳成:《适应检察职能新变化 提升化解社会矛盾的能力水平》,载《人民检察》2021年第4辑。

基层检察机关助推轻罪治理路径探析

——以S省D市为样本分析

肖亚南　刘兆芬　刘　欣[*]

近年来，我国犯罪结构发生明显变化，轻罪案件数量大幅上升，占比高达80%以上。随着宽严相济刑事政策、行政执法与刑事司法衔接、认罪认罚从宽、案件繁简分流等制度的深入落实，以及轻缓刑比例逐步提升，轻罪已成为我国刑事犯罪结构的主要部分。以S省D市2021年1月至2023年6月办理的刑事案件为例，83.75%的被告人被判处三年有期徒刑以下刑罚，14.98%的犯罪嫌疑人被作出酌定不起诉，82.36%的案件适用认罪认罚从宽制度，行政执法部门移送的刑事案件中93.44%为轻罪案件。轻罪治理是一个系统工程，需要上下联动、多方协作，而基层检察机关办理绝大多数轻罪案件，处于刑事诉讼承上启下的重要环节，担负着牵头行政执法与刑事司法衔接工作、监督强制措施适用和轻罪刑罚执行等重要职能，在轻罪治理中处于关键一环。

本文以S省D市为样本，客观剖析当前轻罪治理的现状和面临的问题，结合基层检察工作实际，提出破解问题的思路，为基层检察机关助推轻罪治理现代化提供参考。

一、轻罪治理的概念及现状

党的二十大报告把"国家治理体系和治理能力现代化深入推进"作为未来五年我国发展的主要目标任务之一。轻罪治理是社会治理的重要组成部分，加强和深化轻罪治理，是贯彻落实习近平法治思想，服务保障国家社会

---

[*] 肖亚南，四川省大竹县人民检察院党组书记、检察长；刘兆芬，四川省大竹县人民检察院检委会专职委员；刘欣，四川省大竹县人民检察院四级检察官助理。

治理体系和治理能力现代化的必然要求。

（一）轻罪与轻罪治理的含义

轻罪是指犯罪人主观恶性不大，对社会危害相对较小，犯罪情节轻微，处刑较轻的刑事违法行为。我国学界和实务界普遍将法定最高刑为三年以下有期徒刑的犯罪划分为轻罪。① 轻罪治理即轻罪的刑法治理，是基于轻罪占比不断上升的情况下，加强轻罪案件与重罪案件的区别治理以及轻罪案件内部的区别治理，实现犯罪、刑罚、刑法附随后果关系的合理化、均衡化，② 旨在提供符合社会治理现代化趋势和基层实践的治理路径，提升基层司法机关办案效益和轻罪行为人改造效益，进一步促进国家安全、社会安定、人民安宁。

（二）基层检察机关助推轻罪治理的现状

近年来，危险驾驶罪、盗窃罪、帮助信息网络犯罪活动罪、偷越国（边）境罪、交通肇事罪等轻罪成为检察机关审查起诉案件的主要罪名，"轻罪化"趋势明显。同时，"刑罚轻缓化"也是当前刑事犯罪一个重要特点，检察机关作出酌定不起诉以及法院判处三年有期徒刑以下刑罚或缓刑的案件占比逐步上升。以D市为例，自2021年1月至2023年6月，D市办理的刑事案件不起诉率由12.17%上升到26.20%；缓刑判决占生效判决比例由44.39%上升至49.63%（详见图1）。

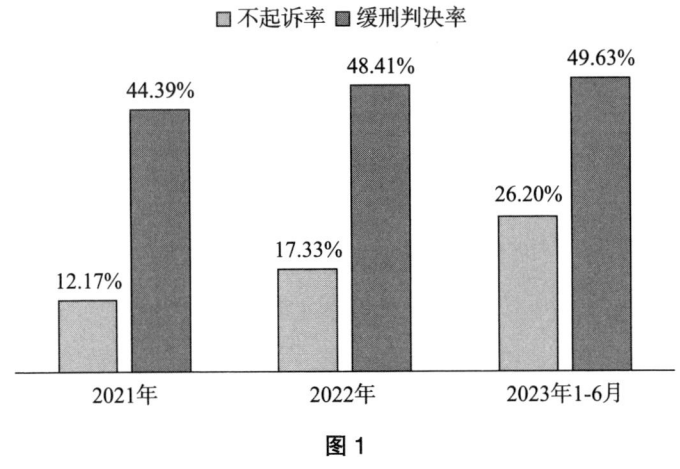

图1

---

① 韩旭：《轻罪治理与司法路径选择》，载《检察日报》2022年11月2日。
② 袁彬：《犯罪结构变化下轻罪的刑法区别治理》，载《人民检察》2022年第9期。

面对"轻罪化"和"刑罚轻缓化"的趋势，D市检察机关依托法律监督职能，通常从以下几方面助推轻罪治理：

一是将犯罪嫌疑人诉前羁押率控制在合理区间。轻罪案件是落实宽严相济刑事政策的重点，D市检察机关主动起草制定配套工作指引，力求让社会危险性标准判断更加精准、把握尺度更加统一。同时，建立容错纠错机制，为办案人员适应"轻罪趋势"解绑减负，努力做到宽严相济、罚当其罪。目前，D市诉前羁押率总体保持在30%左右，符合本地经济社会发展状况和司法办案规律。

二是加强轻罪刑罚执行的监督。不少轻罪案件的被告人被宣告缓刑，在缓刑考验期内，依法实行社区矫正，其执行情况受检察机关的法律监督。D市检察机关充分发挥刑罚执行监督职责，对社区矫正工作情况开展常态化监督巡查，督促司法行政部门加强对社区矫正对象的日常管控，从而帮助社区矫正对象顺利融入社会，预防和减少重新犯罪。

三是积极推行案件繁简分流制度。基层实践中，简案主要由轻罪案件构成。D市各基层检察院均紧扣本地实际，制定了繁简分流规则，重新调配、组合刑事检察办案团队，在检察环节基本实现了简案快办、繁案精办的目标，进一步提高了轻罪案件的诉讼效率，优化了司法资源。

四是加强对公安机关刑事立案监督。受业绩考核等因素的影响，公安机关在侦办批量性的同类轻罪案件过程中，时有取证质量较差、办"凑数"案等现象发生，个别轻罪案件因证据不足而长期"挂案"。对此，D市检察机关依托与公安机关共同建立的侦查监督与协作配合办公室，通过提前介入引导取证、共同会商类案办理等方式，加大轻罪案件监督力度，对于证据明显不足、无继续侦查可能的案件，依法监督公安机关撤案。

五是强化行政执法与刑事司法衔接工作。依托行刑衔接机制移送审查起诉的案件多数为轻罪案件，D市各基层检察院主动克服当前行刑衔接平台信息流转不畅的困境，监督相关行政执法部门通过传统方式移送案件或线索，法院有罪判决率达100%，行政执法与刑事司法"正向衔接"运行效果良好。

六是注重运用社会治理类检察建议。不少轻罪案件呈现出行业化、类型化特征，D市检察机关针对典型个案、类案中存在的普遍性、倾向性问题，通过制发社会治理类检察建议，推动法律监督职能向社会治理深层延伸，监督相关行业主管部门防范风险、堵塞漏洞、健全机制，实现"办理一案，治理一片"的良好社会效果。

二、当前轻罪治理存在的堵点、难点

随着轻罪案件数量的逐年增加，如何更好服务基层社会治理、推动轻罪治理现代化，是基层检察机关面对的一个重大课题。实践中，基层检察机关在轻罪治理工作中还存在不少堵点、难点，具体分析如下：

（一）"免刑逃罚"问题较为突出

行刑衔接机制是指行政执法部门将在行政执法过程中发现的涉嫌犯罪的案件或者线索移送至有管辖权的司法机关，以及司法机关将在办理刑事案件过程中发现的需要追究行政责任的案件或者线索移送行政执法部门的工作机制。行政执法部门的"正向衔接"已运行多年，具有较为完备的制度体系和工作机制，但"反向衔接"在基层实践中却存在堵点。2021年1月至2023年6月，D市D县办理危险驾驶案作酌定不起诉28件，被行政处罚14件，占比50%；办理交通肇事案酌定不起诉51件，被行政处罚1件，占比2%。可见，部分犯罪行为人既没有受到刑事处罚，也未受到行政处罚，"免刑逃罚"现象突出。

从作出不起诉决定的案件量来看，近年来很多案件因情节轻微或者证据不足，被检察机关依法作出不起诉决定。2021年1月至2023年6月，D市受理审查起诉案件数和人数不断上升，不起诉案件占比由12.17%上升至26.20%，人数占比由8.72%上升至21.82%。由此可见，不起诉案件的件数和人数均呈现上升态势（详见图2、图3）。

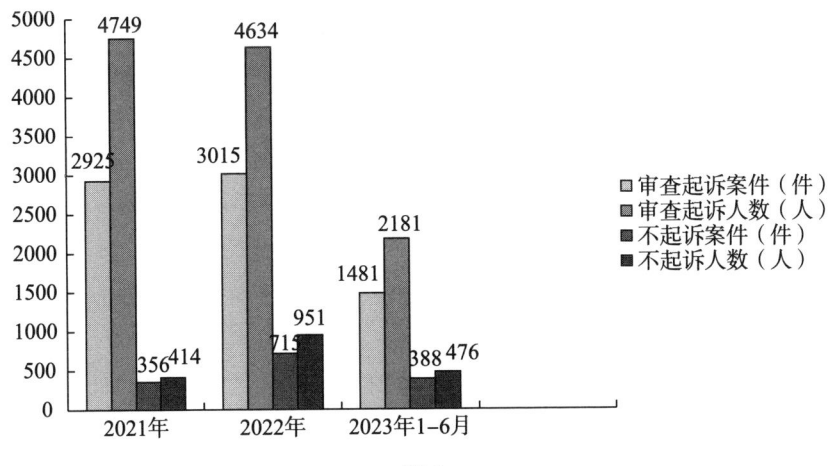

图2

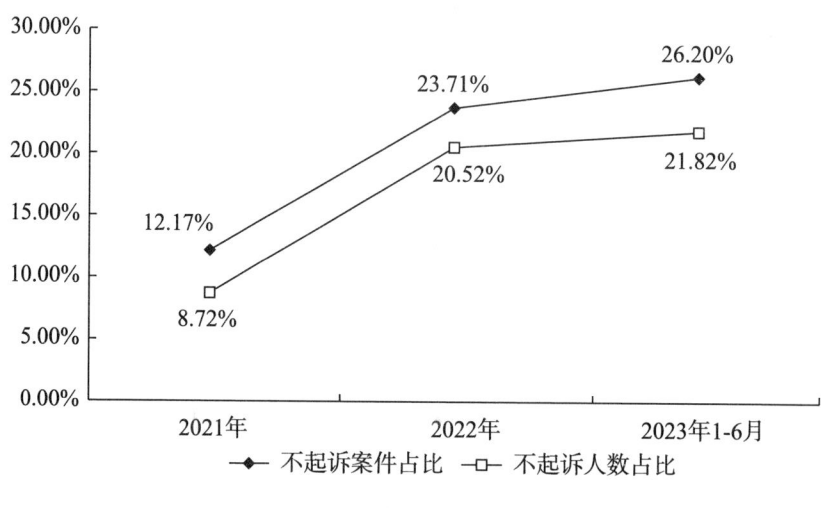

图 3

部分案件虽然作出了不起诉决定，但在案证据能够证实犯罪嫌疑人存在违法行为，按照相关规定需要给予行政处罚。实践中，检察机关作出不起诉决定后，因机制不健全、信息共享不到位等原因，行政执法部门未及时给予被不起诉人行政处罚，具体表现为三方面：一是"反向衔接"渠道不畅通。虽然不少地区建立了行政执法案件信息共享平台，但因机构改革、信息采集率低等原因导致平台使用受限，各部门无法实时共享案件信息，导致案件衔接不及时、不畅通，因此平台对于"反向衔接"工作的帮助极为有限。行政执法部门与检察机关信息互通仅靠单位联络和文书送达，而检察机关作出的不起诉决定，仅将相关文书送达公安机关和案件当事人，相关行政执法部门存在不知晓最终处理结果的情况。二是检察机关跟进监督不到位。部分检察官存在"案结事了"的心理，对于作出酌定不起诉的案件未及时跟进，既没有监督行政执法部门对被不起诉人给予行政处罚，也未要求行政执法部门反馈处理情况。三是少数领域存在监督层级不对称的现象。一般情况下，检察意见应当向同级行政执法部门或者向同级有关主管机关提出，但有些行政处罚权属于市级行政执法单位，如吊销驾驶证是市交警支队的职权范围，县级交警大队没有该项行政处罚权，出现了基层检察院与市级行政执法部门行政级别不对称，检察监督不到位的情况。

由于上述原因，导致被不起诉人既"免刑"又"逃罚"的现象较为突出，一定程度上影响了执法司法公平公正，不起诉制度的教育、警示功能受到制约。

（二）一定区域内轻罪捕诉尺度不统一

部分司法解释和上级文件对不少罪名认定"犯罪情节轻微"和"社会危险性"的标准进行了一定程度的明确，但在面对个案时，具体到部分县（市、区）仍然存在判断标准模糊、尺度把握不统一的问题。对于一些"可捕可不捕""可诉可不诉"的案件，在犯罪情节、后果、悔罪表现等情况相近时，由于检察官把握自由裁量权的尺度不一，有的检察官选择"捕"或"诉"，有的检察官选择"不捕"或"不诉"，导致区域内司法尺度不统一，影响轻罪治理成效。例如，D市D县检察院由不同检察官办理唐某掩饰、隐瞒犯罪所得案和张某掩饰、隐瞒犯罪所得案就存在类似问题，两案的犯罪金额、关联被害人金额、获利金额相近，嫌疑人都具有自首、从犯、退赔退赃等情节，但前一案件的检察官作出了起诉决定，而后一案件的检察官作出了不起诉决定，虽然都符合法律和司法解释的规定，但存在情节相似处理结果却不同的问题。

（三）社会危险性评估未形成检警合力

近年来，宽严相济刑事政策虽得到深入落实，但多数基层检察机关与公安机关在社会危险性评价方面没有建立协同评价机制，难以对社会危险性进行量化评估并形成合力，导致提请批准逮捕质量受到影响。在日常工作交流中，公安民警从不同渠道要求检察机关加大批捕力度，以保障刑事犯罪打击效果。2021年、2022年以及2023年1月至6月，D市D县公安机关提请批准逮捕后，检察机关不捕率分别为36.4%、32.1%、46.8%，检察机关不批准逮捕的案件占比较大，这既表明检察机关在严格把握逮捕质量关，也表明公安机关的提请批准逮捕质量有待提升，双方在社会危险性判断把握上差异较大。例如，D市D县检察院受理的王某某涉嫌盗窃案，犯罪嫌疑人王某某系D市D区居民，因疫情滞留D县，手机丢失后无法回家便临时起意实施盗窃。王某某无犯罪前科，且盗窃金额2000余元。公安机关以其无固定住所、无固定收入为由提请批准逮捕。经审查，检察机关认为王某某系初犯，盗窃金额不大，社会危险性小，不符合逮捕条件，决定不批准逮捕。本案中，公安机关侧重考量保障刑事诉讼顺利进行，而忽视犯罪嫌疑人的社会危险性评估，是该案提请批准逮捕的主要原因。

（四）非羁押强制措施保障体系不完善

取保候审是轻罪案件中对犯罪嫌疑人常用的强制措施，且适用率呈上升趋势。2021年至2023年上半年，D市取保候审占比由36.93%上升至48.56%、监视居住占比由2.45%上升至3.60%，非羁押强制措施适用率呈现上升趋势（详见图4）。

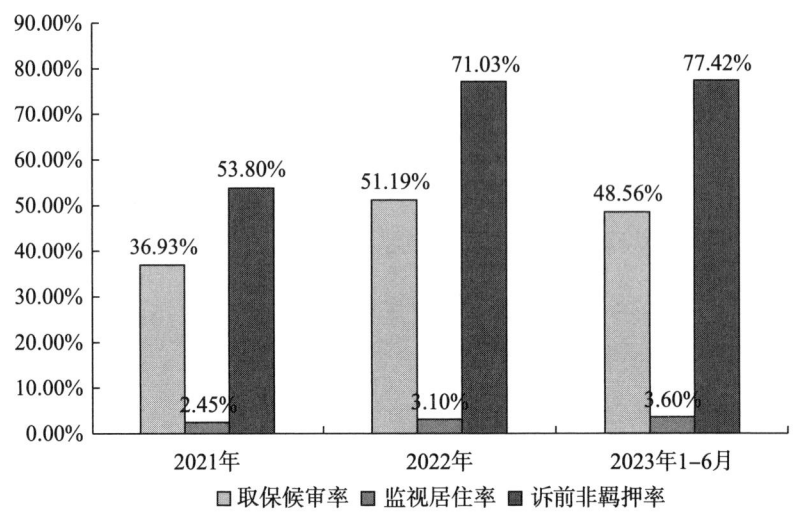

图 4

因监管手段单一、诉讼保障措施匮乏，犯罪嫌疑人逃避侦查导致诉讼无法顺利进行的现象时有发生。如D市D县检察院办理的蒲某某、欧某某涉嫌盗窃案，二人因患有传染性疾病分别被公安机关取保候审、监视居住。但在检察机关向人民法院提起公诉后，被告人欧某某一直未到案，法院遂发函要求公安机关对其执行逮捕，但仍未查找到其下落，最终法院在受理本案十个月后仅对被告人蒲某某作出判决。本案中，由于公安机关对被告人欧某某监管不到位，导致该案诉讼无法正常进行，审理期限延长，造成了司法资源浪费。类似上述案件的出现，在一定程度上给办案民警带来了思想顾虑，实践中倾向于以逮捕保障诉讼顺利进行。

（五）轻微罪与传统刑罚附随后果不成比例

我国没有规定一定范围内或特定条件下的轻罪前科消灭或者记录封存制度，不少轻罪案件特别是交通肇事等过失犯罪案件，行为人主观恶性小、再犯可能性低，但仍然会因为犯罪而存在前科记录。一些罪犯在刑罚执行完毕后，因为前科记录导致其重返社会难度增大、再就业更加困难，再犯罪概率增大，影响罪犯改造效果。同时，前科制度不仅给犯罪行为人贴上特定标签，同时无形中也给其直系亲属贴上了标签，对其子女升学、就业造成潜在影响甚至歧视。例如，D市D县检察院办理的彭某某涉嫌帮助信息网络犯罪活动罪一案，检察机关经审查认为，彭某某有自首、认罪认罚等依法从轻、从宽的情节，且犯罪时系在校大学生，现已改过自新，正常学习，依法作出酌定不起诉决定。彭某某及其家长都认为不起诉的结果不会影响其上学、参军、就业。但几个月后，彭某某参军政审却因为这次"前科"而未审核通过，无法顺利参军。

不起诉决定尚能对行为人产生一定的不良影响，而前科制度若实行"一刀切"的设置，更容易影响当事人刑罚改造效果和回归社会的积极性，甚至"波及"其子女，与《刑法》所体现的罪责自负精神相背离，制约了刑罚的特殊预防功能且附随的影响远远超出刑罚本身，有违比例原则。

三、基层检察机关助推轻罪治理的对策研究

破解轻罪治理存在的堵点、难点，应当立足社会治理现代化需求，不断完善治理体系、优化治理措施。对此，基层检察机关需紧扣法律监督职能优势，秉持客观公正立场和"双赢多赢共赢"理念，以"我管"促"都管"推动轻罪治理走深走实。

（一）完善轻罪行刑"双向衔接"工作机制

针对行政执法与刑事司法"双向衔接"特别是"反向衔接"工作在基层落实存在堵点的问题，各地应结合实际，升级工作平台、强化府检联动、压实监督责任，确保"双向衔接"真正落地落实。

一是优化信息共享平台。行政执法与刑事司法的有效衔接需优化升级现有行刑衔接平台，在明确信息共享范围的基础上，从平台兼容、数据提取、双向推送等方面优化功能，打造司法机关和行政执法部门能实时共享互通的信息化系统。一方面，行政执法部门将涉及刑事犯罪的案件推送至司法机关，供司法机关审查、监督、办理，并可查询所移送案件的办理进度和结果；另一方面，检察机关在作出酌定不起诉决定后通过该平台将案件推送至

相应行政执法部门，实时跟进监督所移送案件的办理情况。通过在平台上落实"双向衔接"，确保平台真正发挥实效。

二是依托"府检联动"争取更大支持。应积极开展"府检联动"，争取各级党委、政府将行政执法与刑事司法衔接工作纳入法治政府建设目标考核范畴，要求各行政执法部门转变执法观念，认识到将案件移送公安机关并不意味着案件办结，还应密切关注案件是否进入诉讼环节，在收到检察机关作出的不起诉决定后，依法作出相应的行政处罚或者处分。司法行政部门要充分发挥行政执法监督职能，对检察机关发出的《检察意见书》备案并监督行政执法部门履行职责。

三是检察机关主动加强跟进监督。检察机关应积极顺应社会治理现代化要求，推动办案理念从注重"治罪"转变为同步注重"治理"，认真做好案件办理"后半篇"文章。对于犯罪情节轻微，依照刑法规定不需要判处刑罚，但根据规定需要给予行政处罚的，检察机关应制发检察意见书，建议行政执法部门在规定时限内对行为人给予行政处理，并对后续处理情况作跟踪备案。如行政执法部门两个月内未对相关案件作出处理决定，检察机关要积极跟进了解掌握，必要时可向同级人民政府和上级主管部门抄送行政执法部门办理情况，督促案件处置，最大限度杜绝"免刑逃罚"现象。

（二）在一定区域内统一轻罪捕诉执法、司法尺度

针对"捕诉尺度"不统一的问题，受各地经济社会发展状况差异较大、社会治安防控水平不同的影响，不宜由省级或省级以上层面对"捕诉尺度"作统一的细节性规定，而应鼓励各市州、各区县充分研判本地实际，在不突破法律规定和司法解释的前提下，因地制宜制定轻罪案件"捕诉"尺度工作指引，建立"容错纠错"机制，逐步完善"捕诉"制度体系。

一是量化轻罪社会危险性评估标准。涉及"可捕可不捕"的案件主要集中在轻罪，对此应积极推进轻罪社会危险性量化评估工作，将相对抽象、宏观的标准变得更具可操作性，使办案人员能够精准判断把握犯罪嫌疑人的羁押必要性。如D市D县检察院在充分研判当地办案实际后，制定了《刑事犯罪案件社会危险性审查判断工作指引》和《轻罪社会危险性负向量化评估表》，细化人身危险性、犯罪性质、罪后表现、诉讼可控性4类35项评估指标，辅助检察官更加精准审查判断社会危险性，一定程度上解决了轻罪社会危险性评估在基层缺乏可操作性的问题。

二是制定常见轻罪酌定不起诉指引。与社会危险性评估工作类似，多数"可诉可不诉"的案件也集中在轻罪，应鼓励市、县检察机关对本地常见犯罪进行系统研判，探索出台轻罪不起诉工作指引，进一步规范酌定不起诉案件办理、统一司法尺度。如 D 市 D 县检察院在统筹考量本地过去三年至五年轻罪不起诉案件的基础上，从酌定不起诉适用范围、相关程序、具体适用标准等方面着手，结合实际制定了《常见轻微刑事案件不起诉工作指引》，为办案人员提供具有指导意义的标准，有效避免因不同检察官办案导致类案处理失衡的问题。

三是探索建立容错机制。受司法责任制改革影响，对于一些"可捕可不捕、可诉可不诉"的案件，不少检察官因担心被"问责"而对作出不捕、不诉决定心存顾虑，有的案件仅考虑法律效果，对政治效果、社会效果兼顾不足。对此，可建立容错机制，明确检察官在办案过程中，结合查明的事实和证据，认为犯罪情节轻微或者社会危险性较小，依法作出酌定不起诉、不批准逮捕、变更羁押强制措施决定的，属于主动履行法定职责，不因事后出现"犯罪嫌疑人实施新的犯罪或逃避侦查"等情形被追究司法责任，解决好依法履职免责"最后一公里"问题。

（三）积极推进轻罪刑事诉讼"前端"治理

检察机关和公安机关可探索轻罪的"前端"治理模式，持续汇聚检警合力，共同提升办案质量，更好实现罪责相适、罚当其罪。

一是深度发挥侦查监督与协作配合办公室职能作用。依托侦查监督与协作配合办公室，建立轻罪案件引导取证常态化机制，对于公安机关拟报请逮捕、移送起诉的案件，由派驻检察官提前与公安机关法制部门或办案民警共同审查取证情况，对是否构成犯罪、社会危险性大小等要素进行研判。经前期审查研判认为社会危险性较小，采取非羁押措施更为适宜的，可建议公安机关不捕直诉；对证据明显不足、未达到立案标准的，可建议公安机关继续侦查取证。

二是优化升级案件繁简分流机制。部分地区的实践证明，推行刑事案件繁简分流，有利于避免同一个检察官和公安民警因办理繁案而导致简单案件"挂而不办"，从而大幅度提高轻罪案件办理效率，更好维护轻罪犯罪嫌疑人合法权益。目前各地在落实繁简分流机制上推进程度参差不齐，对此应注重研判繁案和简案办理规律，加强工作经验总结，与公安机关协同配合，为简案开辟快速通道，实现公安机关集中移送审查逮捕、审查起诉，检察机关快速流转、办理，共同提高诉讼效率。同时，检察机关可通过案件质量月通报、类案检察建议等方式，向公安机关反馈繁简分流工作中存在的问题特别是案件质量问题，防止因简案快速办理导致办案质量降低。

（四）丰富完善非羁押强制措施保障体系

在顺应轻罪治理要求的前提下，如何保障非羁押犯罪嫌疑人到案、确保刑事诉讼顺利进行成了亟待解决的问题。

一是利用现代科技助力人员管控。随着信息技术的飞速发展，基层司法机关可以借助信息化的手段加强非羁押犯罪嫌疑人的监督管控，构建集定位追踪、定时打卡、跨界提醒、违规预警、不定时抽检等功能于一体的监管平台，如配备智能手环、安装非羁押码手机 App 等，既能够倒逼公安机关依法履行监管职责，又能为基层检察机关开展强制措施适用监督提供强大助力。如 D 市 Q 县检察院协同公安机关为非羁押犯罪嫌疑人的手机安装专门研发的 App，实现了定位监控、打卡报到、违规跨界提醒等功能，取得了良好效果。

二是建立赔偿保证金提存制度。针对部分轻微刑事案件所涉及的赔偿问题，犯罪嫌疑人有赔偿意愿且有赔偿能力，但因其他原因未能达成和解协议的，犯罪嫌疑人向公证机构缴存一定数额的保证金后，检察机关可根据在案证据，综合评价犯罪嫌疑人的社会危险性，依法对其适用非羁押强制措施、作出酌定不起诉决定或者在量刑建议时予以酌情从轻考虑。犯罪嫌疑人或其近亲属可向公安机关、检察机关申请赔偿保证金提存公证，由当地公证机构办理。待案件办结后，双方当事人持函到公证机构办理提取手续，这样既能充分保障被害人、犯罪嫌疑人的诉讼权利，又能保障诉讼顺利进行。

（五）积极探索构建轻罪前科消灭制度

《刑法》第 100 条规定了前科报告义务，对未成年人也仅是免除报告义务，并未消除其前科记录，该规定对于社会治安防控起到积极作用，但已不适应新形势下轻罪治理的要求，对部分具有轻罪前科的人重返社会设置了一定障碍。对于轻罪而言，由于不属于"重大恶性犯罪"，犯罪行为人也不再是传统刑法学意义上"具有人身危险性的"犯罪分子。[1]从有利于刑满释放

---

[1] 吴宏耀：《轻罪治理与刑事检察制度的时代转型》，载《国家检察官学院报》2021 年第 1 期。

人员回归社会、增强刑罚特殊预防效果的角度看，有必要探索构建轻罪前科封存或消灭制度，并可纳入检察机关法律监督范围。

一是对符合特定条件的轻罪设置犯罪记录封存制度。建议参照《征信业务管理办法》第 20 条"征信机构采集的个人不良信息的保存期限，自不良行为或者事件终止之日起为 5 年。个人不良信息保存期限届满，征信机构应当将个人不良信息在对外服务和应用中删除；作为样本数据的，应当进行匿名化处理"的规定，除涉黑涉恶、危害国家安全、性侵等危害较大的犯罪外，对一般轻微刑事案件如危险驾驶、交通肇事、轻伤害等被判处三年有期徒刑以下刑罚的轻罪案件，如果犯罪行为人系初犯，且主观恶性较小、真诚认罪悔罪，可设置一定时长的考察期，鼓励其积极改过自新、融入社会，考察期过后，经司法机关审查符合相应条件的，可对其前科记录进行封存，非因办案需要不得查询，其本人及子女参工、就业等无须报告已经封存的前科记录。

二是合理设置犯罪记录封存审查和监督程序。建议由人民法院对判处轻罪的被告人是否符合前科记录封存的条件进行审查，由司法行政部门对轻罪刑满释放人员进行日常行为表现监督考察。检察机关可对人民法院的审查程序、审查结果以及司法行政部门履行日常监督考察职责情况开展法律监督，发现程序违法或者怠于履行职责等情形的，可提出检察建议督促整改；认为不符合前科记录封存条件的，可以制发《纠正违法通知书》予以纠正，确保前科记录封存合法规范，最大限度提升轻罪刑满释放人员回归社会的积极性。

智慧检务建设中的技检融合障碍及应对

古 剑 罗维鹏[*]

"智慧检务"是依托大数据、人工智能等技术手段,进一步发展检察信息化建设的更高形态,也是检察工作方式和管理方式的重大革命。"十三五"期间,检察机关在《"十三五"时期科技强检规划纲要》《检察大数据行动指南(2017—2020年)》《智慧检务工程建设指导方案(2018—2020年)》等政策的指引下取得了不少成果。2021年,《中华人民共和国国民经济和社会发展第十四个五年规划和2035年远景目标纲要》明确将"基本实现国家治理体系和治理能力现代化"作为2035年远景目标,并且指出"培育壮大人工智能、大数据、区块链、云计算、网络安全等新兴数字产业"。那么,智慧检务在"十四五"时期又该如何进一步借力科技实现更好的发展?而现阶段智慧检务建设还有一些矛盾尚未解决,只有解决了这些矛盾,未来的方向才能更加清晰。

一、智慧检务建设的阶段概况(2015—2021年)

2015年7月3日,最高人民检察院召开"互联网+检察工作"座谈会,首次提出"互联网+检察工作",要求各级检察机关顺势而为,充分利用信息网络技术,提升检察工作现代化水平。这一年是检察信息化历史上具有里程碑意义的一年,自此我国进入全面发展智慧检务的新时期。之后,《国家信息化发展战略纲要》《"十三五"时期检察工作发展规划纲要》《检察大数据行动指南(2017—2020年)》《全国检察机关智慧检务行动指南(2018—2020年)》等政策文件均对智慧检务提出较高的期待。"十三五"期间,检察机关大力投入和广泛参与智慧检务建设,形成了丰富的地方经验。

---

[*] 古剑,成都市双流区人民检察院党组书记、检察长;罗维鹏,西南财经大学法学院副教授。

（一）案件管理电子化

智慧检务一改传统纸质卷宗、人工翻阅、人工流转的方式，使用技术方式对纸质卷宗进行快速识别、信息提取、格式转换、自动编目等信息化处理，极大提高检察官日常办案的工作效率。截至 2020 年 8 月，全国检察机关通过统一业务应用系统办理案件 4400 万余件，通过互联网平台发布程序性信息 1242 万余条、重要案件信息 89 万余条，公开法律文书 540 万余份，收集信访信息 18 万余条等，信息化在提升检察办案和服务水平方面发挥了较大的作用。[1]

一是电子卷宗。如上海铁路运输检察院研发的"卷宗数字化平台"，实现全院办案业务数据的汇聚功能，每一本纸质卷宗自收案起就会生成专属二维码，送进案卷数字化中心后，100 页 PDF 案卷 1 分钟即可被扫描完毕，3 分钟就能生成电子卷宗 Word 文档。承办人在案卷智能分发柜上刷卡，就可以提取卷宗，登录"大统一"软件即可同步调取、编辑处理，配合专门开发的智能卷宗柜，更能实现对卷宗流转的全程监督管控。[2]

二是案件码。这也是一种对案件信息进行编码处理的方式。例如，浙江省海盐县检察院为提高"捕诉合一"的办案质量而研发的三色"案件码"，联合县公安局共同设计《"案件码"量化评分表》，以 100 为满分作反向扣分，检察官在首次受理案件时在"案件码"中输入案件基本信息并对照评分表初次评分，之后系统根据评分自动生成红、黄、绿二维码，通过钉钉 App 将"案件码"发送给侦查人员，侦查人员手机扫描后即可获悉评分详情。侦查人员和检察官对非绿码案件建立问题清单，进行动态管控。移送审查起诉时，案管部门按照"绿码放行、黄码待定、红码退回"的标准分类受理。这一做法既降低了侦查机关"带病"移送审查，也降低了检察机关退补率与延长率。[3]

三是检察大数据平台。大数据技术在很大程度上提高了检察官处理案卷、文书方面的工作效率。如北京市检察机关建立的"检立方"大数据平台，其已采集案件信息 60 万件，业务数据 1.1 亿项，并通过整合三级检察院案件信息和文书形成了一案一表和"文书链"，该平台可以对文书进行多

---

[1] 张雪樵：《以科技强检创新实践，开启智慧检务新篇章》，载《检察日报》2020 年 8 月 1 日。
[2] 林中明、柏汇崧、马燕娜：《邵东：用智慧检务谱写精彩检察故事》，载《检察日报》2021 年 6 月 4 日。
[3] 吴美妘：《智慧检务助推检察办案提质增效》，载《检察日报》2020 年 8 月 28 日。

关键词检索和启发式过滤辅助筛选，还可以呈现案件分布、案发特征等信息，使承办人能够快速精准获取相关案件文书，并且能够深入了解案件相关情形。①

（二）办案工具科技化

为了有效惩治犯罪和提高公诉质量，智慧检务更新了检察机关传统的办案方式，利用先进技术手段突破传统办案方式在时间和空间上所受的限制。

一是无人机取证。主要是利用无人机技术解决检察机关办理公益诉讼案件时所遇到的线索发现难和取证难的问题。如东营市河口区检察院形成"检察官+无人机+法警"工作模式，通过无人机应用开展环境污染低空快速取证工作，有效降低了传统工作模式下检察人员很难进入取证点取证，甚至可能会遇到暴力妨碍取证等突发事件的风险，结合无人机多样化的新型数据采集与处理技术，大大提高了现场取证效率，显著提高证据质量。② 二是出庭一体化平台建设。如科尔沁区检察院引进"出庭一体化平台"系统，公诉人宣读卷宗时，证据直接在显示屏同步展现在被告人、旁听人员面前，改变了以往向被告人逐一展示卷宗中纸质证据的繁冗局面，让庭审更为高效便捷。③ 该技术改善了检察官出庭公诉的效果，已在不少地方使用。

三是数字化法律监督。如温州市检察院建设的"智慧检务能力中心"借助数千万条数据有效开展法律监督，基于该平台建立的保外就医鉴定意见实时数据库，通过大数据分析，提前对触发预警的鉴定机构或鉴定人开展可疑线索摸排，服务刑事执行检察部门对长期脱离监管的对象及鉴定机构和鉴定人进行实质性监督，提升了类案监督成效。④

四是证据智能辅助分析。为提高检察官审查证据的效率和科学性，实践中出现了一些智能化的证据辅助审查技术，除了上海政法系统研发的"206系统"之外，还有贵州省检察院推行的司法办案辅助系统、案件智能研判系统、数据分析服务系统，其在贵州省近100个检察院上线，如在贵阳市花溪区检察院办理的一起盗窃案件中，检察官通过司法办案辅助系统的证据审查指引发现，公安机关随案提交的证据中有一张李某和吕某微信聊天的截图，

---

① 戴佳、史兆琨：《厉害了！这些"智慧检务"让人眼前一亮》，载《检察日报》2017年2月17日。
② 臧晓晓、莫磊：《无人机取证助力智慧检务》，载《检察日报》2019年12月24日。
③ 沈静芳、王帅迪：《从"汗水检务"到"智慧检务"》，载《检察日报》2018年7月29日。
④ 范跃红、温简：《融合创新打造智慧检务"最强大脑"》，载《检察日报》2019年5月28日。

这是证明两人是共同犯罪的重要证据。但证据审查指引却显示，截图上没有侦查人员的说明，也没有犯罪嫌疑人的确认。按照法律法规，这不符合电子证据的相关规定，在法庭上很可能不被法官采纳。据此，办案人员让公安机关补充了相关证据，从而为法院最终确认两名被告人为共同犯罪提供了确实充分的证据。①

五是远程视频办案。通过视频的形式进行一定的诉讼行为其实并不是新鲜事。2012年最高人民检察制定的《人民检察院刑事诉讼规则（试行）》第331条第3款规定"讯问犯罪嫌疑人，可以当面讯问，也可以通过视频讯问"。

六是异地阅卷。电子卷宗不仅提高了检察机关内部案件管理的质效，还降低了检察官、律师阅卷的时间成本。如重庆市南岸区检察院自建的"律师阅卷一体机"开发了线上跨省异地阅卷功能，实现跨省异地阅卷及电子卷宗智能刻录功能，打通跨省线上异地阅卷壁垒。②同样，在成都"天府中央法务区检察服务中心"，律师通过"天府微检察"小程序即可预约申请阅卷，待信息审核通过后，可至天府中央法务区检察服务中心"自助阅卷刻录一体机"取卷，全程根据设备提示自助操作，有律师就反映一般驱车往返至少1天的时间，在这里最快2小时便可完成。③

（三）人财物管理信息化

实践中以案件数量和裁判结果为核心的既有评估体系难以回应司法体制综合配套改革下的员额检察官动态调整、人财物优化配置和司法责任制的有效追究，而大数据技术为实现检察官工作量与办案质量的科学化、精准化评估提供了全新可能。④在人员管理方面，山东省检察机关研发"廉政风险防控系统"，自动提取、收集检察工作数据并作分析评估，将办案情况记入个人执法档案，形成"一人一案一档"，并向绩效考核和案件质量评查系统提供数据，作为个人、部门的考核指标以及案件质量的评估依据。⑤泰安市检

---

① 史兆琨：《智慧检务：打造检察工作发展新引擎》，载《检察日报》2018年1月22日。
② 李立峰、阳琼玲、周亚：《跨省异地阅卷实现"通车"》，载《检察日报》2021年6月24日。
③ 倪建军、焦伟、卢志坚等：《您有疑难，检察官帮忙解决》，载《检察日报》2021年7月4日。
④ 罗玮、王禄生：《论大数据驱动的司法体制综合配套改革》，载《中国应用法学》2021年第2期。
⑤ 焦建平、韩瑞民：《运用信息化助推检察权运行风险防控》，载《检察日报》2020年5月14日。

察院的"检察官司法成熟度评价系统",设置个人素养、业务数量、业务质量和司法能力四个模块,以"信息化+考核"助推队伍建设。① 在涉案财物管理方面,福建省石狮市公检法三家共同打造的"公检法一体化涉案财物管理信息平台",改变了以往公检法三家各自为政的管理模式,全面整合涉案财物管理资源,通过平台对涉案财物实行统一保管,并为每一件入库的涉案财物设置专属的条形码电子标签,录入涉案财物处置信息查询系统,实时共享涉案财物的登记、入库、调用、归还、出库、处置情况。②

(四)服务工作人性化

为应对新时代社会主要矛盾发生变化后"检察公共品"供给与人民群众对"公正司法、法制统一"的"法福利"需求不协调不充分不平衡矛盾的挑战。③ 检察机关应当加强提高司法公信力,一方面,通过检务公开让正义"看得见";另一方面,通过信息化建设让正义"触得着"。如陕西省检察院以案件信息公开系统为主平台,加强"两微一端"等新媒体平台建设,向当事人提供案件程序性信息查询服务,向社会公开重要案件信息和法律文书及办理其他案件信息公开工作;还采取"上门服务""走出去、引进来"的方法,向律师事务所发放关注、注册案件信息公开微信平台倡议书、"明白纸"等方式进行宣传,实现了案件信息从"网上公开"向"掌上公开"的拓展。④

二、智慧检务建设的阶段特征

检察机关的多项能力在技术的赋能下得到大幅提升,结合前述智慧检务实例和笔者调研,智慧检务目前有以下基本特点:

(一)人力释放明显,脑力释放不足

如果问到科技给检察工作带来的变化是什么,办案人员第一反应多会

---

① 卢金增、鞠杰、邹静:《智慧检务"红利"这样形成》,载《检察日报》2017年11月28日。
② 胡珊泥、龚丝丝、邱亚谜等:《福建石狮:"智慧检务"让公平正义来得更快》,载《检察日报》2017年12月6日。
③ 徐汉明、孙逸啸:《新时代人民检察事业创新发展的基本遵循——学习习近平同志关于检察改革和检察工作系列观点的体会》,载《法学评论》2019年第5期。
④ 倪建军、杨健飞、丁春伶:《从"网上公开""掌上公开"到"智慧检务"》,载《检察日报》2017年9月17日。

是"提高效率"。因为智慧检务极大改变了办案的时间和空间。在案件管理电子化驱动下,干警"零跑腿"即可完成案件流转;①办案工具科技化让检察官"足不出户"便可完成跨越千里的远程提讯;②智慧检务在释放办案人员双手和双脚方面的贡献是值得肯定的,但是能在多大程度上体现"智慧",争议较大。有学者指出,我国法学界常将人工智能要求的"自主性"与寻常的"机械自动化"相互混淆。③一部分技术虽被冠以"智能"的称谓,但仍是一种电子化的信息处理方式,只是实现法院办案方式由纸质向电子、由线下向线上的转变,并未体现计算机自主思考后进行加工的"额外知识",仍是需要由人进行操作的信息化方式。④

严格地讲,现阶段智慧检务所谓的"智慧"距人工智能学科所谓的计算机"智慧"还相去甚远。从例子中可以看出,多数电子化的案件管理方式和科技化的办案工具对使用人而言并非绝对必需的。就是说,没有电子卷宗、案件码、无人机取证或者异地阅卷平台办案人员照样可以办案,只不过要耗费较大的人力和财力。例如,"类案推送"已经成为智慧检务的基本配置,提高了检察官上网查找案例的效率,可是得到类案之后,系统却很少为本案该如何处理继续给出答案,但这其实才是一线人员最需要的。

(二)程序保障明显,实体保障不足

学界早在司法人工智能产生之初就对其能做什么、不能做什么有过讨论。激进观点认为,司法活动均可交由计算机完成,甚至法律职业在未来将会消亡;保守观点则认为,计算机仅能从事有限的司法活动,主要是辅助司法人员处理一些重复性的体力工作。后者成为主流。智慧检务确实改变了传统检察工作的形式外观,使得办案流程简洁化、办案程序规范化、办案方式多样化。这些变化得益于信息化诉讼机制的构建,如证据智能辅助分析系统可以预警案件的证据瑕疵,提示检察官审查证据时应留意哪些问题,避免遗漏。

就保障实体正义而言,智慧检务尚未有实质性突破。例如,证据智能辅助分析系统的算法对审查瑕疵证据有益,但无力审查非法证据和证据的证明

---

① 吴美妘:《智慧检务助推检察办案提质增效》,载《检察日报》2020年8月28日。
② 沈静芳、李宾:《"智慧检务"推进捕诉一体化》,载《检察日报》2019年4月22日。
③ 刘艳红:《人工智能法学研究的反智化批判》,载《东方法学》2019年第5期。
④ 左卫民:《从通用化走向专门化:反思中国司法人工智能的运用》,载《法学论坛》2020年第2期。

力。一方面,证明力评价涉及大量的经验因素,需要检察官作价值判断,属于综合的整体性思维而非单调的线性思维,人工智能根本不可能独自承担起判断证明力的重任。[①]另一方面,即使在证据能力方面,计算机仅能处理某些证据瑕疵问题,如勘验、检查笔录是否有相关人员签名或者物证、书证是否为原件等。排除瑕疵证据可以规制取证程序,而在最直接的人权保障即非法证据排除方面,计算机还不能作出如案件是否存在"难以忍受的痛苦"的判断。

(三)示范应用明显,常态应用不足

2015年至今,最普及的智慧检务应用是已经发展到2.0版的"检察机关统一业务应用系统",很多检察院还研发了具有自己特色的智慧系统或者App。不可否认,报道于媒体的智慧检务确实科技感十足,令人眼前一亮。然而,当新鲜感褪去之后,不禁要问:这些应用示范究竟哪些对办案效果有质的提升?哪些可以从地方经验推向全国?

问题或许不好回答,基层检察院研发一项智慧检务产品要考虑功能、经费、技术、数据等诸多因素,缺少任何一个因素都会影响产品的实际落地。在普及方面,具有全国性推广价值和现实性的产品其实不占多数。因为我国地方经济差异较大,不同检察院对智慧检务的需求也有较大差异,某些地方的先进技术不一定被其他地方需要,其他地方也不一定有条件配置同样的技术。例如,"VR+检察"在有的检察院可以用于检察官体验各种司法办案难题,学习应对方法,提高司法办案能力,[②]但普适性较低。在使用方面,"人性化不足,系统开放性不够,建设与应用未形成良性循环,迭代升级慢",[③]也很明显。

三、智慧检务建设中的技检融合障碍

诚然,"到目前为止,司法人工智能在实践中取得了一定成效,但其运用现状仍难称理想,至少大部分的实际运用并未达到开发者或使用者先前

[①] 纵博:《人工智能在刑事证据判断中的运用问题探析》,载《法律科学》2019年第1期。
[②] 张宁、王磊:《在动感世界里实现智慧检务》,载《检察日报》2017年10月14日。
[③] 张雪樵:《以科技强检创新实践,开启智慧检务新篇章》,载《检察日报》2020年8月1日。

所期待的功效。"① 目前不少智慧检务应用只是实现了"技术 + 检察"的形式融合,将之前传统的人力劳动作了一定的计算机处理,更多的是"电子化",而非"智能化",科技与检察业务的融合还存在较大障碍。

(一)合作障碍

智慧检务建设目前最大的障碍在于技术人员没有法学背景,检察官又不懂技术知识。首先,检察官难以准确地将业务需求告诉技术人员。检察官虽然自己知道工作中有哪些地方需要计算机辅助,但停留在经验感受,在缺乏理工科知识背景的情况下,只能向技术人员笼统介绍自己的需求。而技术环节有领域细分,有的时候业务需求看上去相似,但在计算机算法上存在很大差异,不同的算法可能导致完全不同的结果,科学性也会不同。其次,技术人员对司法问题比较陌生。在检察官只是提出原则性需求和大体思路的情况下,应用设计沦为技术人员的自由发挥,整个研发过程也异化为从技术上猜司法的需求。再次,"法学人员提需求,技术人员去实现"的合作模式尚未充分调动检察官的积极性,甚至除了顶层设计和业务需求是法学相关,其他均是技术问题,几乎与法学脱钩。例如,某检察院的智能语音系统研发周期约为60天,研发人员主要为科技公司技术人员5人及检察院内部技术人员10人,真正使用系统的一线办案人员却很少参与研发。② 此外,基层检察官的精力有限,其更愿意花心思办案,而不愿意额外参与研发智慧系统,在他们看来办好案才是检察官的首要任务。这便导致基层的智慧检务建设任务往往落在综合业务部门人员身上,业务部门人员只是协助配合。

特别是在检、校、企"三元"的合作模式中,高校的法学学者通常发挥连接检察官与技术人员的中介作用,但由于一些学者并不深入了解检察业务一线的实践痛点和技术需求,又不熟悉技术问题,加剧了上述信息传递的成本和认知偏差。

(二)数据障碍

如果没有足量且信息充分的司法数据,不可能期待技术人员设计出智能

---

① 左卫民:《从通用化走向专门化:反思中国司法人工智能的运用》,载《法学论坛》2020年第2期。
② 杨焘、杨宁:《现实与理想:检察机关智能建设现状考察与未来展望——以Z市G区检察院智慧检务试点为分析样本》,载《西南政法大学学报》2021年第2期。

程度较高的办案系统。然而,现阶段司法大数据的供给还远远不能满足智慧检务的需要。其一,获取数据的途径有限。目前设计应用系统所需的案件信息几乎全部来自裁判文书,权威的检索平台又只有中国裁判文书网。其二,数据供给的数量有限。检索平台的数据全部来自中国裁判文书网,虽然文书数量已达到1亿余篇,但对应到具体问题上,可供机器学习的文书仍然不足,况且上网的裁判文书可能只有审结案件的50%左右。① 其三,也是最重要的,即数据承载的信息有限。裁判文书只记录了裁判结论,而反映裁判过程的决策信息并未体现在裁判文书中,基于裁判文书的人工智能获取的信息也许最多十中有一,② 更没有将检察机关办案经验转换为算法。站在检察业务的立场上,智慧检务需要的数据更应该是检察文书,裁判文书无法充分反映检察办案规律,而当前公开的检察文书稀少。总之,检察机关尚未建立完整的数据库以及未收集到充分的检察业务数据,这是智慧检务建设中的一大短板。

(三)技术障碍

一方面,办案有需求,但技术达不到。全国检察业务应用系统为检察机关全面开展案件管理提供了许多技术支撑,但在实际应用中仍显不足。目前系统的程序监督功能集中于对办案期限的预警提醒和办案流程的统一规范,更深层次的程序监督功能难以实现。③ 再如,检察官迫切需要一套智慧系统帮助其识别虚假诉讼,而现在的设计思路主要是基于裁判文书检索,再根据关联案件向检察官提示存在虚假诉讼的可能。由于很多涉及虚假诉讼的线索根本不会反映在裁判文书中,就导致以这种方式监督的效果十分有限。正如有的学者指出,司法智能化就是对既有的司法裁判进行概率建模,归纳出能够体现同类案件处理的共性与标准的司法要素,而智能技术是无法涵摄复杂的司法裁判的全部过程和全部信息,概率建模使得司法裁判在信息化和智能化的操作之下简单化、扁平化,造成"司法要素限缩"。④ 在司法要素被限缩的状态下设计的办案系统自然达不到实践预期。

另一方面,技术做得到,但办案用不上。受现实条件所限,不少办案工

---

① 马超、于晓虹、何海波:《大数据分析:中国司法裁判文书上网公开报告》,载《中国法律评论》2016年第4期,第200页。
② 左卫民:《关于法律人工智能在中国运用前景的若干思考》,载《清华法学》2018年第2期。
③ 高燕艳:《补足短板推进案件管理智能化》,载《人民检察》2021年第6期。
④ 马靖云:《智慧司法的难题及其破解》,载《华东政法大学学报》2019年第4期。

具为达到技术上能做到的效果,会在研发中降低参数标准,决策辅助系统便是如此。实务部门人员指出,类案检索系统只是检索出大量法律表述相似的案例,办案人员还要耗费大量时间与精力进行法律角度的解读与分析,直到找到真正有参考价值的类案,过程费时费力。① 有学者认为,"类案检索有时候不靠谱,机器或智能系统的判断可能会出问题。"②

"VR+检察"也有此问题,它似乎只是一种试验品。有的地方尝试研发虚拟示证技术,通过3D扫描的方式提前对证据或者案件现场进行计算机建模,开庭时在场人员可以戴上VR眼镜和特制的触控手套就可以身临其境地感受现场环境,还可以虚拟触碰并查看证据。在宣传的角度上,这很吸引眼球,似乎科技对传统示证方式作了颠覆性改变。但真的如此吗?笔者认为,真正需要用到VR示证的案件少之又少。简单案件本身就不需要这么复杂的技术手段,如果是复杂案件,与其使用虚拟示证,不如严格要求出示证据原物、原件。况且虚拟示证需要大量的前期准备,相比于出示证据原件或者复制件更加费时费力,效率不见得提高。在理想与现实之下,或许虚拟示证只是研发者的美好愿景。

检察机关借力科技革新检察工作模式的思路是正确的,但为什么一些应用系统在试用一段时间之后就遇冷了呢?原因在于,像OCR这样的技术并非专门针对司法活动开发的人工智能,未能将通用的感知智能技术转换、发展为专用的司法感知智能技术,从而未能解决复杂的法律场景难题。③ 所以,引入通用技术解决司法难题的效果是有限的。在既有技术解决不了问题的时候,或者攻克技术难关,或者只能在技术能达到的程度辅助司法,而当前为了智慧检务而进行技术创新的范例极其少。例如,类案检索系统不论是基于"词频—逆文本词频模型"进行词向量维度案件的相似度计算,还是"基于Transformer的双向编码器表示模型"计算不同文本向量维度的相似度,均没有实现法律领域专业知识的介入,不同法律表述、法律与事实之间复杂的相互作用并未得到揭示与分析,基于此得出的"类案"只是法律表述高度一致的相似案例,而非真正意义上的"类案"。④ 就是说,建构符合司法习惯的逻

---

① 杨焘、杨宁:《现实与理想:检察机关智能建设现状考察与未来展望——以Z市G区检察院智慧检务试点为分析样本》,载《西南政法大学学报》2021年第2期。
② 孙海波:《反思智能化裁判的可能及限度》,载《国家检察官学院学报》2020年第5期。
③ 左卫民:《从通用化走向专门化:反思中国司法人工智能的运用》,载《法学论坛》2020年第2期。
④ 马靖云:《智慧司法的难题及其破解》,载《华东政法大学学报》2019年第4期。

辑系统与应用传统逻辑系统解决司法问题，技检融合在这一方面目前还未有实质性突破。

（四）政策障碍

司法活动从人工转向自动需要一个过程，它既是司法人员适应新技术的过程，也是选择新技术的过程。实践中，需要技术支持的检察业务，主要有无须人工亲自做的工作、人工容易出错的工作和人工难以做到的工作。例如，发现线索是办理公益诉讼案件的关键，而检察官凭个人精力寻找线索的难度很大。如果借助技术手段，通过数据监控的方式重点关注高排放企业，评查潜在的污染源，就可以使法律监督更有针对性。再如，基于电子卷宗平台开展跨区域检察协作，加强线索移送、相互配合、信息共享等方面的办案能力。

单纯为解决以上问题研发办案系统并不困难，反而还有很多可以创新的地方。难的是取得政策共识，如公益诉讼通常是跨行政区划的，管辖问题如果不事先协调，办案系统则无法进一步对接，而制定一套跨区域的检察协作机制需要大量的协调工作。又如，通过技术手段收集重点关注对象的信息，能够加大检察监督的力度，但可能涉及信息保护的问题，会受到很多限制。因此，很多政策法律的限制导致一些技术运用有心无力。而且在基层检察院，自主研发的办公系统或者是对统一业务应用系统的拓展，如果未经上级同意和授权，应用空间又要受到很大限制。如此一来，地方检察院为了避免技术创新因触及政策红线而不能使用，只能降低要求，成效当然有限。

还有一个现实障碍，就是虽然检察机关统一业务应用系统已经发展到2.0阶段，或者有不少检察机关自行研发了一些智能办公系统。但在具体使用中，应用访问的权限比较严格，限制较大。例如，很多应用系统设置的访问权限仅允许办案人员查阅自己办理的案件，而不能查阅其他检察官办理的案件。而且即使是权限较高的人员也仅能查阅本院办理的案件，不能查阅其他检察院办理的案件。在同一地区如此，如果查阅其他地区检察院办理的类案，难度可想而知。事实上，查阅其他检察院已经办结的案件在技术上完全能够实现，造成壁垒的根本原因其实是检察系统内部的政策限制。

（五）法律障碍

技术对司法有较强的示范作用，一些新技术在智慧检务建设中先行先试。但在科技与司法结合的过程中,有一些正当性问题尚未解决。以公诉远程指挥系统为例,公诉远程指挥系统通过视频传输系统连接庭审内外,让法庭外的检察官可以实时看到庭审情况,也可以将某些急需的材料迅速传到庭上给公诉人。在庭审辩论时,还可以集公诉部门集体智慧,帮助出庭公诉人准确应对律师的证据突袭和庭审辩论中可能出现的复杂情况。①然而,这有违庭审规则之嫌。其一,《刑事诉讼法》明确规定人民检察院应当派员出席法庭支持公诉。既然派员出庭,就不应存在"场外指导"。其二,出庭的检察官作为案件的承办人,应当独立发表意见,任何"场外指导"都属于不当干预,还会导致庭上的检察官形同虚设。其三,假设公诉远程指挥被允许,又是否允许辩护远程指挥呢?恐怕是不可能的。这样的话,严重侵害了被告人获得辩护的平等权利。

再如,最高人民检察院在《关于完善人民检察院司法责任制的若干意见》中指出"谁办案谁负责、谁决定谁负责",赋予检察官更大的办案权限,也使其责任更重。如果检察官只需在证据辅助分析系统或者量刑辅助系统录入相关数据,系统就会自动得出结果,那么在技术辅助本身容易出错且检察官又不懂得算法的情况下,检察官根据智能辅助系统的提示办案,之后发现案件有问题,谁来承担责任?若让检察官承担责任,那么面对严格的司法责任,恐怕不会有谁再愿意使用系统。若自动得出的结果仅供参考,即在可用可不用的情况下,检察官又为何要冒着承担责任的风险来相信一个自己没有把握的结论呢?

又如远程提讯,传统的当面讯问会给犯罪嫌疑人、被告人带来强大的精神压力,有助于发现真相,也可以起到对他们的警示教育作用,树立司法权威。远程提讯虽然节约了提讯的在途时间,但缺乏现场参与的直观感受,讯问容易失去威慑性,若被讯问人是惯犯,反而不利于取证。例如,有的地方尝试远程连线律师与犯罪嫌疑人,使值班律师不用亲自到场即可参与签署认罪认罚具结书。②问题是,值班律师在场的效果都饱受争议,如果不到场,效果更难保证。有学者指出,法庭从线下搬到线上后,庭审庄严肃穆的氛围消失了,全体人员起立等司法仪式在网络庭审中无法举行,将削弱法官的权

---

① 田文松:《观摩指挥庭审实时同步——唐山丰南:公诉远程指挥系统给力庭审监督》,载《检察日报》2011年4月16日。
② 韩兵、周群、张楠:《黑龙江大庆大同区:借力智慧检务办理认罪认罚从宽案》,载《检察日报》2019年7月30日。

威性。[①] 对检察官而言,又何尝不是。

四、智慧检务建设的纵深发展

人员条件的限制是造成技检融合障碍的根本原因。复合型人才的短缺,导致技术与司法的融合还不够深入。办案人员的短缺,又导致司法对技术的吸收缺乏动力,一线办案人员难有精力参与研发智慧检务。解决人才问题需要一个发展过程,不可能一蹴而就,但可以从以下几方面消除眼前困难。

（一）转变合作模式

智慧检务建设首先必须改变一线检察官不参与或只是偶然参与的状态。合作模式的转变是保证智慧检务直接服务于实践需求的基础。检察官只有深入参与才能确保相关成果确实有益于司法实践。美国学者温格提过一种科研人员合作解题的实践共同体模式,包含三个基本要素：一是由兴趣域定义的特征域；二是可以进行联合行动,并且讨论、相互帮助和共享信息；三是形成一个共享的资源库。[②] 智慧检务建设也可以探索共同体模式,解决两大现实问题：让技术人员准确了解检察需求,让检察官了解基本的技术知识。操作上,主要是缩短技检沟通距离,建立健全合作交流机制。其一,建立检、企"二元"合作机制。检察机关可以通过招标等方式与科技企业合作,向企业提出需求清单,在企业完成后进行项目验收。在项目进程中,应当要求科研人员定期或长期进驻检察机关深入办案一线了解实践需求。其二,完善检、校、企"三元"合作机制。从以学者牵头,检、企配合的模式转向检察官牵头,校、企配合的模式,强调检察是智慧检务建设的主导,法学学者和技术人员是其知识助手和技术助手。

（二）深挖检察数据

依托检察机关办案经验和办案规律的智慧检务才是实践真正需要的。今后应当大力挖掘检察文书中的规律性知识,加强数据分析能力。这是深化智

[①] 胡昌明：《"司法的剧场化"到"司法的网络化"：电子诉讼的冲击与反思》,载《法律适用》2021年第5期。

[②] 黄时进、张怡：《认知互动与代码契约：虚拟科学共同体中科研人员的合作机制》,载《自然辩证法通讯》2021年第8期。

慧检务建设的关键方法。首先是将检察文书纳入机器学习的范围。司法大数据不只有法院的裁判文书,而且裁判文书仅能代表法院立场,为把握检察机关办案的态度和规律,还必须深入挖掘检察文书,尤其是一些程序性问题。从检察文书中获得有价值的信息,检察文书有必要做一定的规范化处理。这不是为了智慧检务建设而在全国进行检察文书改革,而是真正有心研发智慧办案系统的检察院或者在一些试点检察院,在日常办案中就要考虑为后续的信息数据处理提供方便,有意识地对检察文书作要素化和结构化处理。

更重要的是,打通数据壁垒。相比于裁判文书,检察机关起诉书表述简单而且没有全面建立上网公开机制,审查报告虽然内容详细,但更不对外公开。这让大数据分析陷入"无米之炊"的困境。既然要深化智慧检务,在这方面必然要投入大量精力,最高人民检察院可以参考中国裁判文书网的模式,以合适的方式公开刑事起诉书、量刑建议书、检察建议书等,供研发人员自行查阅或者向研发人员定向提供,仅限于智慧系统研发使用。

打通数据壁垒的困难不是来自技术障碍而是各方利益平衡。有学者提出,参考《政府信息公开条例》在风险可控的基础上制定我国《司法数据公开共享条例》。[①]这不失为一个办法,但"条例"由谁制定,能否制定得出来,还有疑问。目前有条件做的是,逐步实现司法数据共享。首先,打通检察系统内部的数据壁垒,包括地方检察院之间数据共享,跨区域检察院之间数据共享以及整个检察系统数据共享。这需要检察院之间加强协调,地方上可以由省级检察院牵头推进,整个检察系统只能由最高人民检察院统一建设检察大数据平台。其次,打通检察院与法院之间的数据壁垒。这方面的难度较大,检察院和法院普遍没有建立统一数据平台,甚至有的地方检察官查阅法院的案卷材料都有难度。建立法检数据平台需要上级协调,可以由双方共同会签文件或者由当地政法委组织协调。最后,打通检察院与其他单位之间的数据壁垒。这方面的难度最大,必须在国家层面由多部委统一进行顶层设计,属于长远目标。

(三)研发专门技术

前文梳理了现阶段智慧检务建设的主要成果,涵盖的范围非常广泛,几乎与检察官所有的工作都相关。但是各种各样的智慧检务应用究竟有哪些真

[①] 赵龙、刘艳红:《司法大数据一体化共享的实践探微——以破除"数据孤岛"为切入点的逻辑证成》,载《安徽大学学报(哲学社会科学版)》2019年第6期。

正关系检察业务的痛点？严格来说，大部分应用不能算作"智慧"检务，而只是一种电子化的办案方式而已。认清这一点的重要性在于，明确下一阶段智慧检务建设的方向，即从根本上加强的不是办公方式的智能化，而是与办案有关的智能化。调研发现，检察业务亟须的智能技术如下：其一，智能化的大数据统计和数据研判技术，比如用于观察犯罪特征、犯罪分布、犯罪趋势等，为犯罪治理提供决策依据。其二，智能化的线索获取与甄别技术，以提高检察机关履行法律监督职能的能力，特别是解决公益诉讼案件线索发现难的问题。其三，智能化的决策辅助技术，以自动识别程序瑕疵和量刑辅助，从而提高办案效率和办案规范。

（四）放宽政策环境

笔者在基层检察院调研中感受到，除了知识障碍这种先天条件限制之外，智慧检务建设受到政策方面的限制最大。深入推进智慧检务或者强化技检融合，应当在相关政策上松绑，营造比较宽松的政策环境，如最高人民检察院授权地方检察院有一定的创新空间。智慧检务必须符合当地的实际需求，在国家层面统一部署之下，最高人民检察院可以允许地方检察院在具体功能模块上体现一定的区域特点。例如，参考司法改革的"试点模式"，在一定区域授权某些检察院基于检察机关统一业务应用系统作一些"外挂式"的创新和应用，以解决自主研发不能应用的问题。

（五）重塑法理基础

智慧检务建设是一个探索的过程，创新之中难免与传统理论和观念发生冲突。可以有三种处理态度：一是固守传统，凡是与传统理论和法律规定不符的新方法则视为不正当；二是打破传统，肯定新方法的实践价值，通过立法或者修法的方式使其正当化，并创造新理论；三是适度创新，先不直接否定新方法的正当性，也不创造新的理论，而是通过拓展传统理论的边界为新方法提供依据。如果说技术的进步不以法律人的意志为转移，或者说法律人要么接受技术，要么被技术淘汰的话，那么固守传统显然不合时宜。在打破传统与保守创新之间，由于司法属于规范性较强的领域，在技术赋能司法已成趋势的情况下，适度创新是首选，既要在新形势下对传统理论有新的认识，还要及时对新技术进行制度确认。

1. 重新认识司法的亲历性

在线技术用于司法活动最受质疑的就是检察官不能面对面接触犯罪嫌疑人、被告人从而损害了司法的亲历性。这种亲历性概念产生于早期诉讼时代，自然不能适应网络时代信息技术对诉讼形态的改变。在坚持亲历性作为基本司法规律的前提下，理应赋予"在场"新的含义。在场不必是在物理空间的现场，视频在线也是在场，而且面对面接触也不必然是身体的接触。因此，对亲历性可以有新的理解：只要是检察官本人接触犯罪嫌疑人、被告人本人的，都属于亲历，线上和线下只是接触方式不同而已。相应地，智慧检务建设要通过提升软、硬件的性能，保障司法亲历性的在线效果。

2. 重新认识有利于被告原则

有利于被告原则是刑事司法的基本原则，而一些决策辅助系统无法体现有利于被告人的推定，反而带有定罪倾向。不是说检察官使用智能系统的时候就要放弃客观中立，而是学理上一般对有利于被告原则的理解限于实物之维。在信息网络技术介入犯罪治理之后，有利于被告原则也应当向网络空间拓展。"数字无罪推定"的概念具有启发性。数字无罪推定要求针对可能有利于辩方的数据设计相应的判断指标和规则，并将其嵌入犯罪识别数据算法的设计之中去；也需要对基于数据分析得出的"不匹配"结果的证据能力和证明加以分析。[①] 因此，要求检察机关不再仅从结果层面理解有利于被告人原则，还要关注结果的产生过程，在编制算法时考虑到有利于被告人的情形。并且，在规范层面规定检察机关使用第三方研发的辅助决策系统，应当审查系统是否存在有罪偏见的风险。

3. 制定新的诉讼规则和证据规则

例如，在法律已经明确规定证据未经当庭出示不得作为定案根据的情况下，VR 虚拟示证欠缺合法性。假设虚拟示证真的需要从示范应用走向普及推广，在此之前应首先在规范层面明确其正当性，如确立我国的示意证据规则，将虚拟证据界定为解说原证据或者案件情况而出示的可视材料，并在证据规则中增加："为辅助说明其他证据的内容，可以使用复制或者描绘与案件事实有关的人物、物体或者场景的模型、图表、素描、照片、电子图像等形式的示意证据"。[②] 否则，应当警惕新技术可能产生的损害证据裁判原则或

---

① 裴炜：《数字正当程序——网络时代的刑事诉讼》，中国法制出版社 2021 年版，第 228 页。
② 罗维鹏：《示意证据规则建构》，载《清华法学》2019 年第 5 期。

者正当程序原则的违法风险。

4. 明确检察官运用决策辅助系统办案时的责任划分

原则上,确立司法工作者的终审原则,人工智能通过分析形成的判断结果只能作为司法工作者实施最终决定权的参照。① 但为了在系统使用与系统建设之间形成良性互动,实现技术成果的应用落地,尤其需要设立相应的免责规则,即因为机器和算法导致的错误,不应追求办案人员的责任。再者,对于违规使用或者违规批准使用辅助决策系统而造成错案的,操作人员应当承担司法责任。

5. 明确计算机处理司法工作的范围

在司法领域,智能技术的使用应当被限定在无须人类价值判断的领域或者是在价值方面没有争议的简单事项,比如,闯红灯罚款。② 禁止刑事司法人工智能进行自主决策、禁止其从事证据审查判断等事实认定工作。③ 换言之,对于需要用价值判断处理的法律适用问题和事实认定问题,只能由检察官人工处理。即使未来人工智能技术在情感分析上能有突破,司法中的价值判断也应坚持人的判断,因为这不是技术问题,而是法律授权问题。

五、结语

相比于智慧法院,学界对智慧检务的关注较少。本文通过对有限的样本研究后发现,智慧检务建设虽然取得了不少成效,但距预期的效果还有很大的差距,原因有技术方面的,有知识方面的,也有理论方面的。归根结底,无论建设什么样的智慧检务,无论怎么样建设智慧检务都不能脱离检察办案一线的需求和经验。

从长远考虑,智慧检务建设路径应当向以检察需求为导向,以检察知识为根本,以检察发展为方向。不过,智慧检务的真正价值究竟是什么,涉及复杂的价值选择。法律人目前的态度是保守性的,认为技术只是辅助司法的工具。基于这一立场,智慧检务的核心便是提高办案效率,帮助检察官少犯

---

① 程凡卿:《我国司法人工智能建设的问题与应对》,载《东方法学》2018 年第 3 期。
② 郑戈:《在法律与科技之间——智慧法院与未来司法》,载《中国社会科学评价》2021 年第 1 期。
③ 李训虎:《刑事司法人工智能的包容性规制》,载《中国社会科学》2021 年第 2 期。

错误。但法律人心中也有一份期待,希望计算机能够更加能动地帮助我们处理一些价值方面的判断。在矛盾之中,智慧检务建设走过了一个阶段,以后该如何发展,还待理论和实践在摸索中进一步探寻。

厘清与重构：检察官惩戒制度的完善路径

张宏博　武天义 *

检察官惩戒制度作为中国特色社会主义检察制度的重要内容，对于落实司法责任制、规范检察权运行、维护司法公平正义具有重要意义。如何实现检察官惩戒的价值目标，取决于理论上的积累，制度设计的前瞻性、合理性以及实践的检验。笔者通过梳理现行制度规定，重新审视改革实践，提出优化惩戒法律体系、重构惩戒主体及权限划分、细化惩戒事由、强化履职保障等建议，以期为深化司法责任制改革提供可供参考、可资借鉴的路径。

一、回望：我国现行检察官惩戒制度的梳理和评析

我国现行法律体系中没有检察官惩戒专项立法或者系统性制度规定，检察官惩戒制度主要散见于党的会议决定、《检察官法》、"两高"出台的意见以及最高人民检察院先后制定的各种文件中。笔者以司法改革为背景，从时间上对党的十八大以来有关检察官惩戒规定进行梳理分析。

（一）制度梳理

1. 党的会议决定

2014年10月，党的十八届四中全会通过的《中共中央关于全面推进依法治国若干重大问题的决定》（以下简称《决定》）指出，"实行办案质量终身负责制和错案责任倒查问责制，确保案件处理经得起法律和历史检验"。《决定》较为详细地规定了法官、检察官的司法责任，在法院、检察院内部对相关职权进行了严格界定和限制，打破了以往司法机关内部行政化管理模

---

* 张宏博，四川省人民检察院法律政策研究室四级高级检察官；武天义，成都铁路运输中级法院执行二庭副庭长、四级高级法官。

式，推行"谁办案谁负责，谁决定谁负责"，为深入推进司法责任制改革指明了方向，提供了基本遵循。

2. 法律规定

主要以《检察官法》为核心的法律责任体系。2019年《检察官法》第47条规定，检察官在检察工作中具有10类违纪违法情形的，应当给予处分，构成犯罪的应当依法追究刑事责任，其中第4项、第5项规定了违反检察职责而追究司法责任情形。第49条至第52条规定了检察官惩戒委员会设置和职能。《检察官法》从法律层面明确了司法责任追究范围和形式，奠定了检察官惩戒制度的法律基础，而对检察官的处分主要见于《公职人员政务处分法》等规定中。

3. "两高"两个《意见》

2015年9月，最高人民检察院出台《关于完善人民检察院司法责任制的若干意见》（以下简称《若干意见》）明确检察官应当对其履行检察职责的行为承担责任，在职责范围内对办案质量终身负责，并对错案责任倒查问责作出顶层设计。2016年10月，最高人民法院、最高人民检察院发布的《关于建立法官、检察官惩戒制度的意见（试行）》（以下简称《惩戒意见》）规范了法官、检察官惩戒的范围、组织机构、工作程序等，发挥惩戒委员会在审查认定方面的作用。上述文件是指导检察机关落实检察官司法责任追究制度的纲领性文件。

4. 最高人民检察院的规定

2020年10月，最高人民检察院印发《人民检察院司法责任追究条例》（以下简称《责任追究条例》），该文件第7条、第8条、第24条、第25条对惩戒事由、程序启动、惩戒决定和惩戒措施作出规定。2021年12月，最高人民检察院印发《检察官惩戒工作程序规定（试行）》（以下简称《程序规定》），规范了检察官惩戒委员会组成，明确了惩戒对象、线索受理、调查核实、提请审议、作出惩戒决定以及当事检察官申诉复核等工作的办理程序，为依法依规追究检察官司法责任提供了程序保障。

5. 省级层面的规定

目前，全国大多数省份出台了检察官惩戒的工作办法、章程、规定等，并设立检察官惩戒委员会。比如，2014年12月，作为司法改革首批试点之一的上海市，成立上海市法官、检察官惩戒委员会，制定《上海市法官、检察官惩戒委员会章程》；2021年2月，四川省人民检察院成立检察官惩戒委员会,并印发《四川省检察官惩戒委员会章程(试行)》,建立细化、具有可操作性的检察官惩戒程序规则。

(二)简要评析

通过梳理发现,党的十八大以来,我国推进司法责任制改革,完善检察官惩戒制度,取得了一系列显著成效。一是从法律层面确立检察官惩戒制度,为健全检察官惩戒体系奠定了法律基础。二是规范检察官惩戒委员会的设置,确定在最高人民检察院、省级检察院设立惩戒委员会,行使审查建议权。三是明确惩戒主体为各级人民检察院,由各级人民检察院行使违反检察职责线索的调查、核实和作出惩戒决定的权力,并确定检务督察部门为具体办理部门。四是建立以错案惩戒为主的责任追究模式。《若干意见》明确了应当追究司法责任的具体情形,以检察官故意违反法律法规办案,或者因重大过失导致案件错误并造成严重后果为必要条件。实践中,启动检察官惩戒往往从错案这个实体结果出发。五是在惩戒措施上,与行政处分有一定的区分,增加了延期晋升、调离司法办案工作岗位等组织处理。由于主客观因素影响,我国检察官惩戒制度依然存在一些亟待改革和完善的环节,需要立足改革实践加以研究。

二、解构:检察官惩戒制度面临的四重困境

(一)以实体结果责任为导向的检察官惩戒存在缺陷

《检察官法》《若干意见》等相关规定,将检察官惩戒制度的核心界定在错案追究上,相关检察院也是从错案这一事由出发启动惩戒程序。从逻辑上看,对错案追究的前提隐含"一个案件只能有一个唯一正确的判决,否则就是错误的判决"。[①] 案件事实需要证据证明,案件不存在能够完全证明事实的证据,证据与事实非同一性导致案件事实证明的困难性。因此,唯结果论认定错案,并以此为由对检察官予以惩戒缺乏科学性和合理性。从国外检察官惩戒的经验来看,一般不以实体处理结果的对错作为惩戒的直接依据,因为它会破坏检察官依法独立行使检察权所享有的履职保障和检察官基于理性、良心而作出的决定。同时,错案责任追究会对检察权运行产生一定负面

---

① 王晨光:《法律运行中的不确定性与"错案追究制"的误区》,载《法学》1997年第3期。

影响。一是破坏检察官的独立性。检察官不敢轻易作出决定,为化解责任风险,通过逐级提交上级领导或者向上级检察院请示来转移责任,滥用请示办案与司法责任制改革的初衷相悖。二是给检察官造成心理负担。以实体结果为导向的错案惩戒,对检察官问责的主要依据是案件,办理的案件越多意味着被追责的风险越大。受错案惩戒的影响,检察官更多考虑如何规避风险,而忽略通过办案维护公平正义。三是缺乏对业外行为的规制。公正的基本要求是检察官应尽力去维护公众对公正的信心。尽管《检察官职业道德基本准则(试行)》等有规定检察官"行为良好"的条款,但违背该条款应当如何惩戒,没有可操作性规定。

(二)惩戒制度的程序配置与主体设置存在冲突

任何制度的程序性设计,最终是为了实现特定制度的实体性目标,在具体程序设计中,如果宏观定位失准、微观设计跑偏,容易违背实体目标的初衷。设置检察官惩戒委员会,其制度预期在于改变同体惩戒游走于极端之间的非法治化状态,进而提升惩戒制度的权威性和公信力。因此,检察人员的惩戒工作应有特定检察院与检察官惩戒委员会分工负责,检察院及其内设检务督察部门负责涉事检察人员的受理、立案和调查,惩戒委员会负责涉事检察人员的审查和作出惩戒决定。而《若干意见》《惩戒意见》等规定的惩戒模式为:相关检察院负责调查核实—惩戒委员会负责提出审查意见—相关检察院根据惩戒委员会审查意见作出处理决定。该程序设计产生的问题是司法责任追究制度的主体依然回归原来的行政化模式,惩戒主体在程序配置上,相对于制度初衷出现了严重偏离。

(三)以行政力量倒逼惩戒线索排查违背司法规律

按照惩戒制度的设计,检察院应将违反检察职责问题线索提请检察官惩戒委员会审议,检察院根据审查意见作出惩戒决定。从实践情况看,检察院倾向于将检察官的违法检察行为进行内部消化,而不愿把问题线索报送惩戒委员会。以某省级检察院为例,检察官惩戒工作启动后,对下要求报送违反检察职责问题线索,有的没有线索,有的报送不符合要求,有的报送后不愿提交审议。另外,有的检察院对下考核中将报送违反检察职责问题线索纳入党风廉政建设重点考核项目,通过行政化手段倒逼报送问题线索。检察官惩戒属于司法活动,以行政手段强推检察官惩戒线索排查忽略了其司法属性。

（四）检察官履职保障制度不足且运行不畅

履职保障是检察官惩戒制度完善不可或缺的部分。只有赋予检察官优于他人的职业基础和履职保障，才能对其提出高于他人的职业要求和职业责任。《若干意见》明确在违反检察职责行为调查中，当事检察官享有陈述、辩解和申请复议的权利。《保护司法人员依法履行法定职责规定》（以下简称《保护履职规定》）规定检察官履职的保护机制，但原则性规定较多，且存在执行不到位情况。《检察官法》第 47 条"其他违纪违法行为"的规定过于宽泛，一些地方往往以此增设惩戒事由，加重对检察官的处分。在实践层面，因检察官权利保障受外部地方化和内部行政化管理体制影响，权利保障落到实处尚需时日。

三、反思：造成检察官惩戒制度困境的深层症结

（一）理念误读：检察官惩戒仅是对检察官的责任追究

理念认知决定行为选择。实务中，普遍存在检察官惩戒仅是对违反检察职责的检察官进行责任追究的误区，这种理念影响了惩戒的开展。按照党的十八届四中全会和中央司法改革精神，检察官惩戒作为司法责任制度的重要内容，既是依法对检察官违纪违法行为给予惩罚和否定性评价，更是检察官依法独立公正行使检察权的保障；既包括问责机制，也包括责任豁免和履职保障机制。有专家明确主张，应借鉴国外法治国家的制度设计，以豁免为原则，以问责为例外。[①] 检察官惩戒不仅是对检察官违反检察职责的追责、问责，而且是为了保障检察官依法公正履职。

（二）制度松散：检察官惩戒规定系统性不足

从前文的制度梳理可以看出，我国检察官惩戒制度系统性不足，各类文件交杂，重复性规定和法律空白点较多。如，检察官惩戒委员会的设置相继出现在《若干意见》《惩戒意见》《检察官法》以及省级检察院相关规定中，而《宪法》《人民检察院组织法》却存在空白。另外，不同层级和同一层级

---

① 傅郁林：《解读司法责任制不可断章取义》，载人民网，http://theory.people.com.cn/n1/2016/0914/c40531-28714612.html。

的不同文件都对检察官惩戒的核心问题——惩戒事由作出规定，形成多头管理局面。笔者调研发现，关于故意违反职责、存在重大过失违反职责，《若干意见》规定了 11 种和 8 种情形，《司法责任追究条例》规定了 16 种和 11 种情形，某省检察院惩戒工作办法只对故意和重大过失进行一定解释，未列举具体情形，而某省检察院惩戒委员会工作规则将惩戒事由明确为《司法责任追究条例》的 16 种和 11 种情形。关于检察官惩戒的规定大多由最高人民检察院或者省级检察院制定，其法律层级和效力低。若检察官调离检察系统则很难对其追责，影响制度的可操作性和约束性，难以实现办案质量终身负责。

（三）设计偏差：检察官惩戒要素存在不合理因素

一是惩戒主体。检察官惩戒主体为各级检察院，检察官惩戒委员会只有"审查建议权"，没有"惩戒决定权"。检察院基于单位或者部门利益，很难对客观存在违反检察职责行为实施应有的惩戒，而且极有可能造成检察官群体内部的官官相护，衍生更多违反检察职责行为。二是惩戒事由。惩戒事由过分偏重以实体结果的对错来判断检察官是否违法失职，而易忽略司法程序以及行为本身的妥当性。三是惩戒对象。《惩戒意见》第 12 条规定惩戒对象为员额检察官。对已退出员额的，在任检察官期间的违法失职行为是否纳入惩戒，没有明确，如果不纳入，会出现责任虚化、逃避责任现象。四是惩戒措施。《责任追究条例》第 34 条有关处分内容，警告、记过、记大过是典型的行政处分方式，一定程度上与检察官惩戒的司法性相悖，而且惩戒措施限于"组织处理＋处分"，层次性和系统性不足。

四、重构：检察官惩戒制度的完善路径

"解决问题之道，贵在实事求是，犹如圣医用药，皆因病立方，酌其虚实温凉阴阳内外而时时加减"。[①] 检察官惩戒制度的改革和落地面临的问题较为复杂，问题的解决需要从理念转变、制度设计、履职保障等方面多管齐下，实现检察官惩戒制度的教育、惩戒、防范、保障功能。

---

① 王阳明：《传习录》，江苏凤凰文艺出版社 2015 年版，张靖杰译，第 1 页。

（一）更新理念

《检察官法》《若干意见》等规定了检察官惩戒坚持责任与保障相结合的原则。但是，长期以来形成的重惩戒轻保障的观念并未彻底改变。司法改革中，检察官群体是改革的践行者和见证者，背负司改的使命和公众的期待。对检察官违反检察职责行为应予惩戒，但检察官依法履职更应受到法律保护。因此，应当高度重视检察官权益保障，坚持责任追究和权益保护相结合理念。另外，检察官惩戒目的在"戒"而非"惩"。在我国惩戒制度设计中，应转变单纯"惩"的理念，坚持教育优先，寓教于惩、惩教结合，以更加灵活的惩戒措施体现润物无声的人文关怀。

（二）健全法律体系

我国著名历史学家钱穆指出，"中国政治制度演绎的传统是，一个制度出了毛病，就再制定一个制度来防止它。结果制度越来越多，造成前后矛盾、执行困难，反而失去了效率和效力"。[①] 检察官惩戒制度体系不以制度多少为标准，而在于管不管用。首先，检察官惩戒是国家司法制度的基本内容，应在宪法层面进行宣示性规定，不列举具体惩戒事由。具体可表述为："人民检察院依法独立行使检察权，不受行政机关、社会团体和个人的干涉。检察官非因法定事由并经法定程序不受惩戒或处罚。"其次，结合我国司法责任制改革情况和社会主义法治特性，通过制定或者修改法律来明确检察官惩戒主体、事由、对象、组织架构等，从实体到程序作出统一规定。最后，在理论研究和实践积累基础上，适时制定《检察官惩戒法》，构建全面、统一、完备的惩戒体系。

（三）完善检察官惩戒制度设计

1.重构检察官惩戒主体及其权限划分

（1）学术界观点。检察官惩戒与法官惩戒同为司法责任制度的重要内容，二者在制度设计上具有很多共同之处。关于检察官惩戒主体设置，可以参考学术界有关法官惩戒主体的观点。一是在法院内部设立多方参与的法官惩戒委员会。王利明教授认为，应该在审判机关内部设立非法官人员参与的

---

① 钱穆：《中国历代政治得失》，海南出版社2022年版。

惩戒机构。① 周永坤教授认为，为克服司法地方保护主义，法官惩戒委员会应在较高级别法院设立。② 二是在人大下设法官惩戒委员会。詹建红教授认为，我国法官惩戒应以外部监督和正当程序原则为指导，从惩戒主体、惩戒事由以及惩戒程序等方面细化规则。③

（2）理性抉择。何种机关掌握惩戒权力对惩戒制度能否良好运行具有重大影响，需重点关注两点：一是惩戒主体是否具有足够的权威性。二是能否有效防止惩戒机构干涉检察官履职。笔者认为，立法机关作为惩戒主体，既任命又惩戒，能否做到公平公正以及可操作性值得商榷。基于现实考量，惩戒主体设置应从短期和长期逐步优化。短期来讲，与检察官惩戒委员会设在最高人民检察院、省级检察院以及人财物省级统管改革相呼应，检察官惩戒决定权可以由最高人民检察院、省级检察院行使，检察官所在检察院保留问题线索调查权和惩戒决定执行权，防止所在检察院对惩戒的不当干预。长期来讲，应逐步构建实体化惩戒委员会，赋予惩戒委员会作出惩戒决定的权力。由政法委牵头建立委员名单库，该名单库以资深检察官占一定比例，吸收部分人大代表、律师、法学专家学者等。惩戒委员会实行一会一授权，增强其中立性、权威性，回归司法改革的初衷。

2. 细化检察官惩戒事由操作标准

完善的检察官惩戒制度最核心部分是惩戒事由的标准化。一是惩戒事由应以检察官的不当行为和错案追究并重。在近年来一系列冤错案件陆续曝光并被严格纠错的背景下，完全否定错案追究并不符合我国实际，建立以错案和不当行为惩戒并重的惩戒模式，乃着眼长远、兼顾当前之举。二是惩戒事由应当具体、明确。如果不为人知而且也无法为人知，那么就会成为一纸空话。④ 检察官只有准确认知惩戒事由的内容和含义，才能相应把控自己的行为。三是惩戒事由的制定权只能赋予《宪法》、法律和最高人民检察院的规定。而最高人民检察院的规定应当整合为一个文件，便于全国统一适用。从审慎角度讲，惩戒事由的制定权不应扩大至地方检察院，避免"同行为不同处罚"。

---

① 王利明：《司法改革研究》，法律出版社 2000 年版，第 83~93 页。
② 周永坤：《错案追究制与法治国家建设——一个法社会学的思考》，载《法学》1997 年第 9 期。
③ 詹建红：《我国法官惩戒制度的困境和出路》，载《法学评论》2016 年第 2 期。
④ ［美］E. 博登海默：《法理学：法律哲学与法律方法》，邓正来译，中国政法大学出版社 1999 年版，第 326 页。

3. 完善惩戒措施，推进教育与惩戒相结合

检察官违反检察职责行为千差万别，惩戒措施应具有相当层次性以适应不同情况。一是构建由轻到重、逐级强化的惩戒体系。包括警告类惩戒（训诫和谴责）、经济性惩戒（罚款和降薪）、职务变动惩戒（停职、延期晋升、调离、降职、降级）和职务剥夺惩戒（罢免和强制辞职、退休等）。① 二是增设简易程序。对情节较轻、危害不大的行为，可以采用口头告诫、责令自省等非正式惩戒措施。资格类惩戒措施包括职务变动、剥夺惩戒作为最严厉惩戒手段，非穷尽其他惩戒措施尚不能合理规制检察官不正当行为的情形下，不应随意作出此类惩戒措施。

（四）保障在前追责在后，筑牢检察官惩戒的保障防线

就检察官惩戒制度而言，职业保障和责任追究的顺序至关重要。司法责任制度的价值取向是事前培养"精英检察官"，而非事后惩戒"问题检察官"。关于检察官履职保护机制的构建，一是在惩戒程序中为检察官设定明确的救济程序，充分保障检察官享有知情、辩解、举证、申请复议的权利。二是从法律层面建立责任豁免制度。检察官在履职时非因故意或重大过失不负赔偿责任，造成当事人的损失亦不受惩戒处分及不受刑事追究。三是强化检察官人格权保障。检察官因职务行为受到不实举报、诬告陷害，使其名誉权受到侵害并产生损害后果的，依法追究侵权人法律责任，并通过澄清正名机制为被侵权检察官及时澄清，消除不良影响。

五、结语

著名哲学家约翰·杜威对社会进步有一个精辟的论述："进步并不是一种批发的买卖，而是零售的生意，应当一部一部地定约，一批一批地成文。"② 检察官惩戒制度的完善是当下司法体制改革的重要组成部分。改革不可能一蹴而就，应当结合司法体制特点，逐步探索符合司法规律、契合司法实践的检察官惩戒制度，重点推进惩戒主体、惩戒事由、惩戒措施的改革和完善，不断强化惩戒委员会的功能，落实检察官职业保障。莫听穿林打叶

---

① 全亮：《域外法官惩戒制度基本架构比较》，载《社会科学家》2013 年第 11 期。
② 胡适：《民主与极权的冲突》，载《中国近代思想家文库：胡适卷》，中国人民大学出版社 2015 年版。

声,何妨吟啸且徐行。探索之路永无止境,笔者论文中还有很多问题和不足值得进一步探讨,比如,各级检察院对于违反检察职责问题线索的排查和报送,如何在不受干扰的情况下与惩戒委员会有效衔接,而非靠行政力量的介入。但笔者真诚希望,能以此为素材或者一个视角,以更宽阔的视野、更务实的精神,努力寻找一条检察官惩戒的路径,真正实现"谁办案谁负责,谁决定谁负责",努力让人民群众在每一个司法案件中感受到公平正义。

"以人民为中心"理念下的检察建议实践展开与完善

曾 杰 李 珂 余新语*

一、"以人民为中心"是对检察建议的核心要求

人民检察制度从孕育之初就蕴含了人民性,人民检察史就是一部以人民为中心的检察实践史,"坚持人民至上"是检察机关人民性内涵的新时代表述。[①] 检察机关必须深刻领悟和把握"坚持人民至上",在检察工作中自觉履职,在服务大局、检察为民中主动发挥更大作用。作为履行法律监督职责的重要方式和参与社会治理的重要抓手,检察建议是检察办案工作转化成治理效能的桥梁和纽带,具有重要意义。

(一)"坚持人民至上"的理论依据

政治是法治的根基和理据。每一种法治形态背后都有一套政治理论,每一种法治模式当中都有一种政治逻辑,每一条法治道路底下都有一种政治立场。"人民至上"是习近平新时代中国特色社会主义思想的价值内核,是习近平法治思想的精髓,也是新时代党的政法工作高扬的旗帜。习近平法治思想在核心要义中明确提出"坚持以人民为中心",旗帜鲜明地回答了依法治国依靠谁的重大政治方向问题,指出全面依法治国的根本立场是"以人民为中心"。党的二十大报告把"必须坚持人民至上"摆在"六个必须坚持"的第一位,作为一项贯穿党的百年奋斗历程的宝贵经验与重要原则,贯穿党

---

* 曾杰,四川省人民检察院研究室三级高级检察官;李珂,四川省人民检察院研究室三级检察官助理;余新语,四川省人民检察院研究室四级检察官助理。
① 王海军:《"人民检察"概念的内涵演变》,载《法律科学(西北政法大学学报)》2023年第2期。

的思想脉络。党的十八大以来，习近平总书记在党的二十大报告等多个场合，多次强调"坚持人民至上"。

所以，人民性就是中国式现代化的鲜亮底色，是中国特色社会主义司法制度的本质属性。人民检察院作为法律监督机关的地位及其职能体现了人民性的核心元素。[①] 检察机关作为党绝对领导下的国家法律监督机关和保障国家法律统一正确实施的司法机关，就要深刻领悟贯彻人民至上的价值内涵，坚持人民性的根本属性，在履职监督办案中充分体现党的初心使命，始终把为民司法、为民谋利作为检察履职的宗旨和目标，在检察为民中发挥更大作用。

（二）"坚持人民至上"的现实意义

人民至上在每一个时代、每一个发展阶段有不同的奋斗目标和工作任务，都有其与时俱进的不同内涵，但总体上都服务于为中国人民谋幸福、为中华民族谋复兴。当前我国社会的主要矛盾已经转变为人民日益增长的美好生活需要和不平衡不充分的发展之间的矛盾。这决定了全党都要始终"坚持人民至上"，把满足人民对美好生活的向往作为一切工作的出发点和落脚点，切实维护好、实现好和发展好人民群众的根本利益，增进民生福祉，为人民的美好生活接续奋斗。

"以人民为中心"是当代中国司法的核心理念之一，作为党的领导下开展政法工作的制胜法宝，"坚持人民至上"要求检察机关作为国家的法律监督机关，把以人民为中心作为每一项检察业务工作的必然要求，把人民对美好生活的向往作为奋斗目标，把维护人民权益作为检察工作的根本任务。检察机关在检察工作现代化过程中就要以人民群众获得感作为检验检察工作的评判标准，更多关注人民感受，更能动聚焦法治领域人民群众反映强烈的突出问题，紧紧围绕人民群众的急难愁盼加强司法保障，以更高水平监督办案满足人民期盼。始终把人民放在心中最高位置，在检察履职中切实把体现人民利益、反映人民愿望、维护人民权益、增进人民福祉落实到检察工作各环节、全过程，努力做优做实为民检察工作。

---

① 徐汉明、李辉：《人民检察事业90年：发展历程、制度优势及其效能转化》，载《中南民族大学学报（人文社会科学版）》2022年第11期。

二、检察建议参与社会治理——实践功能

2018年《人民检察院组织法》赋予了检察机关检察建议职责,检察建议成为人民检察院依法履行法律监督职责,参与社会治理,保护国家利益和社会公共利益,维护个人和组织合法权益的重要方式。面对人民群众关心的养老就业、食药安全、环境治理、劳资纠纷、未成年人保护等问题,检察机关发挥检察建议作用,在办好个案的基础上分析类案发生的原因,通过制发检察建议的方式充分发挥法律监督职能,深度融入社会治理,有效解决人民群众特别是弱势群体所急所盼。

(一)从"治罪"到"治理"

1. 优化犯罪治理效果的现实需要

法治建设既要抓末端、治已病,更要抓前端、治未病。检察权具有马克思主义提出的国家政治统治和社会管理两种职能。[①] 检察机关参与社会治理的能力与国家治理能力高低之间的关系愈发密切,检察机关对于案件的办理质效直接影响着社会治理成效。长期以来,检察机关的工作重心是围绕如何"治罪"而展开的,检察人员的理念、检察工作的机制也相对局限于"治罪"的范畴。存在重办案轻矛盾化解的情况,满足于程序了结,造成案结事未了,或者办案效果停留在解决一案一事,没有注重源头治理。近年来,一方面随着我国治安形势的整体向好,另一方面随着危险驾驶、高空抛物等轻罪入刑,轻罪在犯罪中所占比例逐渐上升,宣告刑为三年以下有期徒刑的轻刑案件占比超过80%,我国已经进入了"轻罪时代"。随着我国刑事犯罪结构发生了明显变化,社会的注意力从关注"定罪"逐渐向更加关注犯罪治理和社会治理问题转变。党的二十大报告中也明确提出要完善社会治理体系,健全社会共同治理制度,提升治理效能。因此,检察机关不仅要依法办案"治罪",还要将办案职能向社会治理领域延伸,惩治犯罪不是根本目的,如何有效提升社会治理能力和治理水平才是当务之急。检察机关也应该顺应形势变化,逐渐将犯罪治理、社会治理摆到更加突出的位置,而不仅仅是单一强调对犯罪行为的打击。不应当仅限于从刑事手段本身考虑治理效果,而是应当从治理的整体效果出发,综合考量治理手段,需将惩戒与预防、教育

[①] 郝铁川、包来友:《构建社会治理检察建议制度的理论基础》,载《人民检察》2020年第21期。

紧密结合起来,从而最大限度地预防减少犯罪。根据这样的现实变化,检察机关积极适应态势变化,犯罪治理的新需求,把检察建议工作作为犯罪预防和治理的重要切入点和着力点,在依法能动履职中坚持"治罪"与"治理"并重。

2.检察建议在犯罪治理中的功能

检察建议具有参与社会治理、参与预防违法犯罪的基本功能,能够帮助防范化解社会风险,预防和减少可能发生的违法犯罪。[①] 实践中,针对刑事检察案件办理过程中发现的影响社会治安因素、违法犯罪隐患、管理监督漏洞等,检察机关可以运用检察建议的方式提出的堵塞漏洞、防控风险、完善社会治理的建议。例如,面对利用寄递渠道实施毒品犯罪的高发态势,四川省人民检察院在对全省寄递毒品犯罪案件专题调研基础上,在全国率先向省邮政管理部门制发检察建议,探索寄递渠道安全监管路径,推动全面解决、源头解决寄递安全监管问题。通过检察建议促进寄递毒品违法犯罪防范打击协同治理,成功推动了寄递毒品犯罪溯源治理,为最高人民检察院向国家邮政局提出"七号检察建议"提供了参考。这正是结合司法办案发现的问题,有针对性地制发检察建议参与犯罪治理,从而更好维护社会安全稳定的典型事例。

从传统的个案办理延伸到对社会问题的溯源治理,这种自我加压、主动命题的背后,反映出的是检察机关推动社会问题源头治理的履职自觉。检察建议作为助推国家治理体系和治理能力现代化的重要手段,在检察机关从单纯关注打击犯罪向积极参与社会治理转变的过程中发挥了重要作用。尤其是通过制发社会治理类检察建议,对于在办案中发现的社会治理漏洞,通过自觉履职促使职能部门依法充分履职,检察机关将法律监督职能能动向社会治理领域延伸,成功实现了从"治罪"到"治理"的飞跃,推动普遍性、倾向性问题得到系统性解决,最终使人民群众受益。

(二)守护人民群众的美好生活

1.社会主要矛盾变化对检察职能的影响

进入新时代,我国社会主要矛盾已经发生转化,人民群众对原有的物质文化需要不仅没有降低标准,反而提出了新的更高要求。随着社会主要矛盾的变化,检察机关服务人民的现实任务必须进行相应调整,对检察工作提出

---

① 参见元明、薛慧:《检察建议抓前端治未病的优势与落实》,载《人民检察》2022年第8期。

了许多新要求。①

加强民生司法保障是检察机关的法定使命。②检察机关必须紧紧围绕我国社会主要矛盾转化的状况及其特点,把握人民群众对于美好生活的新需要新期待,助力解决发展不平衡不充分的问题。特别需要注意的是,进入新时代,检察机关在满足人民日益增长的"美好生活需要"中,不再是相对超脱的权益保护者,间接对人民群众的美好生活"保驾护航",而是转变为人民群众美好生活需要的供给者,需要向人民群众直接提供"民主、法治、公平、正义、安全、环境"方面的优质"检察产品"。

2. 检察建议在改善民生中的作用

作为贯彻落实习近平法治思想的生动实践,具体到检察建议工作中,就是把充分发挥检察建议的独特功效始终与满足新时代人民群众美好生活新需要联系在一起,守护人民群众的美好生活。具体而言,检察建议工作应当结合检察机关监督履职,以人民的需求为出发点,紧紧抓住人民最关心最直接最现实的利益问题,加强和改进民生,回应人民群众的关切和期待。比如,苍溪县人民检察院发现当地大量农村中小学学生上下学只能乘坐非法营运车辆,且超员搭载乱象严重,通过调查核实制发了切实可行的社会治理检察建议,改善农村学生出行乘车条件,打通了农村学生上下学"最后一公里"。成都市龙泉驿区人民检察院在专项监督中发现电动自行车电池智能换电柜存在安全问题,通过制发检察建议推动有关部门形成监管合力,成功实现换电柜安全监管全覆盖。兴文县人民检察院紧扣与生活最密切的生态环境保护,向责任单位发出检察建议,既消除饮用水水源地污染隐患保障饮用水安全,又确保贫困户生产不受影响,实现了对精准脱贫攻坚战和污染防治攻坚战的双重保障。

以上案例都充分表明,只要在检察建议工作中聚焦食品安全、征地拆迁、金融安全、信息安全、未成年人保护、防范职务犯罪等人民群众反映强烈的重点方面,始终坚持人民主体地位,以人民群众获得感为评判标准,积极主动履职,就能将法律监督办案与保障民生福祉充分结合起来,在服务民生关切、促进国家治理上取得显著成效。

---

① 参见李雪慧:《新时代社会主要矛盾变化与检察工作的因应》,载《人民检察》2018年第2期。

② 卢乐云、杜鹏程:《加强民生司法保障的理论逻辑与新时代检察担当》,载《人民检察》2021年第18期。

（三）实现双赢多赢共赢

1. 坚持双赢多赢共赢的原因

法律监督是法治原理的基本要求，是确保法律正确实施、维护法律权威的必要途径和保障，法律的有效实施关键还是要靠监督。随着我国经济社会快速发展，一些侵害国家利益和社会公共利益的事件时有发生，也备受社会公众关注。比如，问题疫苗、校园"毒跑道"、保健品市场"坑老"、毒胶囊、瘦肉精、地沟油，等等。徒法不足以自行，解决这些问题，首先需要行政机关严格执法、加强监管，但现实中一些行政机关乱作为、不作为客观存在。检察官是公共利益的代言人——检察官制度自始即蕴含着维护国家利益、社会公共利益的追求。① 检察权具有法律监督的宪法地位，对于其他机关在治理工作中存在的问题特别是落实法律存在偏差等问题，检察机关有义务予以指出，共同推动解决。检察机关秉持双赢多赢共赢行使法律监督权，既做法治实施的参与者，也做法治监督的推动者。

双赢多赢共赢的工作理念是由法律监督的特点决定的。法律监督具有程序性的特点，检察机关一般不具有实体处分权，有赖于别的职能来实现。检察机关是保护国家利益和社会公共利益的重要主体，但不是唯一主体。检察机关与其他国家机关的目标是共同的，价值是一致的，法律监督不是"为监督而监督"，而是以监督为手段推动共同履职，促进国家法治建设和社会经济发展。检察机关运用检察建议是基于作为司法机关之身份，故而应当保持"司法权"蕴含的"被动性"特征，检察建议应当是有限适用的。② 双赢多赢共赢的法律监督新理念，就是要强调建立起监督者与被监督者之间的良性互动关系，从而通过二者之间的有机合作来实现对社会公平正义与公共利益的维护，实现对人民群众新时代背景下的新需求、新期待的回应。检察建议是检察机关深度参与社会治理的重要途径，提升治理体系和治理能力的现代化、实现治理效能是开展社会治理工作的目标。③ 在制发检察建议过程中，把握法治规则，创新方式方法，与其他执法司法机关形成互动、积极的良性工作关系，努力实现办案"三个效果"有机统一，着力构建共建共治共享的

---

① 周新：《论我国检察权的新发展》，载《中国社会科学》2020 年第 8 期。
② 赵晏民、岳文皓：《我国社会治理检察建议运行模式及其正当程序建构》，载《黑龙江省政法管理干部学院学报》2023 年第 1 期。
③ 王林、王柏洪：《社会治理类检察建议的权力边界与规范化》，载《广西大学学报（哲学社会科学版）》2021 年第 2 期。

社会治理格局。

2.检察建议在促进协调治理中的效果

我国的社会治理主体包括检察机关等国家机构，检察机关作为法律监督机关，应积极主动地加入社会治理网状结构，借助检察建议发挥社会治理，通过监督行政机关依法行使职权、保障依法行政来推动治理优化。[①] 检察机关"保障法律统一正确实施"的任务，以往只能通过具体办案在个案中实现，《人民检察院组织法》明确了检察建议是与抗诉、纠正意见并行的检察监督方式，为实现检察建议"办理一案，治理一片"提供了法律依据。检察监督不是目的，只是手段，社会治理才是终极目的。[②]

适用检察建议这一形式参与社会治理，其实质是要通过法律监督，加强与其他主体的沟通协作，发挥其他主体保护公共利益的积极性和主动性，帮助行业主管部门完善制度、堵塞漏洞，更好维护法律的统一正确实施，更好落实"以人民为中心"的发展思想，共同维护社会公平正义和公共利益。推动检察建议的刚性落实，需建议本身进行自我完善，也要借助建议之外的救济方式，形成刚性之合力。[③] 四川省人民检察院是全国首家向人大专题汇报检察建议工作的省级检察院，辖区各检察机关也积极向本地党委、人大专题汇报检察建议工作，主动争取领导与支持。全省共有17个市级院、107个基层院把检察建议回复情况纳入了当地党委或政府绩效目标。

上述实践证明，只有充分运用检察建议履行法律监督职责，努力把检察建议"做成刚性、做到刚性"，将检察建议真正落到实处，才能在推进法治社会建设、完善综合治理体系上发挥作用，实现双赢多赢共赢。检察机关通过制发检察建议，提出合理、可行的措施，可以增进检察机关与有关机关的良性互动，实现"三个效果"有机统一。近年来，四川省的检察建议无论制发规模还是质量、效果，均稳步提升，由增量阶段逐步转入增质阶段。2019年至2022年，四川省检察机关检察建议制发总数连续三年同比增速超20%；回复率、采纳率大幅提升并保持高位，回复率为87.0%，已收到的回复中采纳率为98.2%，检察建议的作用在检察工作的各个领域得到充分体现。

---

① 刘艺:《社会治理类检察建议的特征分析与体系完善》，载《中国法律评论》2021年第5期。
② 李立景:《协同赋权：新时代中国检察建议的范式转型与重构》，载《湖南社会科学》2020年第5期。
③ 叶燕培:《检察建议的法理分析》，载《中国检察官》2020年第21期。

三、当前检察建议存在的问题与完善

在习近平法治思想指导下,检察机关全面贯彻"坚持人民至上",深入贯彻落实《中共中央关于加强新时代检察机关法律监督工作的意见》,准确理解把握新时代检察机关使命担当,履行法律监督职责。与此同时,检察建议工作仍然存在不足,影响了检察建议促进社会治理的效果,以我省检察建议工作为例,主要有以下问题:

(一)检察建议工作存在的问题与不足

1.检察建议工作指导与规范难度大

根据《人民检察院检察建议工作规定》,检察建议有再审、纠正违法、公益诉讼、社会治理和其他等不同类型。检察建议类型不同,其制发程序、适用范围与对象也不尽相同,而再审检察建议、纠正违法检察建议和作为公益诉讼前置程序的检察建议,要依照相关诉讼法和最高人民检察院制定的诉讼监督规则规定的程序制发。就是同一类型的检察建议在不同诉讼监督工作中的适用情形也不尽相同,比如再审检察建议,在刑事、民事、行政检察工作中的运用并不完全相同。而不同类型的检察建议有时在同一领域运用又会发生交叉重叠,导致适用上难以准确区分,比如公益诉讼诉前检察建议与社会治理检察建议;刑事执行中的纠正违法检察建议与社会治理检察建议。以上情况使得对检察建议统筹指导和规范制发的难度增加,虽然最高人民检察院出台了《检察机关开展检察建议工作有关问题的解答》以解决部分办案中反映的检察建议适用界限模糊的问题,但实践中准确理解和规范适用检察建议仍然存在一定程度问题。

2.社会治理检察建议制发质量有待提升

社会治理检察建议是检察建议中社会关注度较高的类型,它是检察机关延伸办案职能,参与社会综合治理的重要手段,此类检察建议制发中还存在一些问题:一是调查核实不充分。有的检察建议在制发过程中调查核实未深入,仅从案卷材料中寻找制发的事实依据,未再进一步现场查验、调查走访;有的调查核实不到位,导致检察建议认定的事实存在一定误差。二是对策建议缺乏可行性。部分检察建议缺乏对问题产生原因的深层次研究,特别是涉及专业问题时,检察人员囿于专业知识欠缺,且没能充分运用咨询、鉴定、评估等调查核实措施,症结查找不准,提出对策建议笼统不具体、表述程式化，难以给予被建议单位实质性帮助并促进其开展有效整改。

3. 检察建议制发后跟踪督促落实力度有待加强

收到检察建议书后，部分被建议单位存在如下问题：一是对检察机关法律监督工作不了解，存在抵触情绪，消极对待检察建议；二是未认真研究改进，整改措施笼统、方案模式化；三是虽然出台了整改方案、建立了新制度机制，但并未切实执行到位，问题未得到真正改观。面对被建议单位整改落实不到位的情况，检察机关也存在以下问题：一是将被建议单位的书面回复即视为整改落实，对是否有后续整改措施不跟踪；二是检察建议制发后跟踪督促不及时，对容易复发的问题未持续跟踪"回头看"，部分问题又出现反复；三是对于被建议单位不回复或逾期回复等问题，怠于作为，对于被建议单位提出的实际工作困难，支持帮助落实整改的智慧不够、方法不多。

4. 部分检察建议书文书格式与流程不规范

具体实践中仍有少部分文书存在不规范问题，一是法律法规援引不规范。有的检察建议书存在引用法律法规缺失，或者引用法律依据没有写明具体条文。二是文书要素缺失或不规范。有的检察建议书没有告知被建议单位对检察建议可以提出异议以及提出异议的期限，有的没有告知被建议单位整改落实回复反馈的期限。三是制发检察建议未遵循必要审慎、同级对应原则。有的检察院异地制发检察建议，未征求被建议单位所在地检察机关意见。有的检察院直接向下一级检察院对应层级的单位制发检察建议。四是就检察建议书开展内部审核、备案审查等工作流程在有的检察院未能落实到位，对检察建议文书质量进行内部控制监管的工作机制作用发挥不够充分。

（二）持续推进检察建议工作的思路与对策

1. 加强学习培训，准确理解和适用有关工作规定

要继续加大对《人民检察院检察建议工作规定》和《检察机关开展检察建议工作有关问题的解答》的学习力度，严格按照司法解释和文件要求开展工作，持续不断规范检察建议、提升文书质量。开展专题培训、业务竞赛等，不断提升检察人员运用法治思维，通过办案思考、挖掘案件背后普遍性、深层次问题，并针对性提出对策建议的能力，提高检察人员运用检察建议开展法律监督的业务水平。

2. 进一步强化上级检察院的示范引领和统筹指导作用

要贯彻最高人民检察院对检察建议工作的一系列要求，力争制发一批文

书质量高、落实效果好的社会治理检察建议。各级检察院各业务部门根据分工做好检察建议工作,针对不同类型的检察建议开展分类业务指导。做好社会治理检察建议制发的计划与部署,对优秀社会治理检察建议加强培育和指导,做好先进经验的总结和推广。

3. 持续推动建立党委、人大对检察建议工作的支持机制

要积极争取党委、人大工作支持,主动报告检察建议工作情况,推动出台加强检察建议工作的意见或决议,将检察建议的回复、落实情况纳入党委、政府目标绩效考评体系,支持保障检察建议刚性,更好发挥检察建议促进社会治理的积极作用。

4. 强化调查核实手段运用,健全智慧借助工作机制

在检察建议制发前,针对检察建议监督事项加强分析论证,深入了解相关问题所涉及的法律法规、行业规范、工作程序,依法采取适当调查措施,全面深入开展调查核实工作。充分发挥"行政机关专业人员兼任检察官助理"等工作机制作用,邀请其参加专业问题咨询和案件研判,合力破解检察建议监督难题,找准对策,为制发高质量检察建议夯实基础。

5. 充分发挥检察人员考核的引导激励作用

将检察建议相关工作特别是社会治理类检察建议质效纳入检察人员考核机制,科学设置考核指标和权重,以合适的考核指标体系引导激励检察人员运用检察建议开展法律监督工作的积极性主动性,不断提升法律监督能力水平。